京师职教
JingShi Vocational Education

U0659609

汽车电工电子技术

总主编　周乐山
主　编　李小飞　柏凌云

产教融合　模块化教学型教材

QICHE DIANGONG DIANZI JISHU

北京师范大学出版集团
BEIJING NORMAL UNIVERSITY PUBLISHING GROUP
北京师范大学出版社

图书在版编目（CIP）数据

汽车电工电子技术 / 李小飞，柏凌云主编. —北京：北京师范大学出版社，2016.9（2025.1 重印）
（职业院校汽车运用与维修专业校企合作开发成果教材）
ISBN 978-7-303-21243-9

Ⅰ．①汽⋯　Ⅱ．①李⋯ ②柏⋯　Ⅲ．①汽车－电工技术－中等专业学校－教材②汽车－电子技术－中等专业学校－教材　Ⅳ．①U463.6

中国版本图书馆 CIP 数据核字（2016）第 213020 号

出版发行：北京师范大学出版社 https://www.bnupg.com
　　　　　北京市西城区新街口外大街 12-3 号
　　　　　邮政编码：100088
印　　刷：天津旭非印刷有限公司
经　　销：全国新华书店
开　　本：787 mm×1092 mm　1/16
印　　张：13
字　　数：260 千字
版　　次：2016 年 9 月第 1 版
印　　次：2025 年 1 月第 7 次印刷
定　　价：39.00 元

策划编辑：庞海龙　　　　　　　责任编辑：林　子
美术编辑：高　霞　　　　　　　装帧设计：高　霞
责任校对：陈　民　　　　　　　责任印制：赵　龙

汽车运用与维修专业
项目化课程编写指导委员会

顾　问　于开成
主　任　周乐山
成　员　方道生　刘娟娟　于占明　朱银武
　　　　李　烽　张海泉　骆　振　任　超
　　　　李小飞　陆琳杰　施洪辰

本书编委会

主　编　李小飞　柏凌云
参　编　赵　康　葛嘉姗　王慧玲　吴建萍

出版说明

　　本套教材是在汽车维修行业专家、企业专家、课程专家的精心指导下，结合汽车维修企业生产岗位和工作实际开发的。本套教材紧紧围绕汽车售后维修企业的职业工作需求，以就业为导向，以技能训练为中心，以"更加实用、更加科学、更加新颖"为编写原则，旨在探索理论与实践一体化的教学模式，具有如下特色：

　　1．教材编写理念。借鉴"行动导向"的教学模式，以学生为主体，以教师为指导，以提高学生职业技能和创新能力为目标，理论紧密联系实践。理论知识以必备、够用为度，技能训练面向岗位需求，注重结合汽车后市场服务岗位群和维修岗位群的岗位知识与技能要求，使学生学完每一本教材后，都能获得该教材所对应的职业岗位能力。

　　2．教材结构体系。根据汽车维修职业岗位工作需求，采用项目、任务两个层级，实施项目导向、任务驱动的模式构建课程体系。理论教学和技能训练有机融合，专业学习和"1＋X"考证有机融合，实践教学与岗位培训有机融合，系统性和模块化有机融合，方便不同地区、不同专业、不同条件、不同层次的学生或人员剪裁选用。

　　3．教材内容组织。精选对学生有用的基础理论和基本知识，突出实用性、新颖性，以我国保有量较大的轿车为典型，引入现代汽车新技术、新工艺、新规范，结合典型车型维修手册，加强"任务实施"内容的编写。在教学中坚持立德树人，德技并修，将规范操作、5S管理、良好的职业素养理念融入专业课程教学内容之中。引导教师在"做中规范地教"，学生在"学中规范地做"。教学内容突出典型工作任务，任务实施注重以实例为引导，激发学生的学习兴趣，符合学生的认知规律。

　　4．教材编排形式。本套教材图文并茂，采用四色印刷。教材编排通俗易懂、简明实用、由浅入深，符合职业院校学生的心理特点。每一项目均配有"项目概述"，让学习者知道本项目要学习的任务和在"知识、技能、行为习惯和职业素养"四个方面应达到的要求。每一个任务都有具体的学习目标，配有技术规范、有安全提示的任务实施步骤，力求做到科学、规范、明晰。教材最后配有课程评价，便于学生对课程教学提出建议和专业教师教学素质提升。

5. 教材配套资源。每本教材都配有学生工作手册和数字化教学资源，教学资源主要包括教学视频、电子教案、教学课件等。配套资源可方便广大教师组织教学，也可方便广大读者学习。

由于编写人员能力有限，教材中不足之处在所难免，恳请各位读者批评指正。

汽车运用与维修专业项目化课程编写指导委员会

序

据公安部统计，2024 年全国机动车保有量达 4.53 亿辆，其中汽车 3.53 亿辆。我国已经进入了飞速发展的汽车社会新时代，汽车维修业也成为与广大人民群众日常生活息息相关的现代服务业。随着国家对职业教育的重视和投入的增加，我国的汽修职业教育取得了快速发展，为社会输送了一大批在汽修一线工作的高技术技能型人才，从一定程度上突破了汽车维修人才紧缺的瓶颈。但同时应该看到，汽车电动化、智能化、网联化和共享化的快速推进，打破了人们对传统汽车的理解，对汽车维修人才也提出了更高的要求。教育是国之大计、党之大计。培养什么人、怎样培养人、为谁培养人是教育的根本问题，育人的根本在于立德。全面贯彻党的教育方针，落实立德树人根本任务，培养德智体美劳全面发展的社会主义建设者和接班人，坚持以人民为中心发展教育，加快建设高质量教育体系，发展素质教育，促进教育公平。加强企业主导的产学研深度融合，坚持学思用贯通、知信行统一。这就需要我们工作在职业教育一线的专家、教师在习近平新时代中国特色社会主义思想指导下，创新教育理念，改革教学模式，优化专业教材，为党育人、为国育才，培养出真正符合党和国家要求的高技术技能型汽修人才。

教学模式的创新，得益于先进的课程理念，先进的课程理念需要一套完整的课程方案和配套的课程资源来体现，近几年，在企业、行业专家和课程专家的指导下，北京师范大学出版社开发了一整套汽车运用与维修专业的项目化教材，并不断完善和更新。相比以往的职业教育汽车运用与维修专业教材，这套教材有许多特点和亮点，主要体现在：

1. 面向职教。教材作者均来自汽车维修专业教学一线，有多年从事专业课教学的经验，大多数参编者都亲自参加过职业院校汽车运用与维修技能大赛的教师组比赛项目，并取得了优异的成绩。因此，在教材的编写过程中，他们能紧扣汽车运用与维修专业的培养目标，并借鉴全国职业院校汽车运用与维修技能大赛所提出的能力要求，把维修行业的规范、安全、环保、高效、服务、合作、敬业等理念贯穿于专业技能训练的课目之中，符合当前汽车后市场对人才的综合素质要求。

2. 难易适度。本套教材汲取了宝马、丰田、上海通用等知名汽车企业培训教材的精华，着重强调结论性、应用性强的必备基础理论知识，使得教材整体理论知识的学习难度降低，同时又保证学生在分析和解决实际问题时能具有一定的理论基础，这符合职业院校学生的认知特点。

3. 实用性强。本套教材体例实用，并配有学生工作手册，力求把知识传授、技能训练、行为习惯培养和职业素养养成融为一体，有利于学生综合素质的提升，使学生能够运用所学的基本知识举一反三、触类旁通，同时也为学生后续学习奠定基础。教材中精选了典型的工作任务，并配有工艺化的任务实施流程，旨在培养学生正确使用工具和设备解决实际问题的能力，达到学生毕业后即可胜任汽车后市场相应工作岗位的技能和素质要求。

4. 静动并举。本套教材在理论知识讲解和具体工作任务实施中采用了大量的实物图，教材采用四色印刷，在文字描述方面力求简洁规范、通俗易懂，在关键知识点的理论讲解和具体工作任务实施时配有教学视频、动画演示等数字化资源，激发了学生的学习兴趣，降低了学习难度，方便学生自我完善和自我提高。

这套教材的推广使用，将有助于职业院校汽车运用与维修专业教学质量和能力的提高。希望大家多提宝贵意见和建议，也希望我国的职业教育事业越办越好。

内容简介

　　本书共包含 4 个教学项目，分别是项目 1　汽车电路基础知识及应用；项目 2　新能源汽车高压电源及用电安全；项目 3　汽车电子元器件认知与测量；项目 4　数字电子技术基础。4 个项目总计有 21 个学习任务，学习任务的选取紧密联系汽车售后服务的工作实际，理论和实践相结合。本书通过一系列学习任务激发学习者主动学习与实践，以掌握汽车维修电工必备的核心技能。

　　本书可作为中等职业学校汽车运用与维修专业学生的教材，也可供汽车维修技术人员参考学习。

前 言

随着人们对汽车安全、舒适、智能等方面性能需求的日益提升，电子化、信息化、网络化和智能化已经成为汽车技术发展的方向。在国外，电子系统占一辆豪华轿车生产成本的 70%，普通轿车成本的 30%。在我国，目前平均每辆车上安装的电子装置在整车制造成本中占比为 35% 左右，特别是在新能源汽车领域，汽车电子的成本占比将达到 45% 以上。随着电子控制技术在汽车工业中的广泛应用，汽车售后维修工作的内容及方法也不断更新，需要从业者更多的知道汽车电器、电子的基本知识，掌握电路与电子的基本概念、基本的分析方法，了解电子器件的应用与参数选择。特别需要从业者能够规范使用万用表及示波器等电工测量工具进行电路基础及常见元器件的测量，会识读基本汽车常规电器系统电路图，具备分析、判断、处理电路故障的能力。

《汽车电工电子技术》是汽车专业汽车维修方向的一门专业基础课程。本书内容是紧密结合汽车电器及汽车电子的需求而设置的。为了适应汽车专业教学改革的需要，本书将电工技术、电子技术的基本知识，与汽车电气设备等部分教学内容进行了适当地整合，加强实用性和可操作性。教学以完成工作任务为驱动力，坚持理论与实践相结合的方式，目标是使学习者对汽车的基本电路具有初步认知、分析及基本电学参数测量的能力，为后续的汽车电器及汽车电控课程打下良好的基础。

《汽车电工电子技术》具体学习内容及参考学时见下表：

序号	项目名称	学习任务	参考学时
项目 1	汽车电路基础知识及应用	7	28
项目 2	新能源汽车高压电源及用电安全	3	12
项目 3	汽车电子元器件认知与测量	6	36
项目 4	数字电子技术基础	5	20
合　计		21	96

本书由李小飞、柏凌云担任主编。李小飞编写了项目 1、项目 2 及项目 3，柏凌云编写了项目 4。葛嘉姗、王慧玲、吴建萍老师，南京宝利丰汽车销售服务有限公司技术总监赵康也给本书编写提供了专业支持和大量的宝贵意见。

由于编写者的水平有限，不足之处在所难免，恳请各位读者提出宝贵意见。

目 录

汽车电路基础知识及应用

项 目 概 述

为了安全环保舒适，汽车中使用了大量电器部件或电控系统来实现各种功能。例如，发动机的运行需要传感器和执行器进行监控和调节，根据驾驶者的需求输出动力并控制尾气排放；紧急制动时需要通过电子调节制动力来稳定车辆的状态；为了安全舒适，使用了车辆防盗系统、座椅的加热和通风、电动车窗、车内外灯光控制、人车交互系统、娱乐音响系统等。而电阻器、电容器、电感器、晶体二极管、晶体三极管等是组成电器部件最基本的元件，它们的质量和性能的好坏直接影响车辆的性能。

本项目核心是认知基本电工电子元件和常见电工工具，学习电学基础知识及电路基本物理量的测量。通过实用有趣的电路制作和测量练习来加强学习者对汽车电路的理解，采用任务驱动、理实一体化的学习方式提高学习的兴趣和效果。

本项目共包含了7个基本学习任务。

任务1　常见电子元器件的认知

任务2　常用电工工具的认知

任务3　汽车电路认知

任务4　电压的认知及测量

任务5　电流的认知及测量

任务6　电阻的认知及测量

任务7　电路基本定律及电路分析法应用

通过本项目的学习，您的目标是：

准确识别基本的电子元器件；

会使用常用电工工具；

知道汽车电路的特点，能看懂电路图；

知道电路的基本概念及定律；

使用万用表进行基本电学物理量的测量；

会使用工具，按照电路图进行电子制作。

Mission 1 任务1 常见电子元器件的认知

任务目标

1. 知道物质导电性的决定性因素。
2. 知道常见的导体、绝缘体和半导体材料。
3. 能通过实物或图片识别常见的电工电子元件。
4. 知道常见电工电子元件在汽车电路中的用途。

必备知识

电是一种自然现象，是由静止或移动的电荷所产生的。在大自然里，电表现为很多众所周知的效应，例如闪电、摩擦起电、静电感应、电磁感应等。电是一种能量，汽车上的用电设备、电子控制设备中的各元件都是以电路的形式来实现它们的功能。为了能够有能力进行汽车售后服务工作，正确使用维护好汽车用电设备和电控系统，我们需要学习和理解在汽车运行时如何保证持续的产生所需的电能，如何确保安全高效的进行电能的传输，以及解决电能使用过程中出现的问题，因此我们需要了解一些电学的基本概念。

一、原子和电荷载体

为了能够更好地了解导体、半导体和绝缘体物质的电学特性，在此需要学习一些化学的基本概念。

1. 原子

物质是由不同的元素构成的。这些元素中最小的组成部分是原子。大约 2500 年前，德谟克利特（古希腊学者）就提出了世界是由不可分割的微粒构成的假设。由此得到了原子这个名称。

现在我们知道，原子是可分割的，由中子、质子和电子组成。

有多种关于原子结构的理论。尼尔斯·玻尔理论是电工学理论中最为直观的一个。图 1-1 所示的原子模型即玻尔原子模型。它表示了电子、质子和中子之间的相互关系。人们假设，原子由一个原子核和核外电子组成。

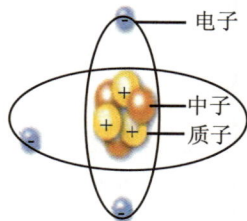

图 1-1 锂原子结构

该结构与行星体系的结构相似：行星（核外电子）围绕太阳（原子核）旋转。原子核位于原子的中心。它由质子和中子构成，中子是不带电荷的质量粒子，质子是带正电荷的粒子。质子和中子的质量几乎相等。原子核带正电荷，原子的全部质量几乎都在原子的原子核上。

电子是带负电荷的粒子。原子壳内电子的数量与原子核内质子的数量相等。质子或中子的质量大约比电子质量大 2000 倍。

原子核和原子壳带有相同数量的电荷(质子和电子)。电荷之间的电引力使原子核和原子壳结合在一起。原子向外呈电中性。

电子可借助外部能量(如光、热和化学过程)达到更高的能量级以及由此返回初始状态,在这个过程中同时吸收或释放出能量。

2. 电子、离子

电子在围绕原子核的几个圆形或椭圆形轨道上移动。根据具体物质(如铜、铅、铝)最多有七条这样的轨道,这些轨道由内向外用数字 1 至 7 或大写字母 K 至 Q 命名。在每条轨道上始终只有特定数量的电子在移动。每条轨道上最多电子数量见表 1-1。

表 1-1　每条轨道上的电子数量(最多)

轨道	轨道	电子数量
1	K(内侧轨道)	2
2	L	8
3	M	18
4	N	32
5	O	50
6	P	72
7	Q(外侧轨道)	98

例如,在围绕氢原子原子核的轨道 1 上只有一个电子,而在围绕铜原子原子核的 4 条轨道上则共有 29 个电子。

在原子最外侧轨道上的电子也称作价电子。它们负责使不同原子结合在一起。

电子可借助外部能量(如光、热)达到更高的能量级或者由此返回初始状态,在这个过程中同时吸收或释放出能量。

若原子倾向于让尽可能多的电子位于其最外侧的轨道上。为了达到这种状态,原子会与其他原子形成化合物。

其电子多于质子或质子多于电子的原子或原子团称为离子。离子一词来源于希腊语,表示迁移。一般少于 4 个价电子的原子很容易释放出电子,随后原子的质子便多于电子,从而变成阳离子。(见图 1-2)

带有较多价电子的原子很容易吸收其他电子,以便补充其最外侧的电子壳。随后原子的电子便多于质子,从而变成阴离子。(见图 1-3)

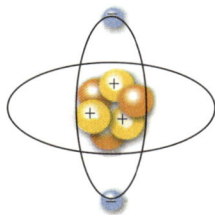

图 1-2　阳离子

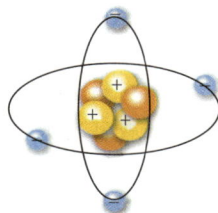

图 1-3　阴离子

由此产生的阳离子和阴离子相互吸引，形成紧密连接的化合物，从而产生一种新的物质。至少包括两个原子的新化合物称为分子。

3. 电荷载体

电荷载体可以是材料中的自由电子（金属电荷载体）或离子（液态和气态电荷载体）。由于外侧电子（价电子）与原子核的距离相对较远，因此这些电子与原子核的连接较弱，电子吸收能量后，价电子从原子外侧壳体上脱离，形成所谓的自由电子。（见图 1-4）

自由电子从一个原子移动到另一个原子时称为电子流动。电子流动不止包括一个单独的自由电子，而是包括很多自由电子。一般情况下导体内的自由电子移动是不定向的，即没有任何优先移动方向。

图 1-4　某导体内电子的不定向移动

二、物质的导电性

自然界的各种物质按其导电性能来说，可以分为导体、绝缘体和半导体三大类。导体具有良好的导电特性，如铜、铝、银等金属。绝缘体几乎不导电，包括塑料、橡胶、玻璃、陶瓷、纸等固体以及纯水（H_2O）、油和油脂等液体，也包括特定条件下的真空和气体。所谓半导体就是在常温下的导电能力介于导体和绝缘体之间的材料，如硅、锗、硒以及大多数金属氧化物和硫化物。各种材料的电气性质由它们的原子最外层的电子数决定。

1. 导体

导体材料其原子最外层电子很容易脱离原子核的束缚，它们能够在原子核构成的晶格内自由移动，所以这种材料对于电流具有良好的传导特性。

导体又可分为电子导体和离子导体。电子导体由相互紧密连接的金属原子构成，一般情况下，电子在晶格内的移动非常不规则，通常不会变换位置，也不会进行电荷转移。而当导体承受电压时，电子就会朝某个特定方向移动，电子流从负极流向正极。需要注意的是，电子流不会使金属发生任何变化，但在离子导体内的情况则不同。离子导体包括导电液体（电解液）、熔液和电离的气体。电荷载体既可以是正离子也可以是负离子。承受电压时离子流动会使物质发生变化。

2. 绝缘体

绝缘体材料的原子最外层电子会被原子核紧紧的束缚，电子很难移动，原子不会轻易失去电子或者轻易得到自由电子。绝缘体内自由电荷载体的数量为零，因此电导率也极低。通常利用绝缘体或绝缘材料使电导体相互绝缘。

3. 半导体

半导体材料的原子最外层刚好具有 4 个电子，它们既不是导体，也不是绝缘体。半导体与导体的区别在于，价电子只有在压力、温度、光照或磁力等外部影响下被释放出来后才具有导电性。

三、汽车中的基本电工电子元件

汽车中的基本电工电子元件如表 1-2 所示。

表 1-2　汽车中的基本电工电子元件

图　片	名　称	用　途
	电线束	导电、传递电信号
	开关	控制电路打开或接通，可阻断或允许电流通过、产生控制信号
	定值电阻	带有固定阻值的电气元件，可将电压降到规定值
	可变电阻器	一种带有可变电阻额定值的可控电阻器，也被称为电位器
	光敏电阻	制作光照传感器，可以将光照强度的变化反应为电阻值的变化
	正温度系数的热敏电阻（PTC）	制作加热元件，利用其电阻值随温度升高而增大的特性
	负温度系数的热敏电阻（NTC）	制作温度传感器，利用其电阻值随温度升高而减小的特性

续表

图 片	名 称	用 途
	灯泡	用于照明，电流流过灯丝使灯丝变热并发光
	电磁线圈	可在电流流过时产生磁场，用来移动金属柱塞；在电路中起滤波作用
	继电器	一般指由电子控制的开关，电流流经线圈，产生磁场，可打开或闭合附接的开关
	驻极话筒	将声音信号转换为电信号的能量转换器件
	喇叭	将电信号转换为声音信号的能量转换器件
	瓷片电容器	临时储存电荷的小型存储单元
	电解电容器	临时储存电荷的小型存储单元

续表

图　片	名　称	用　途
	直流电动机	将电能转换为机械能
	二极管	只允许电流单向流通的半导体，常用于制作整流电路
	发光二极管（LED）	使用电流发光，但发光时不产生热量
	稳压二极管	与用电器并联，可以稳定用电器电压
	光电二极管	将光照能量转化成电信号
	PNP 型三极管	小信号放大，电流放大，开关管，电平转换
	NPN 型三极管	在电路中能起到放大电流或开关作用

续表

图　片	名　称	用　途
	CMOS 集成模块	CMOS，即互补金属氧化物半导体，是一种大规模应用于集成电路芯片制造的原料
	NE555 集成模块	NE555 集成模块是一种模拟、数字混合型的中规模集成电路，在波形产生、整形、变换、定时及控制系统中有着十分广泛的应用
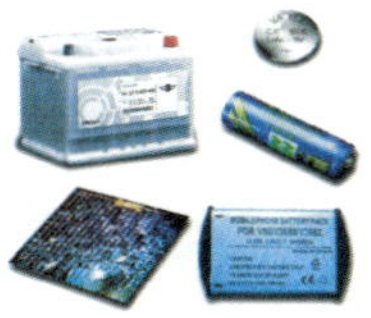	电池	电池是将化学能、太阳能等能量转化成电能的装置，为用电器提供电能

Ｍ任务 2　常用电工工具的认知

任务目标

1. 知道电烙铁的特点及使用注意事项。
2. 知道万用表的特点及使用注意事项。
3. 会利用面包板为平台搭建简单电路。

必备知识

一、制作实验电路的常用工具

制作实验电路的常用工具见表 1-3。

表 1-3　制作实验电路的常用工具

图　片	名　称	用　途
	电池盒	可以安装 5 号干电池，形成不同电压的电源装置

图　片	名　称	用　途
	面包板	面包板是一种多用途的万用实验板，可以将小功率的常规电工电子元器件直接插入，搭接出各种各样的实验电路
	镊子	用于在面包板上制作电路时安装部件及线束、拨动开关等工作
	小螺丝刀	用于调节变阻器元件的阻值等
	剥线钳	剥离线束的绝缘皮，形成整齐的金属裸露头部
	电烙铁	进行锡焊操作，连接导线的接头
	指针式万用表	用于电器元件及线路的检测的仪表工具。可以测量电路中电子元件的电压、电流参数以及判断二极管、三极管等电子元件的极性好坏等
	数字式万用表	

二、电池盒

本课程实验电路一般用 1.5～6 V 不等的直流电源，从安全、方便、经济的角度看，建议使用 4 节 5 号电池盒作为电源。市面上出售的电池盒一般都已接好引线，线头已剥好并进行镀锡处理，可以直接插在面包板上使用。如果感觉线头太软不好插，就需要进行检查并进行重新剥线头并镀锡处理，以便在面包板上使用。

如果要使用 3 V 直流电源，只需在电池盒上安装 2 节 5 号电池，并用一根引线将电源引出即可；也可以使用 1 节 5 号电池作为 1.5 V 的电源使用。

三、面包板

面包板是一种多用途的万用实验板，可以将小功率的常规电工电子元器件直接插入，搭接出各种各样的实验电路。面包板实物如图 1-5 所示。

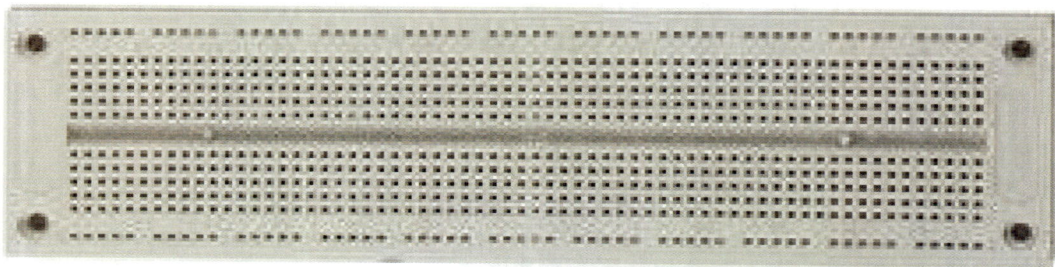

图 1-5　面包板实物

市面上的面包板种类较多，大小各异，价格相差也较大。常见的国产面包板有 130 线、120 线、46 线等多种规格，进口也有多种规格和样式。

图 1-6 为 130 线面包板的内部连线关系。

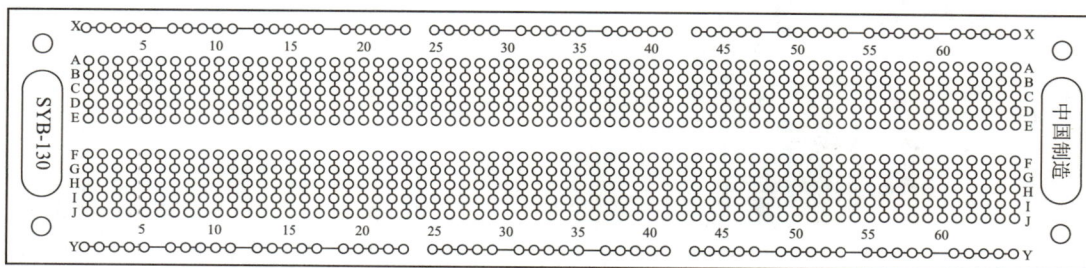

图 1-6　SYB-130 面包板内部接线

将实验板水平方向放置，板上左侧有"SYB-130"字样，即表示该板为 130 线的产品。板上最上端和最下端各有一排插孔，分别标注为"X""Y"。每排有 11 组，每组各有 5 个插孔。这 11 组插孔中，最左边的 4 组连通在一起组成一个大组，中间三组连通在一起组成一个大组，右边的 4 组连通在一起组成一个大组，这些大组原本并不互通，为了使用方便、统一，本书的实验电路中，除特别说明外，都将"X"排定义为电源正极，将"Y"排定义为接地，即电源负极。因此，在实验的装配图中可以看到，这些原本不互通的大组用导线连接在了一起，这些连接相对固定，很少拆卸，因此用户也可以利用剪下的多余的元件引脚线将这些大组连通，甚至用订书钉连通也是不错的选择，既节约了专用导线的使用，还有利于万用表测试电路。

板上其余各组连接方式都与图一致，即左侧标有"A、B、C、D、E"的各孔在垂直方向上是连通的，标有"F、G、H、I、J"的各孔在垂直方向上是连通的。以上各组每组均有 5 个孔，在水平方向上均不连通。板上标有"5，10，…，60"字样是各组从左至右的顺序编号，上、下各有 65 组，总计 130 组（线）。这也就是 130 线面包板名称的来源。

四、电烙铁的使用

电烙铁是最常用的焊接工具。电烙铁要用 220 V 交流电源，使用时要特别注意安全。应认真做到以下几点。

①电烙铁插头最好使用三相插头，要使外壳妥善接地。使用前，应认真检查电源插头和电源线有无损坏，并检查烙铁头是否松动。

②电烙铁使用中，不能用力敲击，要防止跌落。烙铁头上焊锡过多时，可用布擦掉。不可乱甩，以防烫伤他人。焊接过程中，烙铁不能到处乱放。不焊时，应放在烙铁架上。注意电源线不可搭在烙铁头上，以防烫坏绝缘层而发生事故。

③使用结束后，应及时切断电源，拔下电源插头。冷却后，再将电烙铁收回工具箱。

焊接是一项基本技术，需要多练习才能熟练掌握。在操作中需要注意以下一些操作步骤。

①选用合适的焊锡，应选用焊接电子元件用的低熔点焊锡丝。新烙铁使用前，应用细砂纸将烙铁头打光亮，通电烧热，蘸上松香后用烙铁头刃面接触焊锡丝，使烙铁头上均匀地镀上一层锡。这样做，可以便于焊接和防止烙铁头表面氧化。旧的烙铁头如严重氧化而发黑，可用钢挫挫去表层氧化物，使其露出金属光泽后，重新镀锡，才能使用。

②电烙铁使用前要上锡，具体方法是：将电烙铁烧热，待刚刚能熔化焊锡时，涂上助焊剂，再用焊锡均匀地涂在烙铁头上，使烙铁头均匀的镀上一层锡。

③焊接时，应把焊接对象的引脚用细砂纸打磨干净，涂上助焊剂（用 25％的松香溶解在 75％的酒精中作为助焊剂）。用烙铁头蘸取适量焊锡，接触焊点，待焊点上的焊锡全部熔化并浸没后，电烙铁头沿着元器件的引脚轻轻往上一提离开焊点。

④焊接时间不宜过长，否则容易烫坏元件，必要时可用镊子夹住管脚帮助散热。

⑤检查焊接成果，要求焊点应呈正弦波峰形状，表面应光亮圆滑，无锡刺，锡量适中。

⑥集成电路应最后焊接，电烙铁要可靠接地，或断电后利用余热焊接，或者使用集成电路专用插座，焊好插座后再把集成电路插上去。

⑦电烙铁应放在烙铁架上，切记避免直接靠近或放在可燃物上。

五、万用表的使用

数字万用表是采用集成电路模/数转换器和液晶显示器，将被测量的数值直接以数字形式显示出来的一种电子测量仪表。

1. 数字万用表的组成

数字万用表是在直流数字电压表的基础上扩展而成的。为了能测量交流电压、电流、电阻、电容、二极管正向压降、晶体管放大系数等电量，必须增加相应的转换器，将被测电量转换成直流电压信号，再由 A/D 转换器转换成数字量，并以数字形式显示出来。它由功能转换器、A/D 转换器、LCD 显示器、电源和功能/量程转换开关等构成。常用的数字万用表显示数字位数有三位半、四位半和五位半之分，对应的数字显示最大值分别为 1999、19999 和 199999，并由此构成不同型号的数字万用表。数字式万用表实物图见图 1-7。

2. 数字万用表的面板

液晶显示器：显示位数为四位，最大显示数为 ±1999，若超过此数值，则显示 1 或 −1。

量程开关：用来转换测量种类和量程。

电源开关：开关拨至"ON"时，表内电源接通，可以正常工作；"OFF"时则关闭电源。

输入插座：黑表笔始终插在"COM"孔内，红表笔可以根据测量种类和测量范围分别插入"VΩ""mA""10A"插孔中。

图 1-7　数字式万用表实物图

3. 数字万用表使用方法

将 ON/OFF 开关置于 ON 位置，检查 9 V 电池，如果电池电压不足，将显示在显示器上，这时则需更换电池。如果显示器没有显示，则按以下步骤操作。

测试笔插孔旁边的符号，表示输入电压或电流不应超过指示值，这是为了保护内部线路免受损伤。

测试之前，功能开关应置于你所需要的量程。

4. 自动电源切断使用说明

仪表设有自动电源切断电路，当仪表工作 30～60 分钟，电源自动切断，仪表进入睡眠状态，这时仪表约消耗 7 μA 的电流。

当仪表电源切断后若要重新开起电源则需重复按动电源开关两次。

5. 使用注意事项

数字式万用表是一台精密电子仪器，不要随意更换线路，并注意以下几点。

①注意万用表的量程，不能接入过大的电压或电流，以免损坏万用表。

②不能带电测量电阻的阻值。

③在电池没有装好或后盖没有上紧时，请不要使用。

④只有在测试表笔移开并切断电源以后，才能更换电池或保险丝。

⑤测量前选择合适的量程，不能带电更换量程。

M 任务 3　汽车电路认知

任务目标

1. 知道汽车电路的特点。
2. 能看懂常见电工电子元件的电路符号。
3. 能识读简单的汽车电路图。
4. 知道常见的电路故障。

必备知识

一、电路的基本概念

1. 电路的组成

电路是电流流过的路径。在闭合电路中，实现电能的传递和转换。不论其结构如何，通常电路是由电源、连接导线、开关电器、负载及其他辅助设备组成。（见图 1-8）

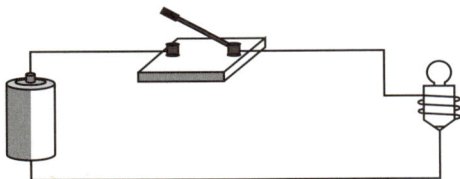

图 1-8　电路组成示意图

电源是提供电能的设备，电源的功能是把非电能转换为电能。例如，电池把化学能转换为电能，发电机把机械能转换为电能，太阳能电池将太阳能转化为电能，核能将质量转化为能量等。干电池、蓄电池、发电机等是最常用的电源。

连接导线把电源、负载和其他设备连接成一个闭合回路，是用来连接电路传输电能或传送电信号的介质，如各种铜、铝电缆线等。

负载是电路中消耗电能的设备，负载的功能是把电能转变为其他形式的能量。例如，加热装置把电能转变为热能，汽车电喇叭将电能转变为声能，电动机把电能转变为机械能等。照明灯、车载音响、点烟器等是最常见的负载。

开关电器是负载的控制设备，如闸刀开关、断路器、电磁开关、减压起动器等都属于开关电器。

辅助设备包括各种继电器、熔断器及测量仪表等。辅助设备用于实现对电路的控制、分配、保护及测量。

2. 电路的分类

在车辆上一个电压电源（车载网络供电）会同时接有很多用电器，这种电路称为扩展型电路。扩展型电路通常有三种基本电路：串联、并联和混联。人们可根据电源、导体、负载以及控制或保护装置的连接情况，来确定是哪种类型的电路。

串联电路是一种最简单的电路，电路中导体、控制和保护装置、负载以及电源都与仅有的一条电路径相连。每个元件的电阻都可以是不同的，数值相同的电流将流经每一个元件，所以通过每个元件的电压也将是不同的。如果路径损坏，电流便不能通过。

并联电路中将多个用电器的首端、尾端分别连在一起，当接通电源后，每个用电器的端电压均相同。假如每个分路的负载电阻相同，分路电流也将相同。假如分路里的负载电阻不同，分路电流也将不同。假如有一个分路损坏，电流将继续流往其他分路。

混联电路中有些元件为串联，有些元件为并联。电源及控制或保护装置（保险及开关）通常为串联，负载通常为并联。串联电路里电流相等，而在并联电路中则不相等，并联电路里元件的电压相等，而在串联电路里则不等。假如串联部分损坏，整个电路将断开。假如并联分路损坏，电流仍将可以流过串联电路和未断开的分路。

从图1-9中可以看到两个灯泡的连接关系，（a）图为串联关系，（b）图为并联关系。

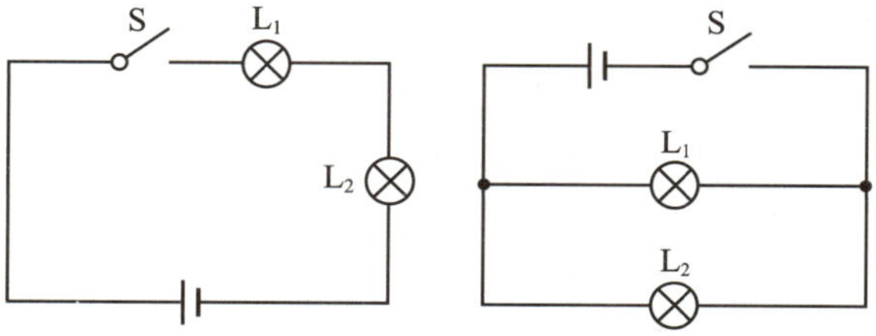

（a）串联电路　　　　　　（b）并联电路

图 1-9　串联电路及并联电路

3. 汽车电路的特点

汽车电路的特点可归纳为以下几点。

（1）低压

传统汽车供电系统的额定电压有 6 V、12 V、24 V 三种。一般轿车采用 12 V 电源。

（2）直流

现代汽车发动机是靠电力起动机起动的，起动机由蓄电池供电，蓄电池充电又必须用直流电源，所以汽车电路多采用直流电路。

（3）单线制

单线连接是指汽车上所有电器设备的正极均采用导线相互连接，而所有的负极则直接或间接通过导线与车架或车身金属部分连接，汽车蓄电池的负极也直接接到金属车体上，称为搭铁，用符号⏚表示。汽车单线制电路如图1-10所示。

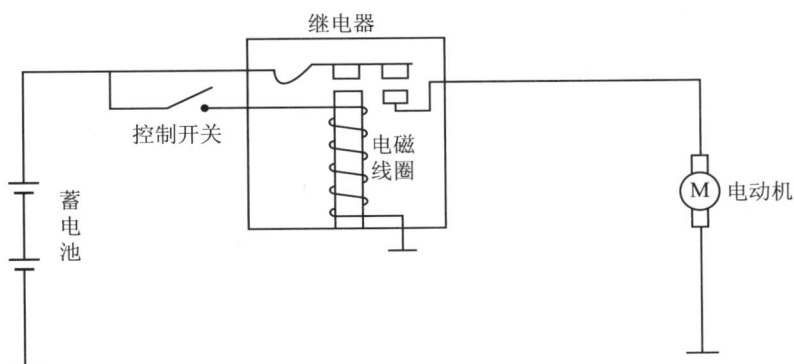

图 1-10　汽车单线制电路

从电流的角度来看，电路中的电流都是从电源的正极出发经导线流入用电设备后，再由电气设备自身或负极导线搭铁，通过车架或车身流回电源负极而形成回路。负极搭铁时对无线电干扰小，对车架或车身化学腐蚀较轻，所以世界各国的汽车多采用负极搭铁。单线制节省导线，线路简化清晰，安装和检修方便。但是在特殊情况下，有时也需要采用双线制。

（4）并联连接

各用电设备均采用并联，汽车上的两个电源（蓄电池和发电机）之间以及所有用电设备之间，都是正极接正极，负极接负极，并联连接。

（5）负极搭铁

采用单线制时蓄电池的一个电极需接至车架或车身上，俗称"搭铁"。蓄电池的负极接车架或车身称为负极搭铁。蓄电池的正极接车架或车身称为正极搭铁。负极搭铁对车架或车身金属的化学腐蚀较轻，对无线电干扰小。我国标准规定汽车线路统一采用负极搭铁。

（6）设有保险装置

为了防止因短路或搭铁而烧坏线束，电路中一般设有保护装置，如熔断器、易熔丝等。

（7）汽车线路有颜色和编号特征

为了区别各线路的连接，汽车所有低压导线必须选用不同颜色的单色线或双色线，并在每根导线上编号。编号由生产厂家统一编定。

（8）汽车电路由相对独立的系统组成

全车电路一般包括以下几部分。

电源电路：由蓄电池、发电机及电压监控和调节系统等组成。

起动电路：由起动机、起动继电器、起动开关及起动保护装置组成。

点火电路：由点火线圈、电子点火器、火花塞、点火开关等组成的电路。

照明与信号电路：由前照灯、雾灯、示宽灯、转向灯、制动灯、倒车灯、电喇叭等及其控制继电器和开关组成的电路。

仪表与报警电路：由仪表、传感器、各种报警指示灯及控制器组成的电路。

辅助装置电路：由为提高车辆安全性、舒适性、经济性等各种功能的电器装置组成的电路。辅助装置电路因车型不同而有所差异，一般包括风窗刮水器/清洗装置、风窗除霜/防雾装置、起动预热装置、音响装置、车窗电动升降装置、电动座椅调节装置及中央电控门锁装置等组成的电路。

二、电路图的概念

电路图是人们为了研究和工程的需要，用约定的符号绘制的一种表示电路结构的图形。通过电路图可以知道实际电路的情况。这样，我们在分析电路时，就不必把实物翻来覆去地琢磨，而只要拿着一张图纸就可以了；在设计电路时，也可以从容地在纸上或电脑上进行，确认完善后再进行实际安装，通过调试、改进，直至成功；而现在，我们更可以应用先进的计算机软件来进行电路的辅助设计，甚至进行虚拟的电路实验，可以大大提高工作效率。

电路图有两种，一种是说明模拟电子电路工作原理的。它用各种图形符号表示电阻器、电容器、开关、晶体管等实物，用线条把元器件和单元电路按工作原理的关系连接起来。这种图长期以来被叫作电路图。

另一种是说明数字电子电路工作原理的。它用各种图形符号表示门、触发器和各种逻辑部件，用线条把它们按逻辑关系连接起来，它是用来说明各个逻辑单元之间的逻辑关系和整机的逻辑功能的。为了和模拟电路的电路图区别开来，就把这种图叫作逻辑电路图，简称逻辑图。

三、电路图的组成

电路图主要由元件符号、连线、结点、注释四大部分组成。

元件符号表示实际电路中的元件，它的形状与实际的元件不一定相似，甚至完全不一样。但是它一般都表示出了元件的特点，而且引脚的数目和实际元件保持一致。

连线表示的是实际电路中的导线，在原理图中虽然是一根线，但在常用的印刷电路板中往往不是直线而是各种形状的铜箔块，就像汽车原理图中的许多连线在印刷电路板图中并不一定都是线形的，也可以是一定形状的铜膜。

结点表示几个元件引脚或几条导线之间相互的连接关系。所有和结点相连的元件引脚、导线，不论数目多少，都是导通的。

注释在电路图中是十分重要的，电路图中所有的文字都可以归入注释一类。细看实际车型的电路图就会发现，在电路图的各个地方都有注释存在，它们被用来说明元件的型号、名称等。

一张电路图就好像是一篇文章，各种单元电路就好比是句子，而各种元器件就是组成句子的单词。所以要想看懂电路图，还得从认识元器件开始。下面将列举电路图中常出现的各种符号，希望初学者熟悉它们。

四、汽车电路中常用的元件符号

汽车电路(以帝豪 EC8 汽车电路为例)中常用的元件符号见表 1-4。

表 1-4 汽车电路中常用的元件符号及名称

图形符号	名　称	图形符号	名　称	图形符号	名　称
	接地		常闭继电器		蓄电池
	温度传感器		常开继电器		电容
	短接片		双掷继电器		点烟器
	电磁阀		电阻		天线
	小负载保险丝		电位计		常开开关
	中负载保险丝		可变电阻器		常闭开关
	大负载保险丝		点火线圈		双掷开关
	加热器		爆震传感器		点火开关
	二极管		灯泡		双绞线
	光电二极管		线路走向		起动机
	发光二极管		喇叭		风扇总成
	电动机		时钟弹簧		氧传感器

续表

图形符号	名　称	图形符号	名　称	图形符号	名　称
	电磁阀	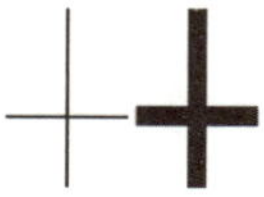	未连接 交叉线路	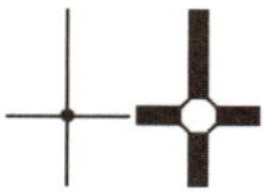	相连接 交叉线路

五、汽车电路的结构和特点

以帝豪 EC8 汽车前雨刮器电路图为例，看汽车电路图的结构和特点。

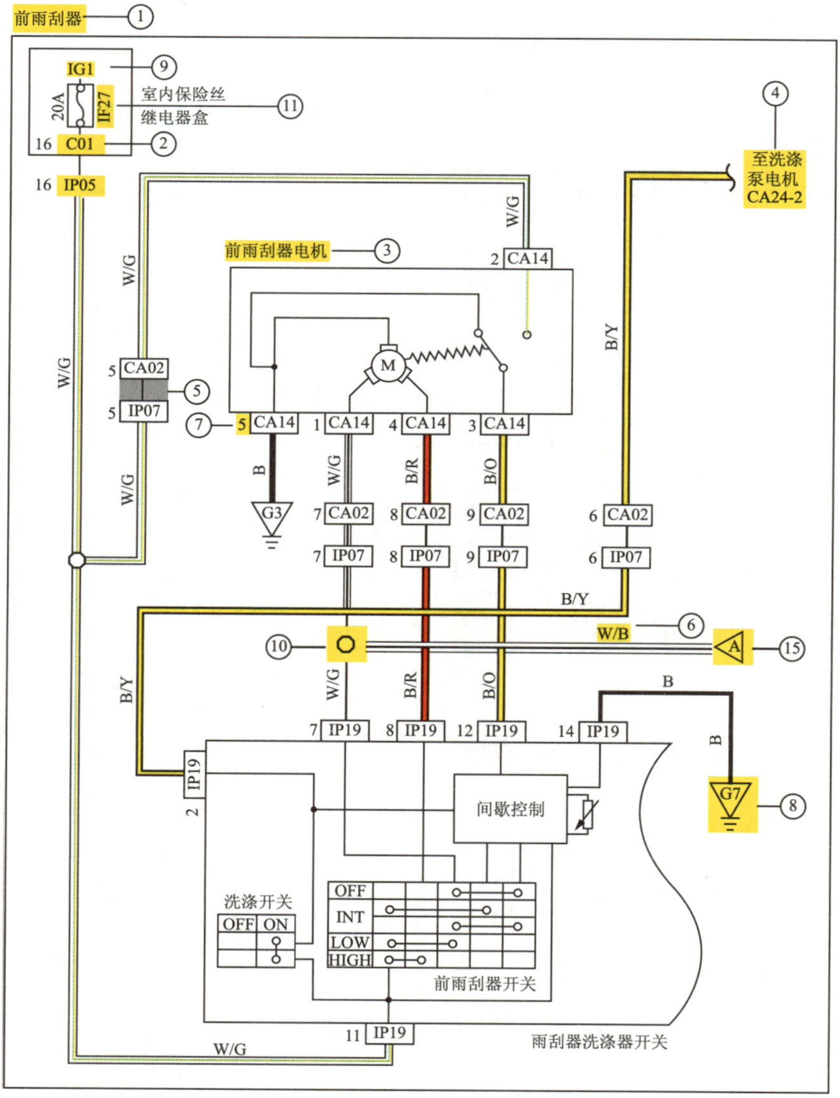

图 1-11　帝豪 EC8 汽车前雨刮器电路图

对电路图 1-11 的注释如下。

①电器系统名称。

②线束连接器编号。

③部件名称。

④显示此电路连接的相关系统信息。

⑤插头间连接采用细实线表示，并用灰色阴影覆盖，用于与物理线束进行区别，物理线束用粗实线表示，颜色与实际导线颜色一致。

⑥显示导线颜色，颜色代码如表 1-5 所示。

表 1-5   导线颜色代码

颜色代码	导线颜色	示　例
B	黑色	▨
Gr	灰色	▨
Br	棕色	▨
L	蓝色	▨
G	绿色	▨
R	红色	▨
Y	黄色	▨
O	橙色	▨
W	白色	
V	紫色	▨
P	粉色	▨
Lg	浅绿色	▨

如果导线为双色线，则第一个字母显示导线颜色，第二个字母显示条纹色，中间用"/"分隔。例如，标注为 G/B 的导线即为绿色底黑色条纹。

⑦显示接插件的端子编号，注意相互插接的线束连接器端子编号顺序互为镜像。

⑧接地点编号，接地点编号均以 G 开头的序列编号标识。

⑨供给与保险上电源类型。

⑩导线节点（见表 1-4）。

⑪保险丝编号由保险丝代码和序列号组成，位于发动机舱的保险丝代码为 EF、SF、PF，室内保险丝代码为 IF。

⑫继电器编号用单个英文字母标识。

如有由于车型、发动机类型或者配置不同而造成相关电路设计不同，在线路图中用虚线标示，并在线路图旁添加说明。相关电路设计不同时电路的表示方法示例见图1-12。

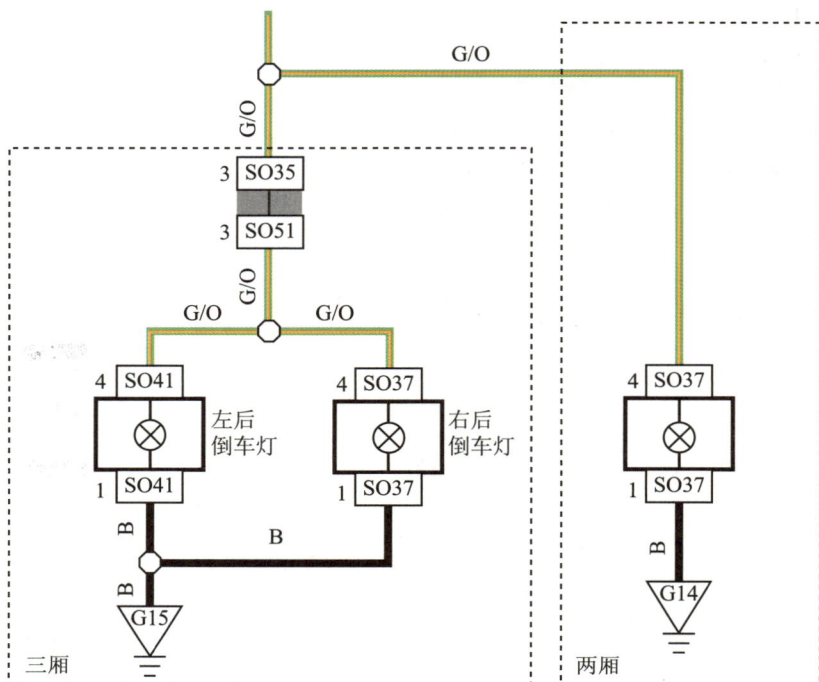

图 1-12　相关电路设计不同时电路的表示方法示例

如果电路线与线之间使用"8"字形标识（见图1-13），标示此电路为双绞线，主要用于传感器的信号电路或护具通信电路。

如果一个系统内容较多，线路需要用多页表示时，线路起点用 ■▷A 表示，线路到达点则用 ■◁A 表示，如图1-14所示。如一张图中有一条以上的线路转入下页，则分别以 B、C 等字母表示，以此类推。

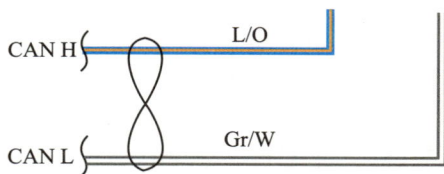

图 1-13　"8"字形标识

图 1-14　线路起点与线路到达点的表示方法

该车型接插件针脚的视图方向为入线端。（见图 1-15）

图 1-15　该车型接插件针脚的视图方向

六、汽车电路中使用的导线

车内导线通常由铜或铝导体以及绝缘线皮组成。带有线皮的导线也称为电缆。（见图 1-16）

图 1-16　车用电缆

单个导线结合在一起构成导线束。绝缘体用于使导体相互绝缘。为了便于区分不同导线，绝缘体使用不同颜色。（见图 1-17）

在车辆电路中导线根据具体用途采用不同设计（绝缘材料、横截面、固定或灵活布线）。所用导线尺寸都经过准确计算。一般使用横截面够大的铜导线。

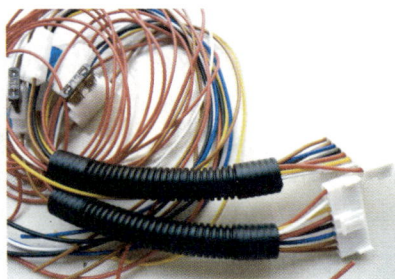

表 1-6 列出了汽车不同用电器所使用导线的要求。

图 1-17　带有插头的导线束

表 1-6　汽车不同用电器所使用导线要求

汽车种类	额定电压	标称横截面积/mm²	用于连接电器设备或电路名称
轿车	12 V	0.5	尾灯、顶灯、指示灯、仪表灯、牌照灯
		0.8	转向灯、制动灯、停车灯、分电器
		1	前照灯近光灯、电喇叭
		1.5	前照灯远光灯
		1.5～4	5 A 以上线路的连接导线
		4～6	电热塞
		4～25	主电源线
		>16	起动线路

规定导线上的电压降时，要求在用电器额定电流情况下导线上不会出现不允许的电压降。电气装置出现故障时，如线束或插头连接处受到腐蚀时，电源线上的电压降可能增大，这样可能会导致用电器故障并出现不允许的电源线受热情况。

七、最常见的电路故障

为了使电流能流动，必须在能量源和用电器之间存在一个封闭的回路，这样的一个回路被称为闭合电路。如果电路中断，便没有电流流动，电路被称为开放电路。在实际的电路中可能会出现一些非预期的电路故障，影响用电器的正常运行。

一般故障形式为：线路连接出现接触电阻增大、线路短路和线路断路。

接触电阻：经过一段时间，连接部位在空气、湿气、污物和侵蚀性气体的作用下出现氧化现象，这种氧化作用会使连接部位的接触电阻增大。根据欧姆定律，电阻增大会产生电压降。电路中的电阻增大导致电流减小。因此用电器内实际消耗的功率减小。例如，因氧化作用造成前灯导线电压降为10％时，前灯内的实际功率就会减小大约20％。

接触电阻较小且电流只有几安培时，电压降可以忽略不计。

接有电流较大的用电器时，可能会出现严重影响用电器功能的电压降。但由于无法用万用表测量较小的接触电阻，因此必须通过测量闭合电路内的电压来确定该电阻值。

短路：在两个电极（如电池的正极和负极接线柱）之间建立起直接的导电连接（通常是不希望出现的）时称为电气短路。

短路通常是由于绝缘不良或由于电气系统及电路出现电路故障造成的。

短路就是电压电源的突然性电荷平衡。在电压几乎降为零的同时，电流达到其最大值，即短路电流。该电流只能通过电源内阻来限制。

所有为进行平衡蜂拥而至的电子同时试图通过导体。导体无法承受这种电子流，因此导致导体上产生电火花或过热。

由于短路电流没有受到限制，因此可能导致没有保险丝保护的导线或电缆过热损坏。出现较高的短路电流时保险丝必须熔断，同时以最快的速度将短路部位与其他正常的供电网络断开。根据电路情况必须尽快（最多 0.1 s）切断，以将电压降和短路电流的影响降至最低。否则可能会引起火灾。

断路：断路时电路无法闭合，即所需电流中断，此时电路回路中电流为 0 A。断路通常是由于插接连接问题造成的。断路的结果是电气组件无法工作。

M任务 4 电压的认知及测量

任务目标

1. 知道电压、电位、电动势的基本概念。
2. 会用万用表进行电压、电位的测量。

📘 **必备知识**

一、电压的基本概念

1. 什么是电压?

正电荷与负电荷分别位于两侧时便产生了电压电源。电压电源始终具有带有不同电荷的两极。一侧是缺少电子的正极,另一侧是电子过剩的负极。在负极与正极之间有一种电子补偿趋势,当两极连接起来时电子就会由负极流向正极。这种电子补偿趋势称作电压。(见图 1-18)

下面以车辆蓄电池为例说明电压的形成。

蓄电池内部材料:

负极材料——铅(Pb);

正极材料——二氧化铅(PbO_2);

电解质溶液——硫酸(H_2SO_4)。

化学反应:

1—蓄电池的负极接线柱;2—蓄电池的正极接线柱(通常用红色标记)

图 1-18 车辆蓄电池的正极和负极

负极反应——$Pb - 2e^- + SO_4^{2-} \Longrightarrow PbSO_4$(产生 2 个电子);

正极反应——$PbO_2 + 2e^- + SO_4^{2-} + 4H^+ \Longrightarrow PbSO_4 + 2H_2O$(得到 2 个电子);

总反应——$Pb + PbO_2 + 2H_2SO_4 \Longrightarrow 2PbSO_4 + 2H_2O$。

车辆蓄电池内的电化学反应过程使电荷分离。电子聚集的一侧为负极,另一侧缺少电子即为正极。两极之间产生一个电势差,即电压。电压的高低取决于电子数量的差值。

如果用一个带有规定电阻的导体将蓄电池两极连接起来,电子就会从负极移向正极,化学反应就会一直进行,电子一直流动,直至两极之间不存在电势差或电路断路。

也可按以下方式描述电压:

电压是施加在自由电子上的压力或作用力;

电压是产生电流的原因;

两点或两极之间产生电荷差时就会形成电压(压力)。

直流电压的符号是大写的 U。

交流电压的符号是小写的 u。

电压的计量单位是伏特(V)。

常见的单位还包括千伏(kV)、毫伏(mV)。

$1 \text{ kV} = 1000 \text{ V}$ $1 \text{ V} = 1000 \text{ mV}$

2. 电位

在汽车电气设备的调试和检修中,经常要测量某个点的电位,看其是否符合设计数值。电位是一个相对的概念,分析电位必须选定一个参考点。参考点常用字母"O"表示,在电路中用符号⊥表示，原则上可任意选取，但习惯上选接地点或接机壳等作为参考点。

电路中某一点与该参考点之间的电压即为该点的电位。电位常用字母 V 表示，单位也是伏特(V)。在电路中任意两点的电位之差等于这两点之间的电压，即 $U_{ab}=V_a-V_b$，因此电压又称电位差。

电位具有相对性，即电路中某点的电位随参考点位置的改变而改变；而电位差(也就是电压)具有绝对性，即电路中任意两点之间的电位差值与电路中参考点的位置无关。

要测量电路中某点的电位和测量电压的方法类似，电压表应并联在电路两端，红表笔接在被测点上，黑表笔接在在零电位点上。

3. 电动势

电动势是描述电源特征的一个物理量，电源中非静电力对电荷做功的能力称为电动势。它是能够克服导体电阻对电流的阻力，使电荷在闭合的导体回路中流动的一种作用。外电路断开，即没有电流通过电池时，在正负极间测得的电位差，就是电源的电动势。

4. 电压电源互联

将多个独立的电压电源互联起来称为电池。电压电源串联时，总空载电压等于各空载电压之和。如图 1-19(a)所示，$U_{ges}=U_1+U_2+U_3$。

电压电源并联时必须要注意，只能将电压相等的单个电压电源并联。电压电源并联时，总空载电压等于各空载电压。如图 1-19(b)所示，$U_{ges}=U_1=U_2=U_3$。

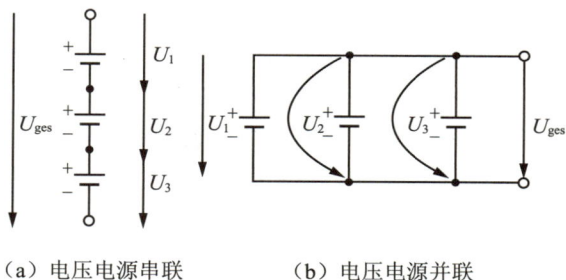

（a）电压电源串联　　　　（b）电压电源并联

图 1-19　电压电源互联

二、电压类型

1. 直流电压

直流电压是指电压的极性(或者称为方向)不随时间变化的电压。

其中随时间变化，其电压值和极性都保持不变的电压称为恒定(理想)直流电压。(见图 1-20)

最常用的直流电压电源包括原电池(蓄电池)、直流发电机或集成有整流器的交流发电机。直流电压电源示例如图 1-21 所示。

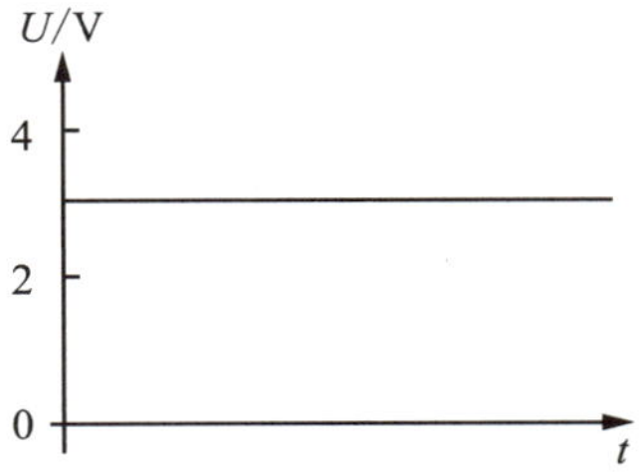

图 1-20 理想直流电压

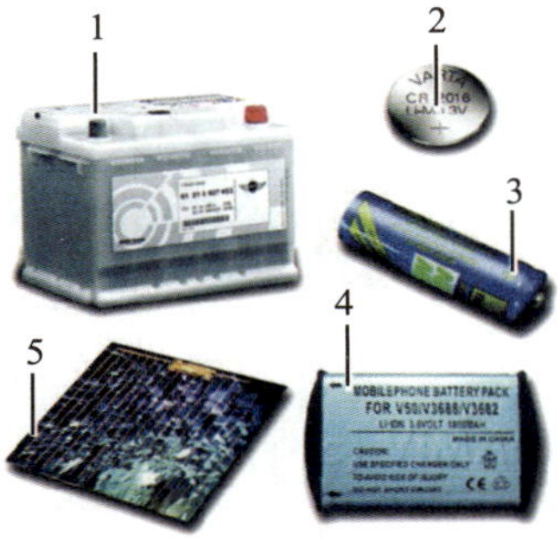

1—车辆蓄电池；2—纽扣电池；3—1.5 V 电池；
4—移动电话的充电电池；5—太阳能电池

图 1-21 直流电压电源示例

在此，有如下几个电压值示例：

闪电：几百万伏特；

火花塞点火时：15000 V；

车辆供电：12 V；

普通干电池：1.5～9 V。

2. 交流电压

随时间变化，其数值大小和极性不断变化的电压称为交流电压。

交流电压的典型代表是家庭常用的来自插座的 220 V 交流电压。

图 1-22 显示了一个正弦交流电压（U）随时间（t）变化的情况。交流电压的特点是其方向呈周期性变化。

单相正交流的瞬时表达式：$U = U_m \sin(\omega t + \varphi_1)$ 或 $i = I_m \sin(\omega t + \varphi_2)$。

图 1-22 正弦交流电压

正弦交流电三要素：最大值 U_m，I_m（也称峰值或振幅）或有效值 U，I；周期 T（或频率 f，或角频率 ω）；初相位 φ（也称初相角）。

在我国，交流电压为 220 V，频率为 50 Hz。该频率（通常也称为电源频率）表示每秒电流朝相同方向流动的次数。正余弦交流电的峰值与振幅相对应，而有效值大小则由相同时间内产生相当焦耳热的直流电的大小来等效。正余弦交流电峰值与有效值的关系为：$U_{max} = \sqrt{2}U$。例如，城市生活用电 220 V 表示的是有效值，而其峰值约为 311 V。

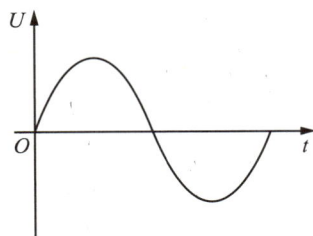

3. 三相交流电压

三相交流电是由三个频率相同、电势振幅相等、相位互差 120° 的交流电路组成的电力系统。目前，我国生产、配送的都是三相交流电。其电压变化如图 1-23 所示。

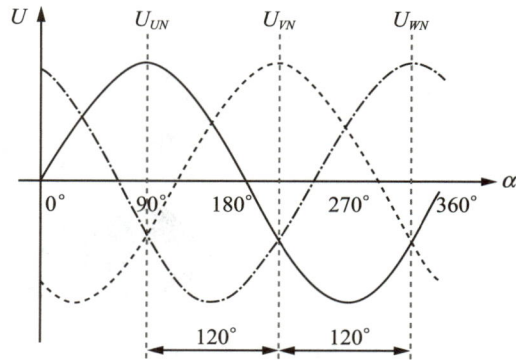

U_{UN}—线圈 U 和星形点 N 之间的电压；U_{VN}—线圈 V 和星形点 N 之间的
电压；U_{WN}—线圈 W 和星形点 N 之间的电压；α—转子的旋转角度

图 1-23　三相交流电

三相交流电在电源端和负载端均有星形（见图 1-24）和三角形（见图 1-25）两种接法。

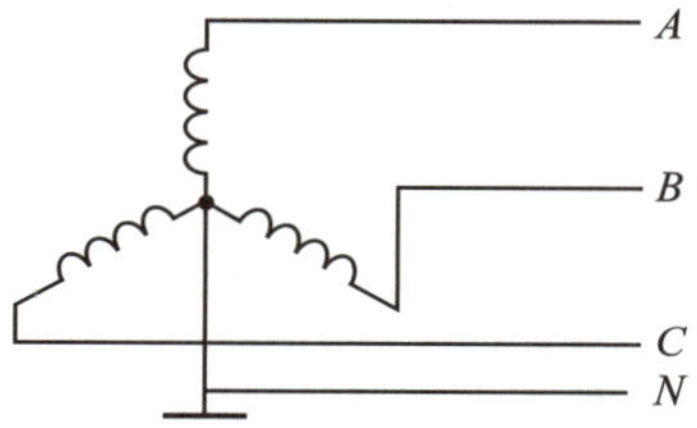

图 1-24　三相交流电的星形接法

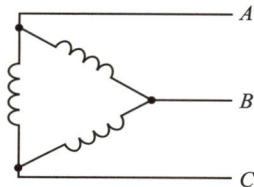

图 1-25　三相交流电的三角形接法

三相电机的星形接法是将各相电源或负载的一端都接在一点上，而它们的另一端作为引出线，分别为三相电的三条相线。对于星形接法，可以将中点（称为中性点）引出作为中性线，形成三相四线制；也可不引出，形成三相三线制。

每根相线（火线）与中性线（零线）间的电压叫相电压，其有效值用 U_A、U_B、U_C 表示；相线间的电压叫线电压，其有效值用 U_{AB}、U_{BC}、U_{CA} 表示。因为三相交流电源的三个线圈产生的交流电压相位相差 $120°$，三个线圈作星形连接时，线电压等于相电压的 $\sqrt{3}$ 倍。我们通常讲的电压是 220 V、380 V，就是三相四线制供电时的相电压和线电压。

三相电机的三角形接法是将各相电源或负载依次首尾相连，并将每个相连的点引出，作为三相电的三条相线。三角形接法没有中性点，也不可引出中性线，因此只有三相三线制。添加地线后，成为三相四线制。

日常用电系统中的三相四线制中电压为 380/220 V，即线电压为 380 V，相电压则随接线方式而异；若使用星形接法，相电压为 220 V，三角形接法的相电压则为 380 V。

在此，有如下几个电压值示例：

高压架空线：最高 400 kV；

有轨电车：500 V；

中国家用电路：220 V；

电话电路：10~80 V。

三、测量电压

用电压表测量电压。测量电学参数(电压、电流、电阻)时通常使用一个数字万用表。为了不影响待测电路，电压表内阻应尽可能大。数字万用表如图 1-26 所示，用数字万用表测量电阻 R_2 的电压 U_2 的电路见图 1-27。

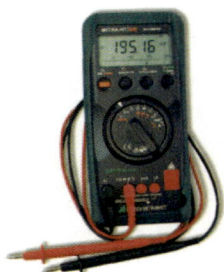

图 1-26　数字万用表

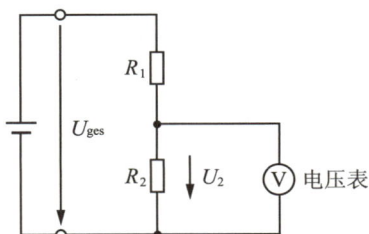

图 1-27　测量电阻 R_2 的电压

1. 直流电压测量

直流电压测量方法如下。

①将黑表笔插入 COM 插孔，红表笔插入 VΩ 插孔。

②将功能开关置于直流电压挡 V 量程范围，并将测试表笔连接到待测电源(测开路电压)或负载上(测负载电压降)，红表笔所接端的极性将同时显示于显示器上。

直流电压测量时的注意事项如下。

①电压表始终与用电器、元件或电压电源并联在一起。

②必须设置电压类型，即交流电压或直流电压。

③测量直流电压时注意极性。

④如果不知被测电压范围，将功能开关置于最大量程并逐渐下调。

⑤如果显示器只显示"1"，表示过量程，功能开关应置于更高量程。

⑥不要测量高于 1000 V 的电压，显示更高的电压值是可能的，但有损坏内部线路的危险。

⑦当测量高电压时，要格外注意避免触电。

2. 交流电压测量

交流电压测量方法如下。

①将黑表笔插入 COM 插孔，红表笔插入 VΩ 插孔。

②将功能开关置于交流电压挡 V~ 量程范围，并将测试笔连接到待测电源或负载上。测量交流电压时，没有极性显示。

交流电压测量时的注意事项如下。

①参看直流电压注意事项①②④⑤⑦。

②输入电压不要高于 700 Vrms（电压有效值），显示更高的电压值是可能的，但有损坏内部线路的危险。

Ｍｉｓｓｉｏｎ 5 任务 5　电流的认知及测量

任务目标

1. 知道电流、电流密度的基本概念。
2. 会用万用表进行电流的测量。

必备知识

一、电流的基本概念

1. 什么是电流？

电流是指电荷载体（如物质或真空中的自由电子或离子）的定向移动。（见图 1-28）

电压是产生电流的动力源，只有在闭合的电路内才有电流流动。

每个时间单位内流动的电子（电荷载体）数量就是电流强度，简称电流。每秒流经导体的电子越多，电流强度就越大。电流强度可以利用电流表测量。

电流强度的公式符号是大写的 I。电流强度 I 的计量单位是安培（A）。

图 1-28　自由电子的定向移动

当今电流是输送和提供能量的最重要方式之一。今天的照明装置、大部分家用电器以及所有电子装置和计算机技术都用电能驱动。

电流强度的一些示例如下：

闪电：大于 100000 A；

铝熔炼炉：大约 15000 A；

电焊：500 A；

起动机：最高 250 A；

彩色电视：最高 1 A；

白炽灯泡（100 W）：230 V 时为 0.45 A；

便携式计算器：0.007 A。

2. 电流密度

电流密度表示一个导体内电子挤压在一起时的紧密程度。电子越多且越紧密地聚集在一起，电子撞击原子的频率就越高、强度就越大。相撞时释放出热能，导体的温度升高。该过程可能会持续进行，直至导体炽热或燃烧。

导体温度升高不仅受电流强度 I 的影响，而且还受到导线横截面的影响。电流密度 J 由这两个因素决定。一个导体内的电流挤压密度越大，受热程度就越大。

电流密度的公式符号是大写的 J。电流密度按下式计算。

$$J = \frac{I}{A}。$$

式中　J——电流密度，单位 A/mm^2；

　　　I——电流强度，单位 A；

　　　A——导线横截面，单位 mm^2。

一般情况下导线的最大允许电流如表 1-7 所示。

表 1-7　导线的最大允许电流

导线横截面/mm^2	最大允许电流/A
0.75	13
1.0	16
1.5	20
2.5	27
4	36

二、电流类型

根据电子流移动的方向及强度变化情况，将电流分为直流电流和交流电流。

1. 直流电流（DC）

直流电流是指在闭合回路中电流的方向不随时间而改变。

闭合回路中电流流动方向和大小都不随时间而改变的电流称为恒定电流。

直流电流规定了如下两种电流方向的概念。

技术电流方向：是指电流从正极流向负极。（见图 1-29）

物理电流方向：是指电子在闭合电路内从负极流向正极。（见图 1-30）

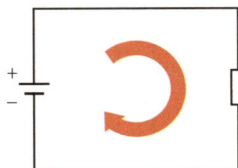

图 1-29　技术电流方向　　　　图 1-30　物理电流方向

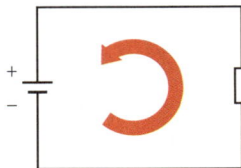

在对导体内部情况尚不清楚的时代，人们认定电压电源外部的电流方向为从正极流向负极。这种电流方向称为技术电流方向。虽然当时这种假设已遭到驳斥，但出于实际

原因仍保留了原来（历史）的电流方向。因此，即使在今天仍将电路内部的电流方向规定为从正极流向负极。为了了解电流流动机制并找出物质的特定电气特性，人们考虑了电荷载体的实际移动情况。在一个闭合电路内，负极排斥自由电子，正极吸引自由电子，产生了从负极流向正极的电子流。为此，自由电子从负极流向正极的方向为物理电流方向，又称为电子流动方向。

2. 交流电流（AC）

除直流电流外还有交流电流。交流电流是指以周期方式改变其极性（方向）和电流值（强度）的电流。在实用中，交流电用符号"～"表示。交流电流的特点是其电流方向呈周期性变化。交流电每重复变化一次所需的时间称为周期，用字母 T 表示，单位为秒（s）。每秒变化的次数称为频率，用字母 f 表示，单位为赫兹（Hz）。频率与周期之间具有倒数关系，即

$$f = \frac{1}{T} \text{ 或 } T = \frac{1}{f}$$

上式表示 T、f 之间的关系，只要知道其中之一，另一个参数即可求出。

电流变化频率（通常也称为电源频率）表示每秒内电流方向变化的次数。例如中国家用电流的频率为 50 Hz，美国家用电流的频率为 60 Hz。

某个正弦交流电流的特征值如图 1-31 所示。

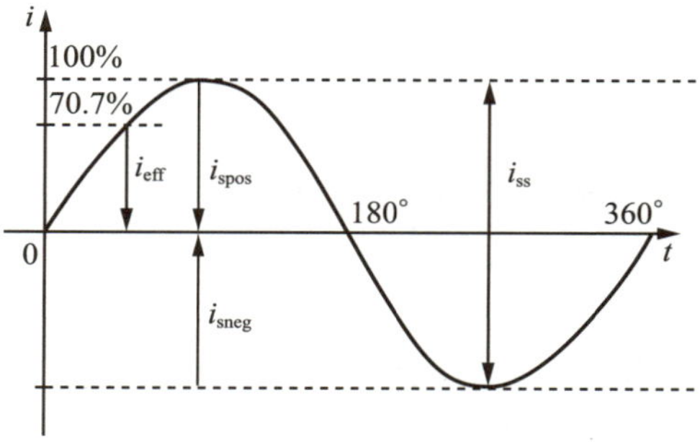

i_{eff}—交流电流的均方根值是电流强度的有效值；i_{spos}、i_{sneg}—电流 i_s 的峰值是一个半波的正向或负向最大值；i_{ss}—峰到峰电流 i_{ss} 是一个周期时间内正向峰值和负向峰值之间的电流

图 1-31 某个正弦交流电流的特征值

发电站的发电机产生交流电压/交流电流，其工作时，发电机内的转子每旋转 360°，产生一个极性变化的电压，即正弦曲线形式的电压。我国最重要的交流电压是 220 V 电源，其频率为 50 Hz。这相当于发电机内的转子每秒旋转 50 圈。

让一个交流电流和一个直流电流分别通过阻值相同的电阻，如果在相同的时间内产生的热量相等，那么就把这一直流电的数值叫做这一交流电的有效值。正弦交流电的有效值与最大值有如下关系：

$$有效值＝\frac{1}{\sqrt{2}}×最大值$$

$$I=\frac{I_m}{\sqrt{2}},\ U=\frac{U_m}{\sqrt{2}},\ E=\frac{E_m}{\sqrt{2}}$$

　　例如，日常使用的交流电压 380 V 或 220 V 都是指有效值。它们的最大值可以到达 537 V 或 311 V，但是从热效应来说相当于 380 V 或 220 V 的直流电。交流安培表和伏特表的刻度也是根据有效值来确定的。

三、测量电流

1. 数字万用表测量电流

　　测量时电流表始终与用电器串联在一起，电流必须流经电流表。为此必须断开电路导线，以将电流表加入电路中。电流表内阻应尽可能低，以免影响电路。(见图 1-32)

　　(1)直流电流测量

　　直流电流测量方法如下。

　　①将黑表笔插入 COM 插孔，当测量最大值为 200 mA 的电流时，红表笔插入 mA 插孔，当测量最大值为 20 A 的电流时，红表笔插入 20 A 插孔。

图 1-32　测量电流

　　②将功能开关置于直流电流挡 A 量程，并将测试表笔串联接入到待测负载上，电流值显示的同时，将显示红表笔的极性。

　　直流电流测量时的注意事项如下。

　　①注意电流类型，即电路中流过的是交流电流还是直流电流。

　　②注意直流电流的极性。

　　③如果使用前不知道被测电流范围，将功能开关置于最大量程并逐渐下调。

　　④如果显示器只显示"1"，表示过量程，功能开关应置于更高量程。

　　⑤表示最大输入电流为 200 mA，过量的电流将烧坏保险丝，应再更换，20 A 量程无保险丝保护，测量时不能超过 15 s。

　　(2)交流电流的测量

　　①将黑表笔插入 COM 插孔，当测量最大值为 200 mA 的电流时，红表笔插入 mA 插孔，当测量最大值为 20 A 的电流时，红表笔插入 20 A 插孔。

　　②将功能开关置于交流电流挡～A 量程，并将测试表笔串联接入到待测电路中。

　　交流电流测量时的注意事项参见直流电流测量注意事项。

2. 电流夹钳测量电流

　　另外一种测量电流的方法是使用电流夹钳。如果待测电流强度大于 10 A，那么用电流夹钳测量电流的优势非常突出。另一个优点是测量电流强度时无须打开电路。(见图 1-33)

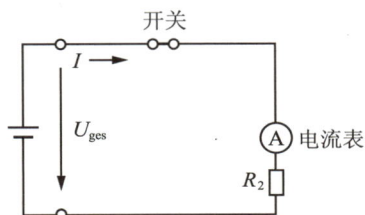

1—电流夹钳；2—蓄电池负极导线

图1-33　用电流夹钳测量电流

M任务 6　电阻的认知及测量

任务目标

1. 知道电阻的概念。
2. 会计算导体的电阻。
3. 知道电源的内阻及影响。
4. 会用万用表进行电阻的测量。

必备知识

一、电阻的基本概念

自由电荷载体在导体内部按照电压的驱动方向移动的过程中，自由电荷载体会与原子相撞，即电子的流动受到阻碍，这种效应称作电阻。该效应使电阻具有限制电路内电流的特点。

电阻也称为欧姆电阻。在电工电子系统中，电阻元件的作用非常重要，除作为元件的标准电阻外，其他各部件都有一个可影响电路电压和电流的电阻值。

公式符号：电阻的公式符号是大写的 R。

计量单位：电阻的计量单位是欧姆，符号是希腊字母 Ω。

导体的电阻计算：导体的电阻取决于导体的尺寸、电阻率和温度。

一般来说，导体越长电阻值越大，导体横截面越大电阻值越小，导体温度越低电阻越小。相同尺寸的不同材料其电阻值不同。每种物质都有一个特定的电阻率 ρ。电阻率是指温度为 20℃时长 1 m、横截面为 1 mm² 导体的电阻值。

导体电阻按下列公式计算：

$$R = \rho \frac{L}{A} 。$$

式中　　R——电阻，单位 Ω；

ρ——电阻率，单位 $\Omega \cdot mm^2/m$；

L——导体长度，单位 m；

A——导线横截面，单位 mm^2。

表 1-8 列出了一些电工学中所用导体的电阻率。

表 1-8　电工学中所用导体的电阻率

材料	电阻率 $\rho/(\Omega \cdot mm^2/m)$
铜	0.0178
金	0.023
铝	0.0303
锡	0.11
铁	0.13

二、电源的内阻

假设一个电压电源始终提供规定的电压 U，如干电池提供 4.5 V 电压，但当接通一个或多个能量转换器(俗称用电器，如灯泡等)时，所有电池和大部分供电单元都会出现电压降。例如，将一个 4.5 V/2 W 灯泡接到干电池上时，电源两端电压就会由 4.5 V 降到 4.3 V。原因在于电压电源(电池)的内阻 R_i。(见图 1-34、图 1-35)

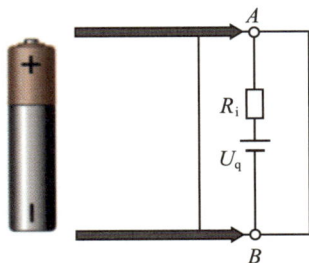

图 1-34　电压电源的内阻 R_i　　　　图 1-35　负载电阻 R_L 上的电压

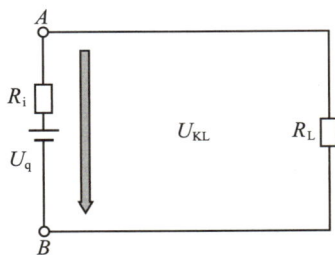

可将实际中的电池想象成一个由理想恒压电源(电源电压为 U_q、电阻为内阻 R_i)组成的串联电路。

当然实际上并没有电阻 R_i，这只是一个示意图，一个"替代电路图"。电源电压 U_q 保持不变，即不受电流 i 的影响。现在通过能量转换器 R_L 向内阻为 R_i、电源电压为 U_q(电动势)的电压电源施加负荷。负载电阻 R_L 不会获得接线柱 A 和 B 上的全部电源电压，因为一部分在蓄电池内阻 R_i 中损耗。因此，电阻 R_L 两端的电压 U_{KL} 为：

$$U_{KL} = U_q - U_{R_i}。$$

电流 I 流经外部电路时，接线柱电压就会降低 IR_i(电流 I 流经内阻 R_i 时内阻上的电压降)。因此接线柱电压(即电阻 R_L 上的电压)就会随电流的升高而降低。

三、电阻的测量

电阻值用欧姆表测量。在大多数情况下使用多量程测量仪（万用表）。具体测量方法如下。

①将黑表笔插入 COM 插孔，红表笔插入 VΩ 插孔。

②将功能开关置于 Ω 量程，将测试表笔连接到待测电阻上，表笔极性无关紧要。

为避免出现读数错误和不准确，测量电阻时要特别注意以下几点。

①如果被测电阻值超出所选择量程的最大值，将显示过量程"1"，应选择更高的量程。对于大于 1 MΩ 或更高的电阻，要几秒后数值才能稳定。

②如果线路没有连接好，如开路情况，仪表显示为"1"。

③当检查被测线路的阻抗时，要保证移开被测线路中的所有电源，所有电容必须放电。被测线路中，如有电源和储能元件，会影响线路阻抗测试的正确性，因为欧姆表使用本身的电压电源并通过电压或电流确定电阻值。

④待测部件必须至少有一侧与电路分离。否则并联的部件会影响测量结果。

⑤万用表的 200 MΩ 挡位，短路时有 10 个字，测量一个电阻时，应从测量读数中减去这 10 个字。例如，测一个电阻时，显示为 101.0，应从 101.0 中减去 10 个字，被测元件的实际阻值为 100.0，即 100 MΩ。

M任务7 电路基本定律及电路分析法应用

任务目标

1. 会用欧姆定律计算电路中用电器的工作参数。
2. 会计算电路中用电器的电功、电功率、电热。
3. 会分析电器元件在电路中的连接关系。

必备知识

一、欧姆定律

欧姆定律是最重要的电工学定律之一，它描述了电压、电流和电阻之间的关系。

导体中的电流与导体两端的电压成正比，与导体的电阻成反比，表达式：$I = \dfrac{U}{R}$。

利用欧姆定律可计算出一个电路的三个基本参数，前提是至少已知其中的两个参数。这三个基本参数是电压、电流和电阻。

例如，如果在电阻 1 Ω 的用电器上施加 1 V 的电压，则电路内的电流强度为 1 A。电压升高时，电流也随之升高。用电器电阻升高时，在电压保持不变的情况下电流减小。

欧姆定律可用三个公式表达：$U = IR$，$I = U/R$，$R = U/I$。

实际提示：如果很难接入电路或不允许断开电路，则要测量电路内已知电阻上的电流，就可以测得电压后，再通过欧姆定律计算出电流。

例题 1　汽车前照灯的电阻 R 为 30 Ω，接在一个 12 V 的电源上，该电路中的电流 I 为多少？

解

$$I = \frac{U}{R} = \frac{12\ \text{V}}{30\ \Omega} = 0.4\ \text{A}$$

二、电功、电功率及效率

1. 电功（电能）

从技术角度来说，"电流消耗"这种通俗的表述是不正确的，因为流入设备的电流还会再次流出。事实上，涉及普通家用电流时，电子只是在导体内短程往复"摆动"，而不会有明显数量的电子从导线流入设备内，实际"流动"的是电能。电能也同样不像通俗表述的那样消耗掉，而是进行相应转换，例如，电能转化为机械能（发动机）、热能（电吹风）和化学能（如手机电池充电）。此时所做的功（电压、电流强度和时间的乘积）由一个所谓的电度表确定。因此，"电流消耗"的计量单位是能量单位"千瓦时"，而不是电流单位"安培"。

电动机旋转和灯泡照明都是电功的形式。当电流通过时，电能就被转化为其他形式，如机械能、光能或热能。

电流所做的功叫电功（或电能），用字母 W 表示，公式为 $W = UIt$。

电功 W 的单位为焦耳（J）、电压 U 的单位为伏特（V）、电流 I 的单位为安培（A）、时间 t 的单位为秒（s）。

电功的国际单位为焦耳（J），常用单位为 kW·h，即通常所说的"度"。

换算关系为 1 度 = 1 kW×1 h = 1000 W×3600 s = 3.6×10⁵ J。

例题 2　如果电机运转时电压 U 为 12 V，电流 I 为 5 A，工作 4 小时，电流做了多少电功？

解

$$W = UIt = 12 \times 5 \times 4 \times 3600\ \text{J} = 8.64 \times 10^5\ \text{J}$$

或者

$$W = UIt = 12 \times 5/1000 \times 4\ \text{kW·h} = 0.24\ \text{kW·h}$$

2. 电功率

一般来说，功率是指特定时间内做功多少的能力。单位时间内电路所产生或消耗的电功称为电功率。通常用电功率来衡量电路转换能量的速率。公式为 $P = UI$。

电功率是电子学和电工学中定义表述差异最大的一个数值。所有功率的共同点（针对直流电压）是计量单位和公式符号。

公式符号：电功率的公式符号是大写的 P。

计量单位：电功率的基本单位是瓦特（W）或伏安（V·A）。伏安（V·A）是通过电压和电流计算出来的。计量单位 V·A 经常可以在变压器和电机上看到。常用单位还有毫瓦（mW）和千瓦（kW），其关系为 1 kW＝1000 W、1 W＝1000 mW。

电功率 P、电压 U、电流 I 和电阻 R 之间的数学关系参见图1-36。可通过两个已知的电参数计算出一个未知的电参数。

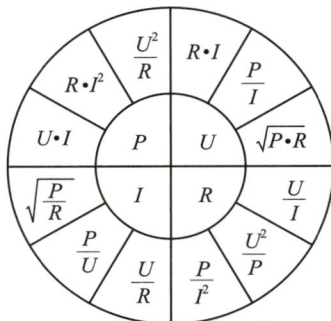

图 1-36　电功率 P、电压 U、电流 I 和电阻 R 之间的数学关系

例题 3　一台电热水器的电阻为 20 Ω，它的工作电压为 220 V，这台热水器的功率是多少？

解

$$P=\frac{U^2}{R}=\frac{220^2}{20}\text{ W}=2.42\text{ kW}$$

3. 电流的热效应

电流通过导体时产生热量的现象称为电流的热效应。电流流过导体所产生的热量用字母 Q 表示，计算公式为：

$$Q=I^2Rt。$$

式中　Q——热量，单位 J；

I——电流，单位 A；

R——电阻，单位 Ω；

t——时间，单位 s。

熔断器是利用电流的热效应熔断熔丝切断电源的；有些汽车上的油压表和水温表指针偏转，是靠电流通过加热线圈产生热量让金属片受热变形带动的；电热水器也是靠电流的热效应工作的。

为了减小在远距离送电线路上的损耗，可通过减小送电线路上的电流来实现。

例题 4　一只电水壶的电阻是 10 Ω，它的工作电流是 12 A，在 30 s 内，提供了多少热能？

解

$$Q=I^2Rt=12\times12\times10\times30\text{ J}=43200\text{ J}。$$

4. 电能的转化效率

我们熟悉的许多家用电器，都是将电能转化为某种其他形式的能量，如光能、动能或热能等。例如，电动机将电能转化为机械能，而电灯将电能转化为光能，但是，并非提供给电动机和电灯的所有能量最终都转化为了有用的能量形式，电灯（尤其是白炽灯）会发热，电动机也经常热得烫手，这些情况下，部分电能转化为了热能。输入的功率 P_{in} 始终大于有用或有效能量 P_{out}。有用能量与消耗能量的比即为效率 η。效率没有单位，因为它总是小于 1，常用百分数表示。效率的计算公式为：

$$\eta = \frac{P_{out}}{P_{in}} \times 100\% 。$$

例题 5　一个 220 V/100 W 的灯泡，接在 220 V 电源上，发光效率为 22%（意味着有 22% 的电能被转化为了光能），灯泡工作时，每秒有多少能量转化为光能？灯泡每秒将产生多少热能？

解

$$P_{in} = 100 \text{ W}, \quad P_{out} = 100 \text{ W} \times 22\% = 22 \text{ W}$$

$$W_{out} = P_{out} \times t = 22 \times 1 \text{ J} = 22 \text{ J}$$

所以，灯泡每秒有 22 J 能量转化为光能。灯泡每秒产生的热能是 $100 \times 78\% \times 1 \text{ J} = 78 \text{ J}$。

三、电路的连接及分析

实际电路中闭合回路中包含了多个用电器，这些用电器的相互连接各自承担功能，当需要分析某个元件的工作参数时，首先需要弄清楚它在电路中和电源及其他部件的连接关系。根据不同的连接关系，我们将电路分为串联、并联和混连。下面就以电阻元件为例简单分析不同连接方式电路的特点。

1. 串联电路

串联时将所有电阻依次连接在一起。（见图 1-37）电流先后经过每个电阻，经过每个电阻的电流是相同的。总电压 U_{total} 分布在串联电路的各个电阻上。各部分电压之和等于总电压，即

$$U_{total} = U_1 + U_2 + U_3 。$$

由于串联电路内各处的电流大小都相等，因此不同电阻的电压降/局部电压不同。电压与对应的电阻成正比，电阻越大，其分配的电压越大。

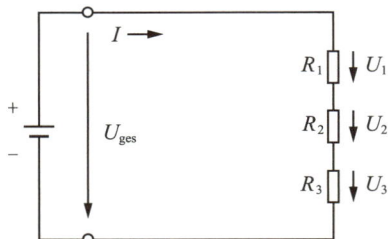

图 1-37　串联用电器的电压

串联电路的总电阻是各串联电阻之和，即

$$R_{total} = R_1 + R_2 + R_3 。$$

电阻串联电路消耗的总功率等于串联各电阻消耗功率之和，电阻越大，其消耗的功率越大。

利用串联电阻的分压特性可以设计制作直流电压表和分压器。

例题 6 如图 1-38 所示为一个分压电路，已知 R_w 是 1 kΩ 电位器，且 $R_1 = R_2 = 500$ Ω，$U_1 = 20$ V。试求输出电压 U_2 的数值范围。

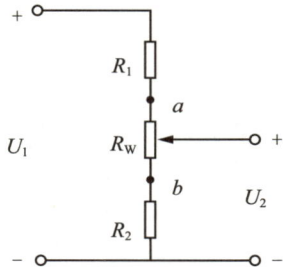

图 1-38

解答：当电位器的滑动触头移至 b 端时，输出电压 U_2 为：

$$U_2 = \frac{R_2}{R_1 + R_2 + R_w} U_1 = \frac{500}{500 + 500 + 1000} \times 20 \text{ V} = 5 \text{ V}。$$

当电位器的滑动触头移至 a 端时，输出电压 U_2 为：

$$U_2 = \frac{R_2 + R_w}{R_1 + R_2 + R_w} U_1 = \frac{500 + 1000}{500 + 500 + 1000} \times 20 \text{ V} = 15 \text{ V}。$$

输出电压 U_2 在 5～15 V 范围变化。

2. 并联电路

不是将电阻依次连接，而是将其并排连接时称为并联。（见图 1-39）在并联电路中有更大的横截面供电流通过，因此总电阻较小。并联电路的总电阻始终小于最小的单个电阻。

利用下列公式计算 n 个电阻并联时的总电阻 R_{total}。

$$\frac{1}{R_{total}} = \frac{1}{R_1} + \frac{1}{R_2} + \frac{1}{R_3} + \cdots + \frac{1}{R_n}。$$

电阻并联时，施加在所有电阻上的电压都相同，即 $U_{total} = U_1 = U_2 = U_3$。

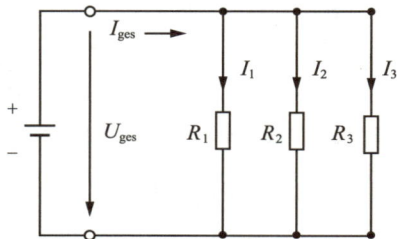

图 1-39　并联负载的电流关系

总电流在电阻的连接点处分为多个分电流。分电流的总和等于总电流。流过并联电阻的电流与各电阻的阻值成反比，电阻越大，其流过的电流越小。总电流与分电流的关系为：$I_{total} = I_1 + I_2 + I_3$。

电阻并联电路消耗的总功率等于相并联各电阻消耗功率之和，电阻越大，其消耗的功率越小。

利用并联电阻的分流特性可以设计制作直流电流表和分流器。

3. 混联电路

从 19 世纪 40 年代开始，由于电气技术发展的十分迅速，电路变得越来越复杂。某些电路呈现出网络形状，并且网络中还存在一些由 3 条或 3 条以上支路形成的交点（节点）。当一个实际电路在分析时无法直接用串联和并联电路的规律求出整个电路的电阻时，则称之为复杂电路。这种复杂电路不是串、并联电路的公式所能解决的。

基尔霍夫在他的第一篇论文中提出了适用于这种网络状电路计算的两个定律，即著名的基尔霍夫定律。该定律能够迅速地求解任何复杂电路，从而成功地解决了这个阻碍电气技术发展的难题。

（1）基尔霍夫第一定律（节点定律）

并联电阻时会出现电流的汇合点，即所谓的节点。

观察节点周围的电流时会发现，流入节点的电流总量与流出节点的电流总量相等。通过节点定律可计算出某个节点处的未知电流。

节点定律的内容是：在每个节点处流入的电流总量与流出的电流总量相等，或所有电流的总量为零。

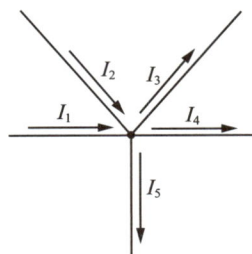

图 1-40 中的节点处的电流关系为：

$$I_1 + I_2 = I_3 + I_4 + I_5。$$

图 1-40　节点处的电流

（2）基尔霍夫第二定律（回路定律）

在一个闭合电路中出现特定的电压分配现象，局部电压相加得到总电压。

观察电路内的电压时会发现，电源电压 U_{q1} 和 U_{q2} 的总和分为作用在电阻 R_1 和 R_2 上的局部电压 U_1 和 U_2。电流 I 使电阻 R_1 和 R_2 上形成电压降。通过回路定律可计算出一个未知的电源电压。

回路定律：在每个闭合电路中，电源电压的总和等于所有电压降之和，或所有电压的代数和为零。

图 1-41 中电压关系为：

$$U_{q1} + U_{q2} = U_1 + U_2。$$

（3）复杂电路的分析方法

复杂电路的一般分析方法包括支路电流法、网孔电流法和节点电压法。这些方法是全面分析电路的方法，主要是依据基尔霍夫定律和元件的伏安特性列出电路方程，然后联立求解。其特点是不改变电路的结构，分析过程有规律。但是此方法涉及比较多的方程组计算。

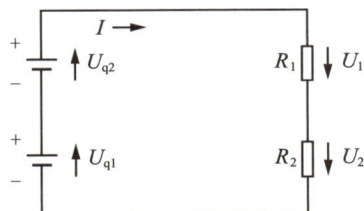

图 1-41　一个闭合电路内的电压

等效变换的分析方法是电路分析中常用且简便的一种分析方法，通过一次或多次使用等效的概念，将结构比较复杂的电路转换为结构简单的电路。此方法可以方便地求出电流、电压或功率等。

下面简单介绍混联电路的等效变换。

对电路做扭动变形，对原电路进行改画，上面的支路可以放到下面，左边的支路可以变到右边，弯曲的支路可以拉直，对电路中的短路线可以任意伸缩，对多点接地点可以用短路线相连。

例题 7　试求图 1-42 所示电路 a、b 端的等效电阻 R_{ab}。

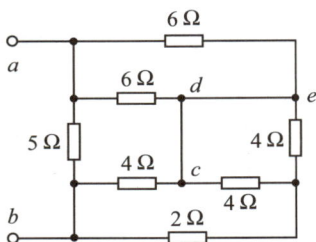

图 1-42

解答：通过短路线压缩实现 *a* 到 *b*。（见图 1-43）

通过串并联等效实现 *b* 到 *c*。（见图 1-44）

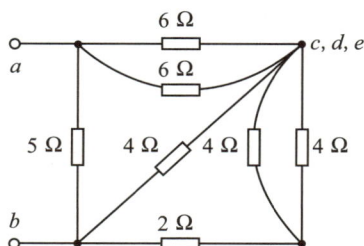

图 1-43

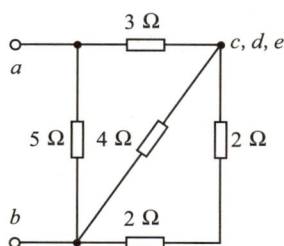

图 1-44

最后可以算得：$R_{ab} = 2.5\ \Omega$。

如图 1-45 所示惠斯通电桥电路，该电路广泛应用在电阻类的汽车传感器电路中。R_1、R_2、R_3、R_4 是电桥的四个桥臂，其中一个桥臂接敏感元件 $R_x = R_4$，其余三个臂分别接标准电阻。$R_1 = R_2 = R_3$。顶点 C、D 接电源，另一对顶点 A、B 接检流计。

由电桥平衡可知，当相对桥臂电阻乘积相等（$R_1 * R_3 = R_2 * R_4$）时，电桥处于平衡状态，接检流计的顶点 A，B 电位相等，检流计电流为零。如果敏感元件 R_x 受外界信号影响电阻值改变，电桥平衡被打破，顶点 A、B 电位不再相等，检流计中就会有电流流过。

汽车热线式空气流量计就采用惠斯通电桥电路。

该流量计采用等温热线的方式，如图 1-46 所示。图中 R_H、R_K、R_A、R_B 组成惠斯顿电桥的四个臂，将热线 R_H（通常以铂丝制成）与温度补偿电阻 R_K（冷线）同置于所测量的通道中，使

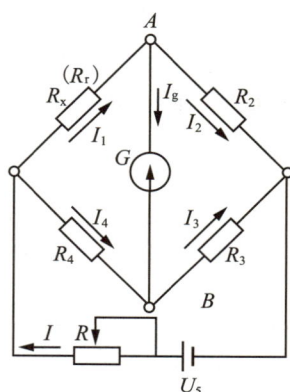

图 1-45　惠斯通电桥

R_H 与气流的温差维持在一个水平（通常是 100&ordm；C 或 150&ordm；C）。当气流加大时，由于散热加快，R_H 降温阻值变化，电桥失去平衡，这时集成电路会提高桥压使电桥恢复平衡，通常取 R_A 上的压降为测量信号。

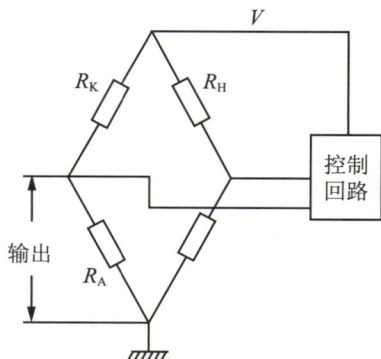

(a)热线式空气流量计电路图

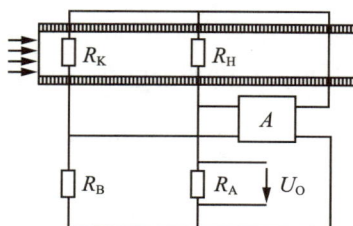

A — 混合集成电路　R_H — 热线电阻
R_K — 温度补偿电阻　R_A — 精密电阻
R_B — 电桥电阻

(b)热线式空气流量计示意图

图 1-46　惠斯通电桥电路应用实例

项目小结

本项目认知了汽车中基本电工电子元器件及其在汽车中的用途，学习了电路的基本物理量概念，练习了常用电工工具的使用和电路基本物理量的测量。

下表汇总了有关汽车电工电子基础的重要信息。您可以利用这个列表回顾学习的内容并再次检查相关要点。

原子、电子和电荷载体 原子是化学元素最小的组成部分。原子由原子核和核外电子组成。 原子核位于原子的中心。它带有正电荷，原子的全部质量几乎都在原子核上。它由质子和中子构成。 电子是带负电荷的粒子。原子核和电子的电荷数量相等。原子对外呈电中性。	
电路 电路分为两种基本连接方式：并联、串联 在车辆电气系统中常用用负极搭铁和单线制 串联电路的总电阻是各串联电阻之和。$R_{total}=R_1+R_2+R_3$ 并联电路的总电阻小于最小的单个电阻。 $\dfrac{1}{R_总}=\dfrac{1}{R_1}+\dfrac{1}{R_2}+\dfrac{1}{R_3}\cdots+\dfrac{1}{R_n}$ 最常见的电路故障是：接触电阻、短路、断路	
电压 当两点(如电池两极之间)存在电子数量差时就会产生电压。 公式符号：U　单位：伏特(V) 电压表与待测电路并联在一起。	
电流 电流是指电荷载体的定向移动。 公式符号：I　单位：安培(A) 电流表始终与用电器串联连接。为此必须断开电路导线，将电流表串联加入电路中。 根据电流方向是否改变将电流分为直流电流和交流电流。	
电位 电路中某一点与该参考点之间的电压即为该点的电位。 电位常用字母 V 表示，单位也是伏特(V)。 任意两点的电位之差等于这两点之间的电压，即 $U_{ab}=V_a-V_b$ 测量电路中某点的电位时电压表红表笔接在被测点上，黑表笔接在在零电位点上。	

续表

电阻 电阻是电子在导体晶格结构中移动时受到的阻力。 导体的电阻由几个因素决定：材料、长度、横截面、温度等 公式符号：R　单位：欧姆（Ω）。 电阻值印在电阻上或通过色环表示。	
欧姆定律 　　欧姆定律是最重要的电工学定律之一，它描述了电压、电流和电阻之间的关系。 　　欧姆定律可用以下三种公式表达： $U=IR$　$I=U/R$　$R=U/I$	U R　I
电功率 电功率是指在特定时间内做功的能力。 公式符号：P　单位：瓦特（W）。 最常用的公式是：$P=UI$ 电阻的电功率公式还可以用 $P=I^2R$　$P=\dfrac{U^2}{R}$	$P=UI$
电功 电流所做的功叫做电功（或电能），用字母 W 表示。 电功的计算公式为 $W=UIt$。 电功的国际单位为焦耳（J），常用单位为 kW·h（度） 1 度＝1 kW·h＝3.6×10^6 J	

项目评估

一、判断题

1. 已知 $R_1=5\ \Omega$，$R_2=10\ \Omega$，把 R_1、R_2 串联起来，并在其两端加 15 V 的电压，此时 R_1 所消耗的功率是 5 W。　　　　　　　　　　　　　　　　　　（　　）

2. 有两个电阻 R_1 和 R_2，已知 $R_1=2R_2$，把它们并联起来的总电阻为 4 Ω，则 $R_1=$ 12 Ω，$R_2=4\ \Omega$。　　　　　　　　　　　　　　　　　　　　　　　（　　）

3. 有两个电阻，把它们串联起来的总电阻为 10 Ω，把它们并联起来的总电阻为 2.4 Ω，这两个电阻的阻值分别为 4 Ω 和 6 Ω。　　　　　　　　　　　（　　）

4. 已知 R_1 和 R_2 两个电阻，且 $R_2=3R_1$。若串联在电路中，则 R_1 消耗功率与 R_2 消耗功率之比为 1：3；若并联在电路中，则 R_1 消耗功率与 R_2 消耗功率之比为 3：2。

（　　）

5. 有两电阻 R_1 和 R_2，已知 R_1：$R_2=1$：4。若它们在电路中串联，则电阻两端的电压比 U_1：$U_2=1$：4，流过电阻的电流比 I_1：$I_2=1$：1，它们消耗的功率比 P_1：$P_2=$ 1：4。若它们并联接在电路中，则电阻两端的电压之比 U_1：$U_2=1$：1，流过电阻的电流

之比 $I_1 : I_2 = 4 : 1$，它们消耗的功率之比 $P_1 : P_2 = 4 : 1$。　　　　　　　　　　（　　）

6. 电阻负载并联时，因为电压相等，所以负载消耗的功率与电阻成反比；电阻负载串联时，因为电流相等，所以负载消耗的功率与电阻成反比。　　　　　　　　　　（　　）

7. 有二根同种材料的电阻丝，长度之比为 1:2，横截面积之比为 2:3，则它们的电阻之比是 3:4。　　　　　　　　　　（　　）

8. 一段导线的电阻值为 R，若将其对折合并成一条新导线，其阻值为 $R/2$。　　（　　）

9. 部分电路欧姆定律告诉我们，在某段纯电阻电路中，电路中的电流 I 与电阻两端的电压 U 成正比，与电阻 R 成反比，其表达式为 $I = U/R$。　　　　　　（　　）

10. 几个不等值的电阻串联，每个电阻中通过的电流也不相等。　　　　　　（　　）

二、选择题

1. 有一根阻值为 $1\ \Omega$ 的电阻丝，将它均匀拉长为原来的 3 倍，拉长后的电阻丝的阻值为（　　）。

　　A. $1\ \Omega$　　　　　B. $3\ \Omega$　　　　　C. $6\ \Omega$　　　　　D. $9\ \Omega$

2. 一电阻两端加 15 V 电压时，通过 3 A 的电流，若在电阻两端加 18 V 电压时，通过它的电流为（　　）。

　　A. 1 A　　　B. 3 A　　　C. 3.6 A　　　D. 5 A

3. 怎样测量电压？（　　）

　　A. 串联电压表，电路闭合　　　　B. 并联电压表，电路打开

　　C. 并联电压表，电路闭合

4. 为确保电流能够流动，作为前提必须满足以下哪些条件？（　　）

　　A. 电路至少需要一个电阻　　　　B. 电路必须闭合

　　C. 供电必须至少 2 V

5. 欧姆定律描述了哪种物理关系？（　　）

　　A. 电流与电阻之间的关系　　　　B. 电阻与电压之间的关系

　　C. 电流、电压与电阻之间的关系

6. 电气元件电功率的计算（　　）。

　　A. 可以使用经过元件的电流与电压降进行计算

　　B. 使用电流与元件电阻计算

　　C. 只要是电阻、电压与电流中的任意两项都可计算

　　D. 不能用电压和电阻进行计算

7. 对于万用表的使用，下列说法正确的是（　　）。

　　A. 用万用表测量电压时，始终要与被测元件并联在一起

　　B. 万用表测量电流也属于分流式安培表

　　C. 测量电流时，电流表必须连接在待测电流从中流过的电路中

　　D. 测量电阻时，不得将待测部件连接在电压电源上

8. 对于普通数字式万用表的使用，下列说法正确的是（　　）。

　　A. 当使用交流电压挡测量蓄电池电压为 0 V 时，表明蓄电池已彻底放电

    B. 当使用万用表的直流电压挡测量车上的保险丝两端电压为 0 V 时，表示此时线路没有供电

    C. 当使用蜂鸣挡测量保险丝时，如果蜂鸣器发出声响，表明保险丝没有问题

    D. 不能使用直流电压挡测量交流电

9. 车辆线路故障形式通常有（　　　）。

    A. 短路　　　　　B. 断路　　　　　C. 虚接　　　　　D. 搭铁

10. 下列关于导线检测说法正确的是（　　　）。

    A. 测量车辆内部导线电阻时需将该导线与其他电路分离

    B. 一条导线上电压降超过 1 V 说明存在故障

    C. 导线检测包括电阻测试、断路测试和短路测试

    D. 使用万用表的蜂鸣挡可以确认导线是否完好

11. 某直流电路的电压为 220 V，电阻为 40 Ω，其电流为（　　　）。

    A. 5.5 A　　　　B. 4.4 A　　　　C. 1.8 A　　　　D. 8.8 A

12. 某长度的 1 mm² 铜线的电阻为 3.4 Ω，若同长度的 4 mm² 铜线，其电阻值为（　　　）。

    A. 6.8 Ω　　　　B. 5.1 Ω　　　　C. 1.7 Ω　　　　D. 0.85 Ω

13. 6 Ω 与 3 Ω 的两个电阻并联，它的等效电阻值应为（　　　）。

    A. 3 Ω　　　　　B. 2 Ω　　　　　C. 0.5 Ω　　　　D. 9 Ω

14. 三个阻值相同的电阻串联，其总电阻等于一个电阻值的（　　　）。

    A. 1/3　　　　　B. 3 倍　　　　　C. 6 倍　　　　　D. 4/3 倍

15. 将 2 Ω 与 3 Ω 的两个电阻串联后，接在电压为 10 V 的电源上，2 Ω 电阻上消耗的功率为（　　　）。

    A. 4 W　　　　　B. 6 W　　　　　C. 8 W　　　　　D. 10 W

三、计算题

1. 如图 1 所示电路中，AB 间的电压为 12 V，流过电阻 R_1 的电流为 1.5 A，$R_1 = 6$ Ω，$R_2 = 3$ Ω，试求 R_3 的电阻值。

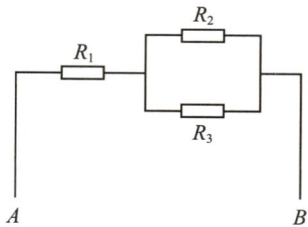

图 1

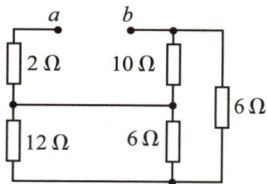

图 2

2. 已知电路如图 2 所示，试计算 a、b 两端的电阻。

3. 有一盏"220 V　60 W"的电灯接到。（1）试求电灯的电阻；（2）当接到 220 V 电压下工作时的电流；（3）如果每晚用 3 小时，问一个月（按 30 天计算）用多少电？

新能源汽车高压电源及用电安全

项 目 概 述

据公安部交管局统计，截至 2015 年年底，全国机动车保有量达 2.79 亿辆，其中汽车 1.72 亿辆；新能源汽车保有量达 58.32 万辆，与 2014 年相比增长 169.48%，其中纯电动汽车保有量 33.2 万辆，占新能源汽车总量的 56.93%，与 2014 年相比增长 317.06%。

新能源车与普通汽车构造没什么很大的差异。其差别主要在于新能源车用电动机代替了普通汽车的内燃机，用电池代替了普通汽车的油箱。对于售后服务人员来说，工作中不仅仅会接触汽车传统的 12 V 供电系统，还会接触到 400 V 左右的高压电池系统，触电的危险性大大提高。因此需要了解新能源车的高压电源系统结构及维修安全操作工艺。

本项目介绍了车辆蓄电池的功能和特点、新能源汽车的类型及高压蓄电池的类型和特点、重点介绍了高压电源对人体的危害以及触电后的急救措施。

本项目共包含了 3 个基本学习任务。

任务 1　汽车蓄电池认知

任务 2　触电危害及安全措施认知

任务 3　触电急救

通过本项目的学习，您的目标是：

了解汽车蓄电池的特点及性能；

了解新能源汽车的类型及高压电池组；

了解高压电源对人体的危害；

知道触电后的急救步骤及措施。

M任务 1 汽车蓄电池认知

任务目标

1. 了解 12 V 蓄电池的功能及参数。
2. 了解新能源汽车的概念。
3. 了解新能源汽车高压电池组的类型及特点。

必备知识

一、汽车 12 V 电池

蓄电池一般指的是充电型蓄电池，即可以反复的进行充放电使用的蓄电池。汽车蓄电池是一个用于存储发电机产生能量的化学存储器。

传统车辆内蓄电池作为起动蓄电池使用，主要用于起动内燃机。起动蓄电池能够在短时间内提供较高的电流。此外，车内蓄电池必须能够在发动机停止期间，保证为车载网络的重要组件提供一定时间的电能。还应在汽车运行期间，当车载网络出现电压峰值时起缓冲作用，从而保护电子部件。

车辆上的标准蓄电池一般为铅酸蓄电池。蓄电池由多个串联电解槽组成。这些电解槽是蓄电池内的最小组成单位。电解槽主要由正负极、隔板和组装所需部件构成。每个电解槽都输出 2 V 电压。6 个电解槽串联在一起可以提供 12 V 电压。铅酸蓄电池的结构如图 2-1 所示。

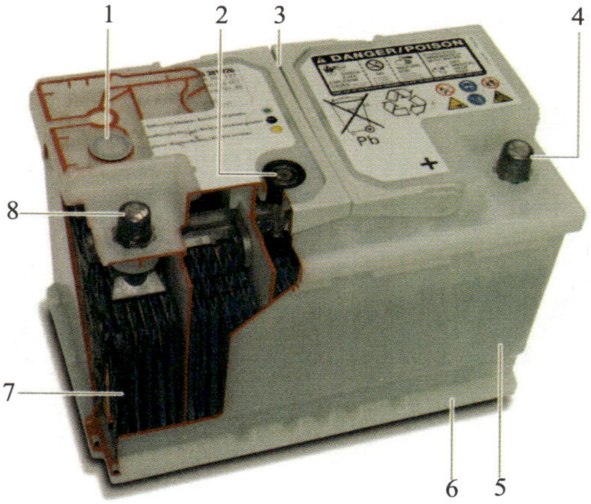

1—密封塞；2—液体比重计(电眼)；3—提手；4—蓄电池的正极接线柱；5—蓄电池壳体；6—用于固定蓄电池的底部滑轨；7—由正极板组和负极板组构成的极板组；8—蓄电池的负极接线柱

图 2-1　铅酸蓄电池的结构

汽车所装蓄电池带有两个不干胶标签。一个标签上标有安全说明，另一个标签上标有相应蓄电池的技术数据。

蓄电池类型通过以下特征来区分：额定电压、电容量、低温测试电流。

例如，蓄电池类型为：12 V、70 A·h、760 A。那么此蓄电池的额定电压为 12 V，额定电容量为 70 A·h，低温测试电流为 760 A。

额定电压：用标准电池电压（大约 2 V）乘现有电池数量得到额定电压。例如，6 个电池乘以 2 V 电池电压得到额定电压 12 V。

额定电容量：电容量是以安时形式表示的电量。必须根据确定的放电终止电压不低于 10.5 V（25℃±2℃）时 20 小时内确定的放电电流推断出该电量。

低温测试电流：分配给蓄电池类型的放电电流强度（570 A），当电解液温度在某一时间内（30 s）为 −18℃ 时便可产生该电流，同时确保不会低于规定的放电终止电压（每个电池至少 1.25 V）。

由于蓄电池存在正常的老化现象，因此所有蓄电池都会自然损耗。

蓄电池只能在完好无损的情况下完全充满。蓄电池充电和放电这一充电循环在蓄电池内产生的化学过程会使蓄电池内形成沉积物，这种沉积物将妨碍蓄电池保持完全充电状态。

驻车用电器始终自行放电或能量消耗增大是造成蓄电池老化的另一个因素。用电需求较高或最高时（过度放电）会明显加剧蓄电池的损耗。储存温度超过 35℃ 时也会加快蓄电池自行放电的速度。

二、新能源汽车的概念

新能源汽车是指采用非常规的车用燃料（汽油、柴油）作为动力来源或使用常规的车用燃料，综合车辆的动力控制和驱动方面的先进技术，形成的技术原理先进、结构新颖的汽车。

新能源汽车包括纯电动汽车、增程式电动汽车、混合动力汽车、燃料电池电动汽车、氢发动机汽车及其他新能源汽车等。

纯电动汽车（blade electric vehicles，BEV）是一种采用单一蓄电池作为储能动力源的汽车。它利用蓄电池作为储能动力源，通过电池向电动机提供电能，驱动电动机运转，从而推动汽车行驶。

用电流驱动汽车并不是一个新主意。早期的汽车使用电动驱动装置的车辆甚至比内燃机车辆还多。神奇的是首次打破 100 km/h 速度限值的车辆不是汽油驱动汽车，而是一辆电动车。

La Jamais Contente（法语：永不满足）是第一辆速度达到 100 km/h 的公路行驶车辆。（见图 2-2）这是一辆车身形状类似鱼雷的电动车，重量为 1450 kg。1899 年在巴黎附近创造了 105.8 km/h 的

图 2-2　La Jamais Contente 电动汽车

速度纪录。该车辆安装了两个工作电压为 200 V、电流 124 A 的 25 kW 电动机。因为可达里程仅为 85 km 和不成熟的蓄电池技术，电动驱动装置未能经受住内燃机对其所产生的冲击。随着电机作为起动装置被用于内燃机车辆，电动车开始逐渐消失。

混合动力汽车（hybrid electric vehicle，HEV）是指驱动系统由两个或多个能同时运转的单个驱动系联合组成的车辆，车辆的行驶功率依据实际的车辆行驶状态由单个驱动系单独提供或多个驱动系共同提供。因各个组成部件、布置方式和控制策略的不同，混合动力汽车有多种形式。1906 年款的Grriffon 运动型摩托车采用的就是混合动力，如图 2-3 所示。

图 2-3　1906 年款的 Griffon 运动型摩托车

燃料电池电动汽车（fuel cell electric vehicle，FCEV）是利用氢气和空气中的氧在催化剂的作用下，在燃料电池中经电化学反应产生的电能作为主要动力源驱动的汽车。燃料电池电动汽车实质上是纯电动汽车的一种，两者主要区别在于动力电池的工作原理不同。一般来说，燃料电池是通过电化学反应将化学能转化为电能，电化学反应所需的还原剂一般采用氢气，氧化剂则采用氧气，因此最早开发的燃料电池电动汽车多是直接采用氢燃料，氢气的储存可采用液化氢、压缩氢气或金属氢化物储氢等形式。

其他新能源汽车包括使用超级电容器、飞轮等高效储能器的汽车。

目前，我国新能源汽车主要是指纯电动汽车、增程式电动汽车、插电式混合动力汽车和燃料电池电动汽车，常规混合动力汽车被划分为节能汽车。

三、新能源汽车的高压电池组

目前，从世界上各大汽车公司量产的新能源汽车来看，相较于以汽油或柴油发动机为驱动源的车辆，新能源汽车主要采用电能作为新的动力源。目前，新能源汽车的动力电源主要包括锂离子电池、镍氢电池、燃料电池、铅酸电池、超级电容器，其中超级电容器大多以辅助动力源的形式出现。

1. 各类型电池的性能概述

（1）铅酸蓄电池

铅酸蓄电池已有 100 多年的历史，广泛用作内燃机汽车的起动动力源。它也是成熟的电动汽车蓄电池，它可靠性好、原材料易得、价格便宜；比功率也基本上能满足电动汽车的动力性要求。但它有两大缺点：一个是比能量低，所占的质量和体积太大，因此一次充电行驶里程较短；另一个是使用寿命短，使用成本过高。

（2）镍氢蓄电池

镍氢蓄电池属于碱性电池，镍氢蓄电池循环使用寿命较长，能量密度高，但价格较高，存在记忆效应。国外生产电动汽车镍氢蓄电池的公司主要是 Ovonie、丰田和松下的一个合资公司。Ovonie 现有 80 A·h 和 130 A·h 两种单元电池，其比能量达 75～80 W·h/kg，循环使用寿命超过 600 次。这种蓄电池装在几种电动汽车上使用，其中一类车一次充电可行驶 345 km，有一辆车一年中行驶了 8 万多千米。国内已开发出 55 A·h 和 100 A·h 单元电池，比能量达 65 W·h/kg，功率密度大于 800 W/kg 的镍氢蓄电池。

（3）锂离子电池

锂离子二次电池作为新型高电压、高能量密度的可充电电池，其独特的物理和电化学性能，具有广泛的民用和国防应用的前景。其突出的特点是：重量轻、储能大（能量密度高）、无污染、无记忆效应、使用寿命长。在同体积同重量情况下，锂电池的蓄电能力是镍氢电池的 1.6 倍，是镍镉电池的 4 倍，并且人们只开发利用了其理论电量的 20%～30%，开发前景非常光明。同时它是一种真正的绿色环保电池，不会对环境造成污染，是目前最佳的能应用到电动车上的电池。

图 2-4　比亚迪磷酸铁锰锂电池

比亚迪汽车最新研究的磷酸铁锰锂电池突破了传统的磷酸铁锂电池的能量密度限制，达到了三元材料水平，而在成本控制上比普通的磷酸铁锂更加优秀，而且已经应用在了比亚迪电动车上，续航能力得到了大幅度提升。（见图 2-4）

特斯拉（Tesla）电动汽车的电池采用了松下提供的 NCA 系列（镍钴铝体系）18650 钴酸锂电池，单颗电池容量为 3100 mA·h，标称电压 3.7 V。其具有结构稳定、容量比高、综合性能突出、但是其安全性差而且成本非常高，主要用于中小型号电芯。Tesla采用了电池组的战略，85 kW·h 的MODEL S 的电池单元一共用了 8142个 18650 锂电池，工程师首先将这些电池以砖、片逐一平均分配最终组成一整个电池包，电池包位于车身底板。（见图 2-5）

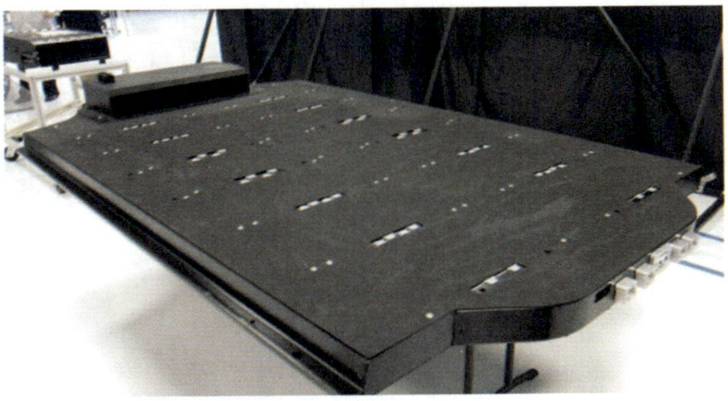

图 2-5　Tesla 钴酸锂电池包

（4）镍镉电池

镍镉电池的应用广泛程度仅次于铅酸蓄电池，其比能量可达 55 W·h/kg，比功率超过 190 W/kg。可快速充电，循环使用寿命较长，是铅酸蓄电池的两倍多，可达到 2000 多次，但价格为铅酸蓄电池的 4～5 倍。它的初期购置成本虽高，但由于其在能量和使用寿命方面的优势，因此其长期的实际使用成本并不高。缺点是有记忆效应，容易因为充放电不良而导致电池可用容量减小。须在使用十次左右后，做一次完全充放电，如果已经有了记忆效应，应连续做 3～5 次完全充放电，以释放记忆。另外镉有毒，使用中要注意做好回收工作，以免造成环境污染。

（5）钠硫蓄电池

钠硫电池的优点：一是比能量高，其理论比能量为 760 W·h/kg，实际已大于 100 W·h/kg，是铅酸电池的 3～4 倍；二是可大电流、高功率放电，其放电电流密度一般可达 200～300 mA/mm²，并瞬时间可放出其 3 倍的固有能量；三是充放电效率高，由于采用固体电解质，所以没有通常采用液体电解质二次电池的那种自放电及副反应，充放电电流效率几乎为 100%。钠硫电池缺点：一是其工作温度在 300℃～350℃，电池工作时需要一定的加热保温；二是高温腐蚀严重，电池寿命较短；三是性能稳定性及使用安全性不太理想。

2. 高压电源系统结构与参数

高压蓄电池单元是一个整体系统，其基本组件有：带有自己的单格电池的电池模块；电池监控电子装置（CSC）；电池电子管理系统控制单元（SME）；导线束；壳体和固定件。

高压蓄电池单元主要负责汲取、存储高压车载网络中的电能，并在需要时重新提供电能。此外，它还承担着保障高压系统安全的基本任务，如进行高压触点监测。通过制动能量回收（能量回收）以及通过外部电力网络可给高压蓄电池充电。

由于电动汽车的驱动电机功率大，如果以传统 12 V 的汽车电路供电，其电流会高达上万安培，那对应的导线直径会非常粗就不适合在车辆中使用了，为了减轻线束的重量，电动汽车采用高压电池组。电池组由多个电池串联叠置组成。一个典型的电池组大约有 96 个电池，以 3.7 V 的锂离子电池而言，这样的电池组可产生超过 363 V 的总电压。

例如，宝马 5 系混合动力车型的高压蓄电池单元由中国苏州博世公司制造。蓄电池中使用的单格电池属于锂离子电池类。锂离子电池的阳极材料上是一种锂金属氧化物。和通常的蓄电池一样，阴极材料采用石墨，锂离子在放电时嵌入石墨中。通过单格电池中使用的材料，总共可产生 3.78 V 的额定电压。宝马 5 系混合动力车型的高压蓄电池如图 2-6 所示，其参数见表 2-1。

图 2-6 宝马 5 系混合动力车型的高压蓄电池

表 2-1 宝马 5 系混合动力车型的高压蓄电池参数

单格电池	96 个电池串联，每个电池 3.7 V
额定电压	363 V
电压范围	269～395 V
可存储能量	14.5 kW·h
可用能量	12 kW·h
最大放电功率	90 kW（短时），36 kW（长时）
总重量	218 kg

Ｍ任务 2　触电危害及安全措施认知

任务目标

1. 知道高电压对人体产生的危害。
2. 能通过标志识别产生高电压危害的部件。

必备知识

在生活中我们使用的是 220 V 的交流电，新能源汽车中通常会使用 400 V 左右的高压电池组，相较于传统车辆使用的 12 V 车载电源系统，我们工作的危险因素明显变得更多。因此，我们需要了解电流对人体的危害机理，学会识别高压电源及线路，从而避免发生安全事故。

一、触电危害及原因

电对人体的伤害分为电击和电伤两种。

所谓电击就是指电流通过人体内部器官，使其受到伤害。例如，电流作用于人体中枢神经，使心脑和呼吸机能的正常工作受到破坏，人体发生抽搐和痉挛，失去知觉；电流也可能使人体呼吸功能紊乱，血液循环系统活动大大减弱而造成假死，如救护不及时，则会造成死亡。电击是人体触电较危险的情况。

所谓电伤就是指人体外器官受到电流的伤害，如电弧造成的灼伤、电的烙印、由电流的化学效应而造成的皮肤金属化、电磁场的辐射作用等。电伤是人体触电事故较为轻微的一种情况。

人体触电的方式有很多，常见的有单线触电、两线触电、跨步触电、接触电压触电、人体接近高压触电、人体在停电设备上工作时突然来电的触电等。电对人体产生伤害的原因都是由于有电流流过人体。

1. 电流流过人体

人体细胞在有限范围内具有导电性，主要原因是细胞内液体比例较高且这些液体是导电的。当人的身体接触带电部件的时候，则电流可能流过人体。在此电流以最短路径流过身体。图 2-7 中电流流过身体时经过呼吸器官和心脏。

根据欧姆定律可知，流过人体的电流取决于人体触及的电压类型和大小及人体电阻的大小。当接触电压大，而人体电阻又比较小时，流过人体的电流就非常大。

人体电阻的大小在一定程度上也是变量，影响人体电阻大小的因素有：衣服、皮肤湿度、人体内路径的长度和类型等。

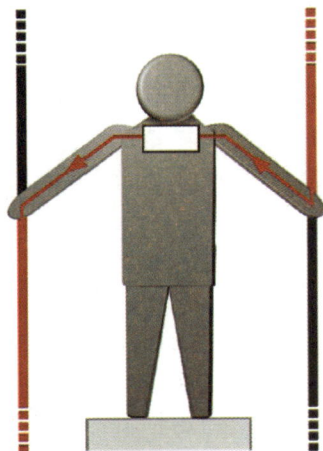

图 2-7　电流流过呼吸器官和心脏

有电流流过的身体部位处衣服越厚、越干，电阻值越大。如果皮肤上有水或雪，那么身体电阻就会下降。如果身体内电流经过的路径较短，那么电阻比电流流过较长路径时小。

表 2-2 为人体电阻的近似值，这些数值可能受上述因素影响。

表 2-2　人体电阻的近似值

身体内电流的路径	欧姆电阻/Ω
从一只手到另一只手	约 1000
从一只手到双脚	约 750
从双手到双脚	约 500
从双手到躯干	约 250

电流强度仅取决于施加在身体上的电压和电阻。人体内的电流强度见表 2-3。

表 2-3　人体内的电流强度

情　况	施加的电压 U/V	人体电阻/Ω	人体内的电流强度 I/mA
两只手分别接触 12 V 蓄电池的一个电极	12	1000	12
两只手分别接触高电压蓄电池的一个电极	420	1000	420
用一只手接触墙壁插座的外部导体且双脚站在地面上	230	750	307

2.　电流对人体的危害

电流的作用不仅在技术方面（加热、发光、化学和磁性作用）使用，电流还影响生物体和人体，人们将其称为生理作用。其原因是，电过程控制许多机能，例如，肌肉运动和心跳都通过电脉冲控制，感觉器官的信息也以电信号形式通过神经组织传输到大脑，大脑也利用电信号工作。人体内的这些信号具有很低的电压（mV）和电流强度（μA）。

如果外部电源产生的电流流过人体，那么这个信号会叠加在自然电信号上。因此可能严重干扰自然电信号控制过程，至少可以感觉到电击和抽搐。电流强度较大时人体无法再控制肌肉运动，这可能导致触电者无法松开带电部件。如果超过所谓的松开限值，就会形成严重后果：电流流过人体的时间越长，其危害性越大。

图 2-8 列举了不同强度的电流流过人体时人体产生的触电感觉。

电流会干扰呼吸系统肌肉组织和心肌，从而可能导致呼吸运动停止或心室颤动，这取决于电流强度、电流持续时间和频率。心室颤动是指心肌小幅高频运动，但是这种运动使血液循环无法维持。呼吸停止和心室颤动时整个身体的供血和供氧中断。这会带来严重的生命危险。在这种情况下必须立即采取急救措施，以便挽救受害人的生命。

电流的加热作用还可能对人体造成伤害，如电弧引起的表面烧伤。在人体内流过的电流加热人体组织，尤其是体液会在电流的加热作用下蒸发，这种情况将其称为内部烧

1—感觉限值；2—松开限值；A—作用无感觉；B—作用有感觉，直至肌肉收缩；C—肌肉收缩，呼吸困难；D—心室颤动，呼吸停止，心脏停止跳动

图 2-8 电流对人的危害

伤。在这种情况下，器官在最短时间内丧失机能，血液循环也会中止。电流除了有这些直接作用外，还有一段时间后才表现出来的作用。例如，通过电流破坏的人体细胞恢复缓慢，这个过程可能要经过多日，并且其间产生必须由肾脏处理的物质，如果大量细胞遭到破坏，肾脏可能负担过重并导致肾衰竭。因此采取急救措施后必须到医院检查。

3. **电弧对人体的危害**

电弧是一种气体放电现象，电流通过某些绝缘介质（如空气）所产生的瞬间火花。当用开关电器断开电流时，如果电路电压不低于 20 V，电流不小于 100 mA，电器的触头间便会产生电弧。（见图 2-9）

当两个导体接触且有电流流动时，如果随后两个导体彼此分开，则分开瞬间导体之间产生很小的间隙，在这个小间隙之间产生很高的电流强度，这个电流强度可能位于间隙内气体的击穿场强之上，在这种情况下会导致击穿，从而使气体分子离子化，同时还会从两个导体的材料中拉出离子和电子，从而导致导体材料消耗。

1—导体；2—电弧

图 2-9 两个导体之间的电弧

电弧是高温高导电率的游离气体，它不仅对触头有很大的破坏作用，而且使断开电路的时间延长。

电弧可能会产生约 4000℃ 或更高的温度，这取决于导体材料和周围的气体。通过这

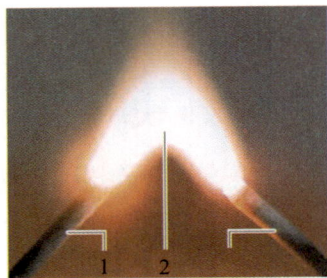

种极高的温度可能从导体材料中继续产生移动的电荷载体。这会导致电弧持续不断的"燃烧"，导体材料持续消耗。

电弧对人体的危害有：烧伤、紫外线辐射、四周飞扬的微粒等。

烧伤：如果人体靠近电弧或直接进入电弧内，则会因高温而导致严重烧伤。

紫外线辐射：电荷载体碰撞不仅产生热量，而且还发射光线及紫外线成分。紫外线可能伤害眼睛，准确地说是伤害视网膜。切勿在未使用防护面具的情况下观看电弧。

四周飞扬的微粒：电弧产生的高温不断将离子和电子从导体材料中拉出，此时较小的微粒也可能随之"逃出"，然后不受控制地飞向四周。通常情况下这些微粒非常热，在未穿防护服（包括防护手套和护目镜）的情况下切勿靠近电弧。

二、影响人体触电受伤程度的因素

1. 电流大小的影响

电流的大小直接影响人体触电的受伤程度。不同的电流会引起人体不同的反应。根据人体对电流的反应，习惯上将触电电流分为感知电流、反应电流、摆脱电流和心室纤颤电流。

2. 电流持续时间的影响

人体触电时间越长，电流对人体产生的热伤害、化学伤害及生理伤害越严重。一般情况下，工频电流 20 mA 以下及直流电流 50 mA 以下，对人体是安全的。但如果触电时间很长，即使工频电流小到 8 mA，也可能使人致命。

3. 电流流经途径的影响

电流流过人体途径也是影响人体触电严重程度的重要因素之一。当电流通过人体心脏、脊椎或中枢神经系统时，危险性最大。电流通过人体心脏，引起心室颤动，甚至使心脏停止跳动；电流通过脊椎或中枢神经，会引起生理机能失调，造成窒息死亡；电流通过脊髓，可能导致截瘫；电流通过人体头部，会造成昏迷等。

4. 人体电阻的影响

在一定电压作用下，流过人体的电流与人体电阻成反比。因此，人体电阻是影响人体触电后果的另一因素。人体电阻由表面电阻和体积电阻构成。表面电阻即人体皮肤电阻，对人体电阻起主要作用。有关研究结果表明，人体电阻一般在 1000～3000 Ω。人体皮肤电阻与皮肤状态有关，随条件不同在很大范围内变化。如皮肤在干燥、洁净、无破损的情况下，可高达几十千欧，而潮湿的皮肤，其电阻可能在 1000 Ω 以下。同时，人体电阻还与皮肤的粗糙程度有关。

5. 电流频率的影响

研究表明，人体触电的危害程度与触电电流频率有关。一般来说，频率在 25～300 Hz

的电流对人体触电的伤害程度最为严重。低于或高于此频率段的电流对人体触电的伤害程度明显减轻。例如，在高频情况下，人体能够承受更大的电流作用。目前，医疗上采用 20 kHz 以上的高频电流对人体进行治疗。

6. 人体状况的影响

电流对人体的伤害作用与性别、年龄、身体及精神状态有很大的关系。一般来说，女性比男性对电流敏感，小孩比大人敏感。

三、允许的电流与安全电压

1. 允许电流

为了确定安全电压，必须首先确定人体允许电流。

一般情况下，把作用人体不致于引起伤害的电流或者说把人能够自己摆脱的电流称为允许电流。经研究得出，交流($50 \sim 60$ Hz)为 10 mA，直流为 50 mA。但当线路上装有防止短路的瞬间保护时，人体允许电流可按 30 mA 考虑。

2. 安全电压

从安全的角度来看，因为电力系统中的电压通常是比较恒定的，而影响电流变化的因素很多，所以，确定对人体的安全条件是用安全电压而不是安全电流。安全电压是指在各种不同环境条件下，人体在接触到带电体后，人体各部分组织，如皮肤、心脏等不发生任何损伤的电压。

安全电压是为了防止触电事故而采用的由特定电源供电的电压系列。安全电压是以人体允许电流与人体电阻的乘积为依据而确定的。国际电工委员会按允许电流 30 mA 和人体中的电阻值 1700 Ω 来计算触电电压的限定值，即安全电压的上限值是 50 V($50 \sim 500$ Hz 交流电有效值)。

人们可根据场所特点，采用我国安全电压标准规定的交流电安全电压等级：

42 V(空载上限小于或等于 50 V)可供有触电危险的场所使用的手持式电动工具等场合下使用；

36 V(空载上限小于或等于 43 V)可在矿井、多导电粉尘等场所使用的行灯等场合下使用；

24 V、12 V、6 V(空载上限分别小于或等于 29 V、15 V、8 V)三挡可供某些人体可能偶然触及的带电体的设备选用。

四、用电的安全措施

经研究，我们可以根据触电事故发生的情况，将触电事故分为直接触电和间接触电两大类别。直接触电多由主观原因造成，而间接触电则多由客观原因造成。但是无论是主观原因还是客观原因造成的触电事故，都可以在采用安全技术措施和加强安全管理予以防止，因此，加强用电的安全技术措施是防止事故发生的重要环节。

1. 日常用电设备的接地保护

电气设备一般应接地或接零，以保护人身和设备的安全。一般三相四线制的电力系统中应采用保护接零、重复接地；三相五线制的电力系统工作零线和保护零线都应重复接地；三相三线制的电力系统采用保护接零。为了消除因雷击和过电压的危险影响需设置过电压保护接地；为了消除在生产过程中产生的静电及其危险影响而设置防静电接地；为了防止电磁感应，对电气设备的金属外壳、屏蔽罩、屏蔽线的金属外皮及建筑物金属屏蔽体等进行屏蔽接地。

2. 电弧防护措施

如果要在维修车间内面对电弧工作，则必须注意以下事项。

尝试通过指定的装备（如高电压安全插头）关闭电源。

远离电弧且不要直视电弧。

如果必须靠近电弧，必须按焊接工作规定使用防护装备（防护服、护目镜、防护手套）。防护标志如图 2-10 所示。

（a）必须穿防护服　　　　（b）必须戴防护眼镜　　　　（c）必须戴防护手套

图 2-10　防护标志

3. 混合动力车辆的技术安全措施

新能源汽车高电压组件采用了自安全设计结构。这意味着能够可靠识别给车主带来危险的故障，从而立即关闭高电压系统，以便工作部件上不再有危险电压。即使取下高电压部件的一个盖板，也会自动关闭。为了不必在每次出现故障时车主都要停车，高电压系统采用容错设计结构。这意味着仅出现一个故障时没有直接危险。此后高电压系统自诊断确定这个故障并将其记录在故障代码存储器内。在这种情况下可以无危险地继续行驶。

下面介绍混合动力车辆高电压系统所使用的技术安全措施。

每个高电压组件的壳体上都带有一个标记，售后服务人员或车主可以通过标记很直观地看出高电压可能带来的危险。所用警告提示牌符合国际标准且都是大家所熟知的危险电压警告标志。目前，车辆中使用两种不同的高电压组件警告提示牌。两个规格都包含一个要求售后服务人员查阅售后服务资料（如维修说明）的附加符号。这些资料介绍了如何正确且无危险地处置高电压组件。第二个规格还包含表示有触电危险的第三个符号。（见图 2-11 至图 2-13）

图 2-11　警告标志：
危险电压警告

图 2-12　高电压组件警告
提示牌(规格 1)

图 2-13　高电压组件警告
提示牌(规格 2)

有关标记的特殊情况是高电压导线。因为导线长度可能为几米，所以在一处或两处通过警告提示牌标记意义不大。售后服务人员容易忽视这些标牌。取而代之的是用橙色警告色标记出所有高电压导线。高电压导线的某些插头以及高电压安全插头也可采用橙色规格。

（a）发动机室内的橙色标记

（b）高电压蓄电池上的橙色标记

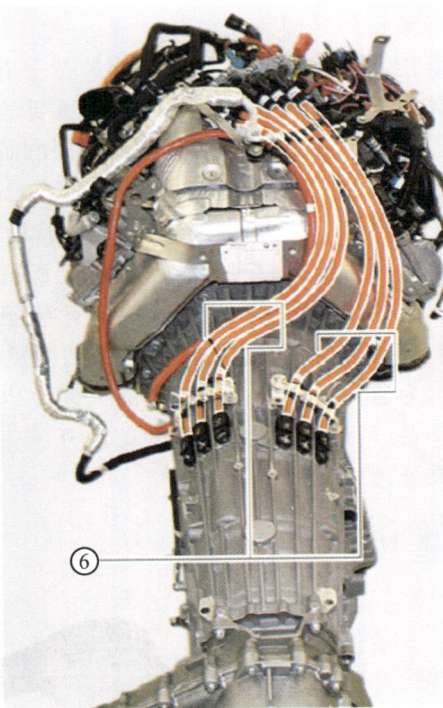

（c）主动变速箱上的橙色标记

1—发动机室内的高电压导线；2—高电压导线上的插头；3—高电压蓄电池上的接线端；4—高电压安全插头；5—高电压蓄电池上的高电压导线；6—主动变速箱上的高电压导线

图 2-14　高电压导线的橙色标记

售后服务人员或车主必须熟记危险电压警告标记，知道高电压可能带来的危险，在车辆使用及售后维修时必须遵守相应的安全规定。

M ISSION 3 任务 3　触电急救

任务目标

1. 知道触电后的急救原则及措施。
2. 能规范的执行救助链的步骤及内容。

必备知识

当人体接触到电源端子或带电源的导体时，会有电流流过人体。此时 2 mA 以下的电流通过人体，仅产生麻感，对机体影响不大；8～12 mA 电流通过人体，肌肉自动收缩，身体常可自动脱离电源，除感到"一击"外，对身体损害不大；但超过 20 mA 的电流即可导致接触部位皮肤灼伤，皮下组织也可能因此碳化；25 mA 以上的电流即可引起心室纤颤，导致循环停顿而死亡。

新能源汽车高电压系统的技术安全措施可有效防止高电压对人产生的危害。如果发生人体意外接触高压电的情况，则重要的是知道如何正确救助触电者。对于许多人来说紧急救助触电者是一件困难的事。害怕做错常常会抑制人去做。但是每个人都能提供紧急救助，即使"只是"通知急救医生，也已经算是对触电者的正确的帮助了。救助伤员也是每个人道义上的责任，在某些国家救助甚至是法定的责任。

这里不可能介绍有关急救措施的所有相关主题。在此仅介绍一些基本原则和发生电气事故时的特殊措施。当地救护和救援服务机构（如红十字会）提供相应的专业培训，借此人们不仅可以掌握急救措施方面的大量知识，而且能够获得实际救护能力。

因为通常碰到触电者对救助人来说也是意外情况，所以建议从精神方面为这类情况做好准备。首先不要立即或匆忙地开始正式救助，而是按判断电气事故、思考、行动的顺序来处理。

1. 判断电气事故

图 2-15　判断电气事故

　　发生电气事故时，第一步"判断"非常重要，因为后续步骤在很大程度上取决于判断。通过什么能够判断出是电气事故？以下特征表明可能发生了电气事故。

　　一是触电者仍与发生事故的电路接触。他无法移动，因为电流流过身体时造成肌肉抽搐。

　　二是一个（或多个）人躺在地上失去知觉。通过身体的电流较高时心脏会停止跳动，血液循环中断，其结果是失去知觉。

　　三是触电者身体上带有点状烧伤。始终有一个电流进入身体的部位和一个流出身体的部位。

　　四是触电者可能处于休克状态。对此可能表现为过度兴奋或无精打采。

2. 思考

图 2-16　思考

　　第二步应思考按哪个顺序做，尤其是发生电气事故时，自我保护是第一位的。如果救助人自身处于危险中或受伤，则无法为触电者提供救助。

3. 行动

图 2-17　行动

　　只有清楚措施顺序，才能迅速且目标明确地行动。如果有其他人在现场，也应当分派具体任务。通过这种方式提供救助可能比每个人单独行动更有效且更迅速。

　　所有救助行动的总目标是，在不危害健康的情况下尽可能保证触电者活下来。即使救助人没有经验，为此也需要尽快救助。但是还需要由受过医疗培训的人采取后续行动，以便能够痊愈。

　　行动时必须按正确顺序执行所有具体步骤。（见图2-18）

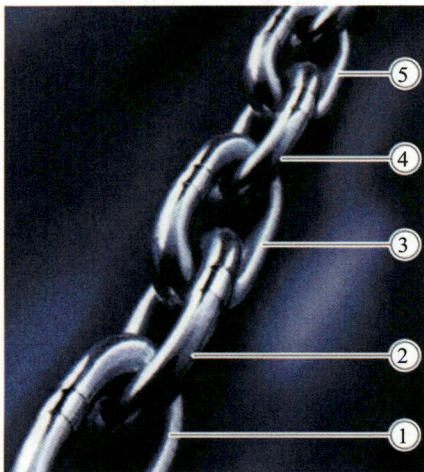

1—紧急措施；2—拨打紧急电话；3—急救措施；
4—通过救援服务机构救援；5—后期医疗护理
图 2-18　触电急救步骤

　　（1）紧急措施

　　"紧急措施"可以理解为为挽救触电者而必须首先进行的行动。尽管如此，重要的还是救助人首先估计事故情况并判断是否属于带电流的事故。

　　发生带电流的事故时，第一个紧急措施是断开事故电路。电流流过人体时可能造成重伤。电流强度越大，电流持续时间越长，受伤越严重。因此，救助触电者的首要措施是必须断开事故电路。（见图2-19）

　　每个救助人的自然反应是抓住触电者并将其从带电部件上拉下来，但是救助人会因此将自身置于危险中。此后电流流过两个人的身体并造成救助人受伤。因此，开始时救助人正确估计当前情况非常重要。

　　救助人必须借助专门预留的装置关闭电源，不得为断开事故电路而直接抓住触电者。

　　救助人可采用以下几种方式关闭车辆上事故电路的电源。

　　一是拉起高电压安全插头。

　　二是断开车辆12 V供电（如断开12 V蓄电池接线）。

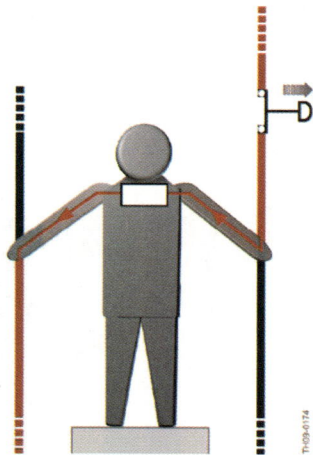

图 2-19　断开事故电路

三是拔下保险丝(如果存在)。

如果救助人不能在无危险的情况下关闭电源,则必须以其他方式断开事故电路。为此救助人需使用绝缘用品,最好是绝缘防护手套(见图 2-20)。只有这样,才允许救助人尝试将触电者与带电部件分开。在特殊情况下也可以用位于附近的塑料部件或干木材将触电者与电路分开。

对于一般工作场所出现 220 V 交流电触电时,针对不同的现场状况,脱离触电电源的常用方法可用"拉""切""挑""拽"和"垫"五个字来概括。

图 2-20　绝缘防护手套

"拉"是指就近拉开电源开关,拔出插销或瓷插熔断器。

"切"是指用带有绝缘柄的物品或干燥木柄切断电源。切断时应注意防止带电导线断落碰触周围人。对多芯绞合导线也应分相切断,以防短路伤人。

"挑"是指如果导线搭落在触电者身上或压在身下,这时可用干燥木棍或竹竿等挑开导线,使触电者脱离开电源。

"拽"是救护人戴上绝缘防护手套或在手上包缠干燥衣服、围巾、帽子等绝缘物拖拽触电者,使其脱离开电源导线。

"垫"是指如果触电者由于痉挛手指紧握导线或导线绕在身上,这时救护人可先用干燥的木板或橡胶绝缘垫塞进触电者身下使其与大地绝缘,隔断电源的通路,然后再采取其他办法把电源线路切断。

在使触电者脱离开电源时应注意以下事项。

第一,救护人不得采用金属和其他潮湿的物品作为救护工具。

第二,在未采取绝缘措施前,救护人不得直接接触触电者的皮肤和潮湿的衣服及鞋。

第三,在拉拽触电者脱离开电源线路的过程中,救护人宜用单手操作。这样做对救护人比较安全。

第四,当触电者在高处时,应采取预防措施预防触电者在脱离电源时从高处坠落。

第五,夜间发生触电事故时,在切断电源时会同时使照明失电,应考虑切断后的临时照明,如应急灯等,以利于救护。

(2)拨打紧急电话

发生电流引起的事故时,必须拨打紧急电话请专业医生实施救助。即使发生其他类型的事故时也应拨打紧急电话,尤其是触电者失去知觉或明显受重伤时。

在我国正确的紧急呼叫号码是 120。其他国家或电话网络中紧急呼叫号码可能不同。拨打紧急电话时必须向急救服务机构的通话人说明的信息有:事故发生在何处,发生了什么,多少人受伤,事故或受伤类型。

拨打电话的人等待通话人不再有其他问题并结束通话。

(3)急救措施

将触电者脱离电源后,立即移到通风处,并将其仰卧,迅速鉴定触电者是否有心跳、呼吸。如果触电者失去知觉或不再呼吸，则需要采取急救措施。

必须将失去知觉，但是还能呼吸的触电者置于侧卧状态。（见图 2-21）

触电者失去知觉且不再呼吸，必须立即开始心肺复苏措施。

心肺复苏措施包括交替按压胸腔和人工呼吸。必须持续执行措施，直至触电者恢复呼吸能力或救援服务人员到来。

在做人工呼吸之前，首先要检查触电者口腔内有无异物，呼吸道是否堵塞，特别要注意喉头部分有无痰堵塞。其次，要解开触电者身上妨碍呼吸的衣裤，且维持好现场秩序。

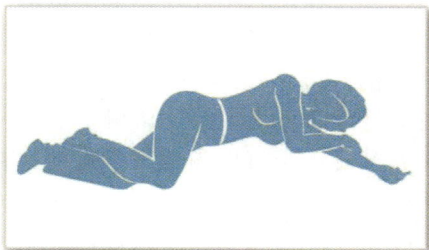

图 2-21　将失去知觉但还能呼吸的触电者置于侧卧状态

①口对口（鼻）人工呼吸法。

口对口（鼻）人工呼吸法不仅方法简单易学且效果最好，较为容易掌握。

第一，将触电者仰卧，并使其头部充分后仰，一般应用一手托在其颈后，使其鼻孔朝上，以利于呼吸道畅通，但头下不得垫枕头，同时将其衣扣解开。（见图 2-22）

第二，救护人在触电者头部的侧面，用一只手捏紧其鼻孔，另一只手的拇指和食指掰开其嘴巴。

第三，救护人深吸一口气，紧贴掰开的嘴巴向内吹气，也可搁一层纱布。吹气时要

图 2-22　口对口（鼻）人工呼吸

用力并使触电者胸部膨胀，一般应每 5 秒吹一次，吹 2 秒，放松 3 秒。对儿童可小口吹气。向鼻吹气与向口吹气相同。

第四，吹气后应立即离开触电者的口或鼻，并松开触电者的鼻孔或嘴巴，让其自动呼气，约 3 分钟。

第五，在实行口对口（鼻）人工呼吸时，当发现触电者胃部充气膨胀时，应用手按住其腹部，并同时进行吹气和换气。

②胸外心脏按压术。

胸外心脏按压术是触电者心脏停止跳动后使心脏恢复跳动的急救方法，是每一个电气工作人员应该掌握的。

第一，使触电者仰卧在比较坚实的地方，解开领扣衣扣，并使其头部充分后仰，使其鼻孔朝上或由另外一人用手托在触电者的颈后，或将其头部放在木板端部，在其胸后垫以软物。

第二，救护者跪在触电者一侧或骑跪在其腰部的两侧，两手相叠，下面手掌的根部放在心窝上方、胸骨下三分之一至二分之一处。

第三，掌根用力垂直向下挤压，对位要适中不得太猛，对成人应压陷 3～4 cm，频率每分钟 60 次；对 16 岁以下儿童，一般应用一只手挤压，用力要比成人稍轻一点，压陷 1～2 cm，频率每分钟 100 次为宜。

第四，挤压后掌根应迅速全部放松，让触电者胸部自动复原，血液又回到心脏，放松时掌根不要离开压迫点，只是不向下用力而已。

第五，为了达到良好的效果，在进行胸外心脏按压术的同时，必须进行口对口（鼻）的人工呼吸。因为正常的心脏跳动和呼吸是相互联系且同时进行的，没有心跳，呼吸也要停止，而呼吸停止，心脏也不会跳动。

发生带电流的事故时可能会出现心室颤动病状。出现心室颤动后心脏不再以大节奏运动方式跳动，而是以微小的高频运动方式跳动。这种状态下不再输送血液，会带来严重的生命危险。救助人可以从外表感觉到呼吸和心跳停止。心室颤动可以通过所谓的除颤器结束，救援服务机构也使用这类设备。在此也可以使用自动工作的除颤器，没有经验的人也可以操作这种除颤器。实际上排除了操作错误，设备自动决定是否需要除颤。用于表示除颤器存放箱或运输袋的符号见图 2-23，自动除颤器外形见图 2-24。

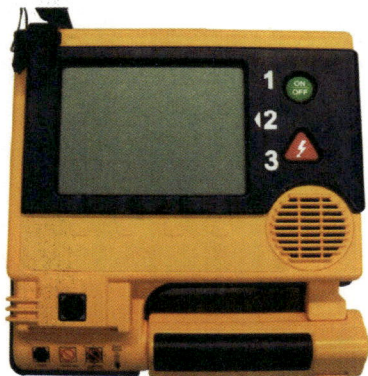

图 2-23　用于表示除颤器存放箱或运输袋的符号　　　图 2-24　除颤器

如果有自动除颤器，则应在遇到事故、失去知觉和不再呼吸时使用。烧伤时必须用流动的冷水冷却，直至疼痛减轻，然后用无菌纱布盖住。可以到当地救护和救援服务机构学习有关急救措施方面的详细知识并进行实际练习。

（4）通过救援服务和后期医疗护理提供帮助

采取急救措施后立即进行救援服务工作。通过继续执行心肺复苏措施、使用除颤器或药品进一步稳定或改善触电者的健康状态。在此救助链还未结束，发生带电流的事故后，触电者必须到医院检查。其原因是，电流不仅有短期危害健康的作用，而且影响可能在几小时、几天或几星期后才出现。例如，电流流过人体时人体会产生蛋白质，这些蛋白质必须通过肾脏排出，如果降解量过大，则发生事故几天后可能导致肾衰竭。

项目小结

本项目认知了新能源汽车及蓄电池及高压电源的基本概念，了解了高电压对人体的危害以及触电后的急救原则和步骤。

下表汇总了汽车蓄电池及用电安全的重要信息。您可以利用这个列表回顾学习的内容并再次检查相关要点。

12 V 蓄电池 蓄电池一般指的是充电型蓄电池，即可以反复地进行充放电使用的蓄电池。汽车蓄电池是一个用于存储由发电机所产生能量的化学存储器。	
新能源汽车 新能源汽车包括纯电动汽车、增程式电动汽车、混合动力汽车、燃料电池电动汽车、氢发动机汽车及其他新能源汽车等。 为了使用电机驱动车辆，新能源车都装备有高压电池组。	
高压产生的危害 电流流过人体时，可能会使人体呼吸停止和心室颤动，也可能产生严重的电烧伤；如果产生电弧，可能会灼伤人的眼睛或者皮肤，产生火灾危害。因此，必须有效识别带有高电压的部件。	
触电急救 通常碰到触电者对救助人来说也是意外情况，所以建议从精神方面为这类情况做好准备。首先不要立即或匆忙地开始正式救助，而是按判断电气事故、思考、行动的顺序来处理。 完整的急救包括：紧急措施、拨打紧急电话、急救措施、通过救援机构救援以及后期医疗护理。	

项目评估

判断题

1. 一般情况下规定安全电压为 36 V 以下，人体通过 40 mA 电流就会有生命危险。
（　　）

2. 常见的触电方式有单相触电、双相触电和跨步触电。
（　　）

3. 接地的主要作用是保证人身和设备的安全，若按接地的目的及工作原理来分，接地可分为：工作接地、保护接地、保护接零和重复接地。　　　　　　　　　（　　）

4. 汽车用蓄电池一般是指充电型蓄电池，可以反复进行充放电使用。　　（　　）

5. 人体电阻的大小是一个定值，不会随外界条件的变化而变化。　　　　（　　）

6. 电流对人体的危害程度取决于电流的大小、触电时间、人体自身电阻、电流的路径、电流的频率以及人体自身状况。　　　　　　　　　　　　　　　　　（　　）

7. 电气设备一般应接地或接零，以保护人身和设备安全。　　　　　　　（　　）

8. 如果发现人体意外触电的情况，如果你不懂急救知识就不必采取任何施救措施。
　　　　　　　　　　　　　　　　　　　　　　　　　　　　　　　　（　　）

9. 如果发现人体意外触电的情况，正确的处理过程是先判断再思考最后采取行动。
　　　　　　　　　　　　　　　　　　　　　　　　　　　　　　　　（　　）

10. 发生带电流的事故时，第一个紧急措施是断开事故电路。　　　　　　（　　）

项目3 汽车电子元器件认知与测量

PROJECT

项目概述

传感器、执行器作为汽车电子的基础，对整个汽车系统起着重要的支撑作用，这些技术的发展也随着汽车的发展不断前进。现代汽车已经越来越接近于智能车，汽车用基础电子元器件也已经成为这些先进系统的“神经末梢”或“控制神经”。当今只要有新的汽车电子应用系统出现，都将催生新的汽车用基础电子元器件。

本项目介绍了基本电子元件的原理、结构、分类以及电学特性，并展示了基本元件在车辆电路中的使用情况，通过实用有趣的电路制作和测量练习来加强学习者对汽车电路的理解，采用任务驱动、理实一体化的学习方式提高学习的兴趣和效果。

本项目共包含了6个基本学习任务。

任务1　电阻类元件的认知与测量

任务2　电容类元件的认知与测量

任务3　电磁感应类元件的认知与测量

任务4　二极管类元件的认知与测量

任务5　三极管类元件的认知与测量

任务6　压电效应类元件的认知与测量

通过本项目的学习，您的目标是：

能说出电阻类元件、电容类元件、电感类元件、半导体元件的基本原理以及在汽车电路中的使用情况；

能通过使用万用表测量判断电子元件的性能和工作参数；

会使用工具，按照电路图进行电子制作。

任务 1　电阻类元件的认知与测量

任务目标

1. 了解定值电阻元件的识读方法及分类。
2. 知道电阻元件在汽车上的用途。
3. 会通过测量判断电阻元件的好坏。

必备知识

由于在大多数情况下导线的电阻都会给电器设备的运行带来不利影响，因此电子系统通常需要通过定值电阻将电路电流限制在一个特定限值内。此外汽车上的一些电器设备，如点烟器、座椅加热、后视镜加热、后挡风玻璃加热以及生活中的电烙铁、熨斗等，需要纯电阻电路来实现。纯电阻电路就是指电能全部转化为内能（热能），而不转化为其他形式的能量的电路。

由此看出根据具体用途通常将相应类型和大小的电阻作为元件在电路中使用。

一、定值电阻

1. 电阻实物及电路符号

电阻实物及电路符号如图 3-1 所示。

由于电阻尺寸通常很小且不印出或很难看清电阻值，因此通常用色环来表示电阻值。

每种颜色都代表一个特定的阻值，可以通过计算色环数值总和得到电阻值。电阻上注明

（a）电阻实物　　　（b）电路符号

图 3-1　电阻实物及电路符号

的电阻值仅适用于温度 20℃ 的条件。之所以有这种限制是因为所有材料的电阻都会随温度而变化。

2. 标称电阻

20 世纪的电子管时代，电子元器件厂商为了便于元件规格的管理和选用、大规模生产的电阻符合标准化的要求，同时也为了使电阻的规格不致太多，协商采用了统一的标准组成元件的数值。它的基础是容许一定范围内的误差，并以指数间距为标准规格。这种标准已在国际上广泛采用，这一系列的阻值就叫做电阻的标称阻值。

电阻的标称阻值分为 E6、E12、E24、E48、E96、E192 六大系列，分别适用于允许偏差为 ±20%、±10%、±5%、±2%、±1% 和 ±0.5% 的电阻器，其中 E24 系列为常用数系，E48、E96、E192 系列为高精密电阻数系。

表 3-1 显示了标准系列 E6、E12 和 E24 的电阻标称值。

表 3-1 电阻标称值

标准系列	电阻标称值											
E6	1.0		1.5		2.2		3.3		4.7		6.8	
E12	1.0	1.2	1.5	1.8	2.2	2.7	3.3	3.9	4.7	5.6	6.8	8.2
E24	1.0 1.1 1.2 1.3		1.5 1.6 1.8		2.0 2.2 2.4 2.7		3.0 3.3 3.6 3.9		4.3 4.7 5.1 5.6		6.2 6.8 7.5 8.2 9.1	

例如，E6、±20％表示按照几何级数构成的数列，从 1 到 10 之内分为 6 个值，阻值的允许误差是 20％。其标称值只能是：1.0、1.5、2.2、3.3、4.7、6.8。

因此，电阻元器件的阻值有效数字必须从这个系列中选取。具体值可以放大或缩小 10 的整数倍。如有效数字 2.2，放大 100 倍可以得到 220 Ω 的电阻标称值，缩小可以得到 22 mΩ 的标称值。

电阻的阻值和允许偏差的标注方法有直标法、色标法和文字符号法。

直标法将电阻的阻值和误差直接用数字和字母印在电阻上（无误差标示为允许误差 ±20％）。也有厂家采用习惯标记法：

3Ω3 I 表示电阻值为 3.3Ω、允许误差为 ±5％；

1K8 表示电阻值为 1.8 kΩ、允许误差为 ±20％；

5M1 II 表示电阻值为 5.1MΩ、允许误差为 ±10％。

色标法是将不同颜色的色环涂在电阻器（或电容器）上来表示电阻器（电容器）的标称值及允许误差，各种颜色所对应的数值及固定电阻器色环标志读数识别规则如图 3-2 所示。

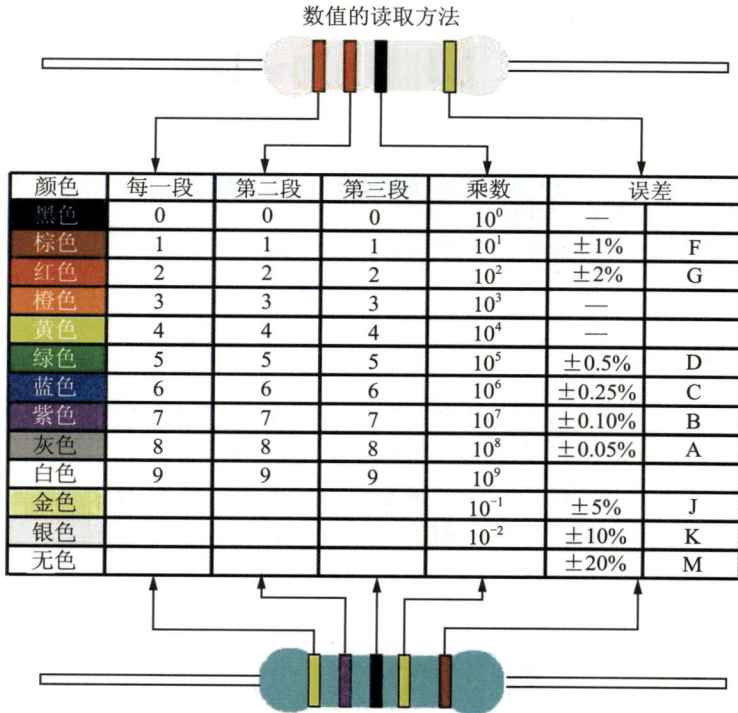

数值的读取方法

颜色	每一段	第二段	第三段	乘数	误差	
黑色	0	0	0	10^0	—	
棕色	1	1	1	10^1	±1%	F
红色	2	2	2	10^2	±2%	G
橙色	3	3	3	10^3	—	
黄色	4	4	4	10^4		
绿色	5	5	5	10^5	±0.5%	D
蓝色	6	6	6	10^6	±0.25%	C
紫色	7	7	7	10^7	±0.10%	B
灰色	8	8	8	10^8	±0.05%	A
白色	9	9	9	10^9		
金色				10^{-1}	±5%	J
银色				10^{-2}	±10%	K
无色					±20%	M

图 3-2 各种颜色所对应的数值及数值读取方法

例如，四环电阻的色环颜色为红红黑黄，则此电阻的阻值为 $22 \times 10^0 = 22\ \Omega$。

再如，五环电阻的色环颜色为黄紫黑金棕，则此电阻的阻值为 $470 \times 10^{-1} = 47\ \Omega$，误差为 $\pm 1\%$。

判断色环第一位与最后一位方法：当色环有金色或银色环在一端时则银色或金色为最后一环，另一端为第一环；当色环中第一环与最后一环的颜色相同时，则通过判断色环之间的距离来判断，即最后一环与前一环的距离比第一环与第二环之间的距离大。

3. 电阻器额定功率的识别

电阻器的额定功率指电阻器在直流或交流电路中，长期连续工作所允许消耗的最大功率。有两种标志方法：2 W 以上的电阻，直接用数字印在电阻体上；2 W 以下的电阻，以自身体积大小来表示功率。在电路图上表示电阻功率时，采用如图 3-3 所示的符号。

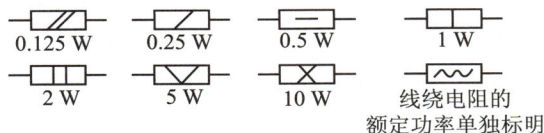

图 3-3　电路图上电阻功率的表示符号

4. 电阻分类

根据电阻材料的不同，电阻可分为：线绕电阻、碳合成电阻、碳膜电阻、金属膜电阻、金属氧化膜电阻。

线绕电阻器由电阻线绕成电阻器，用高阻合金线绕在绝缘骨架上制成，外面涂有耐热的釉绝缘层或绝缘漆。绕线电阻具有较低的温度系数，阻值精度高，稳定性好，耐热耐腐蚀，主要做精密大功率电阻使用；缺点是高频性能差，时间常数大。

碳合成电阻器由碳及合成塑胶压制而成。

碳膜电阻器在瓷管上镀上一层碳而成，将结晶碳沉积在陶瓷棒骨架上制成。碳膜电阻器成本低、性能稳定、阻值范围宽、温度系数和电压系数低，是目前应用最广泛的电阻器。

金属膜电阻器在瓷管上镀上一层金属而成，用真空蒸发的方法将合金材料蒸镀于陶瓷棒骨架表面。金属膜电阻比碳膜电阻的精度高，稳定性好，噪声小，温度系数小。在仪器仪表及通信设备中大量采用。

金属氧化膜电阻器在瓷管上镀上一层氧化锡而成，在绝缘棒上沉积一层金属氧化物。由于其本身即是氧化物，所以高温下稳定，耐热冲击，负载能力强。

二、电阻类元件在车辆中的使用

1. 机械可变电阻

机械可变电阻以电位器的形式在电路中作为可变分压器使用。机械可变电阻实物图及电路符号见图3-4。

电位器装在防尘套内，有一个轴。线绕电位器仅在机动车电气系统内使用。碳膜电位器或导电塑料电位器在机动车电子系统内使用。

电位器用于进行长度相关的测量。测量可变电阻器的电压降，通过电阻内的变化可以度量长度变化。电位器也可以作为角度传感器使用。在

（a）实物　　　（b）电路符号

图 3-4　机械可变电阻
实物及电路符号

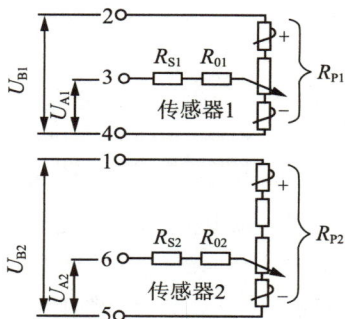

这种情况下，旋转角度与电位器电阻上的电压降之间具有一种固定的相互关系。可变电阻器按其设置特性进行区分，除直线和对数设置特性外，还有一系列非线性电阻器。

在机动车中的应用：空气体积流量计、加速踏板位置传感器、座椅记忆存储器、油箱液位传感器。

加速踏板位置传感器用于检测加速踏板的位置并将信号传递给电子控制单元（ECU）。加速踏板位置传感器是一个无触点的双电位器传感器，其电位器电路图如图3-5所示，由ECU供给5 V电压，由于两个电位器是同相安装的，当电子加速踏板位置发生变化时，其电阻值同时线性增加或减小。两个加速踏板位置传感器向ECU发出两路反映加速踏板位置的电压信号，传感器1的电压信号是传感器2的电压信号的两倍。

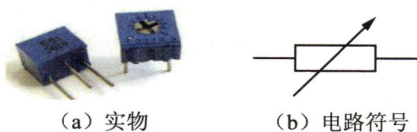

图 3-5　加速踏板位置传感器及原理图

2. 保险电阻

保险电阻又叫熔断电阻器，在正常情况下起着电阻和保险丝的双重作用，当电路出现故障而使其功率超过额定功率时，它会像保险丝一样熔断使连接电路断开。保险丝电阻一般电阻值较小（0.33 Ω～10 kΩ），功率也较小。

熔断电阻器是具有保护功能的电阻器。选用时应考虑其双重性能，根据电路的具体要求选择其阻值和功率等参数。既要保证它在过负荷时能快速熔断，又要保证它在正常条件下能长期稳定地工作。电阻值过大或功率过大，均不能起到保护作用。

在机动车中的应用：汽车保险丝。

导线仅能承受一定的持续电流强度。如果通过导线的电流过高，如短路时，会因导线过热而造成导线绝缘层熔化且有失火危险。因此安装保险丝用以保护导线。

　　保险丝配有一根细熔断丝，达到某一电流强度时熔断丝熔化并借此断开电路。通过现场直观检查可以确定保险丝是否损坏。熔断的保险丝见图 3-6。

图 3-6　熔断的保险丝

图 3-7　片式保险丝

　　在片式保险丝中熔断丝以线桥形式嵌入塑料内。(见图 3-7)保险丝通常安装在一个或多个保险丝盒内。(见图 3-8)保险丝分配情况取决于车辆配置。

　　电气系统出现故障时，应首先现场直观检查保险丝，随后检查是否导通。

图 3-8　接线盒内的保险丝

　　额定电流可通过颜色和保险丝上的标记识别出来。不同片式保险丝的颜色所代表的额定电流见表 3-2。

表 3-2　不同片式保险丝的颜色所代表的额定电流

颜色代码	额定电流/A
紫色	3
浅棕色	5
棕色	7.5

续表

颜色代码	额定电流/A
红色	10
浅蓝色	15
黄色	20
白色	25
浅绿色	30

敏感电阻器

敏感电阻器是指其电阻值对于某种物理量（如温度、湿度、光照、电压、机械力以及气体浓度等）具有敏感特性，当这些物理量发生变化时，敏感电阻的阻值就会随物理量变化而发生改变，呈现不同的电阻值。根据敏感的物理量，敏感电阻器可分为热敏、湿敏、光敏、压敏、力敏、磁敏和气敏等类型的敏感电阻。敏感电阻器所用的材料几乎都是半导体材料，这类电阻器也称为半导体电阻器。

在汽车上敏感电阻器使用非常广泛。

（1）热敏电阻

热敏电阻是敏感元件的一类，其电阻值会随着热敏电阻本体温度的变化呈现出阶跃性的变化，具有半导体特性。热敏电阻按照温度系数的不同分为：正温度系数热敏电阻（PTC热敏电阻），负温度系数热敏电阻（NTC热敏电阻）。

PTC热敏电阻是一种典型的具有温度敏感性的半导体电阻，超过一定的温度（居里温度）时，它的电阻值随着温度的升高呈阶跃性的增高。PTC热敏电阻根据其材质的不同分为：陶瓷PTC热敏电阻、有机高分子PTC热敏电阻。PTC热敏电阻目前在车辆电路中被大量使用，用于恒温加热、过流保护、空气加热、延时启动等电路。例如，车外后视镜加热、车后挡风玻璃加热、座椅加热等。

NTC热敏电阻也是一种典型的具有温度敏感性的半导体电阻，它的电阻值随着温度的升高呈阶跃性的减小。NTC热敏电阻是以锰、钴、镍和铜等金属氧化物为主要材料，采用陶瓷工艺制造而成的。在汽车中主要用于探测温度的传感器，例如，发动机冷却液温度传感器、机油温度传感器、环境温度传感器都是利用负温度系数的热敏电阻制成的。

发动机冷却液温度传感器用于提供发动机冷却液温度信息，以便发动机ECU据此对喷油和点火进行修正，以两个传感器的温度差控制冷却风扇的转速。冷却液温度传感器实质是一个NTC的热敏电阻，其电阻值随着冷却液温度上升而减小，两者间呈非线性关系。冷却液温度传感器及特性曲线见图3-9、图3-10。

图 3-9　冷却液温度传感器

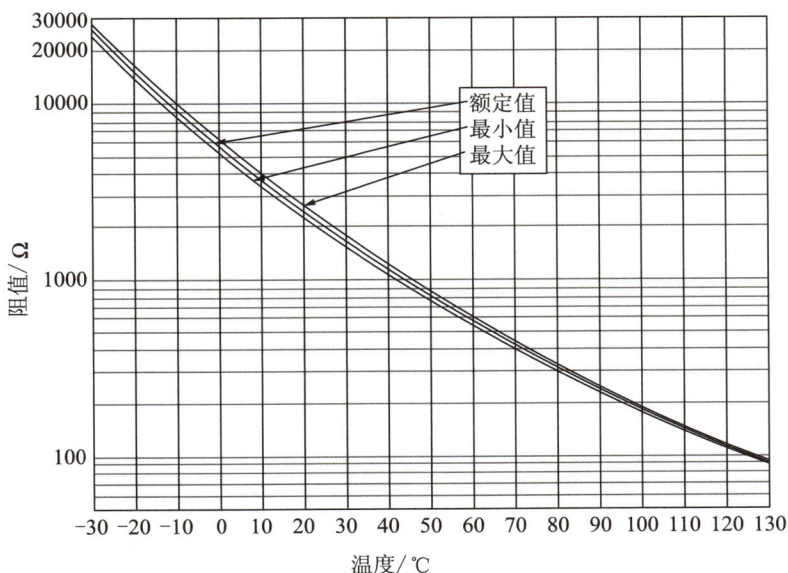

图 3-10　冷却液温度传感器的特性曲线图

　　简易测量方法：（卸下接头）把数字万用表打到欧姆挡，两表笔分别接传感器 1♯、2♯针脚，25℃时额定电阻为 1.825 kΩ～2.155 kΩ，其他可由图 3-10 特征曲线量出。测量时也可用模拟的方法，具体为把传感器工作区域放进开水里（注意浸泡的时间要充分），观察传感器电阻的变化，此时电阻应降到 400 Ω 以下（具体数值视开水的温度）。

　　（2）力敏电阻

　　力敏电阻是一种阻值随外部压力变化而变化的电阻，国外称为压电电阻器。所谓压力电阻效应即半导体材料的电阻率随机械应力的变化而变化的效应。可根据电阻的此效应制成各种力矩计、半导体话筒、压力传感器等。力敏电阻的主要品种有硅力敏电阻器、硒碲合金力敏电阻器。相对而言，合金电阻器具有更高灵敏度。

　　进气压力温度传感器，测量进气歧管绝对压力与进气温度，提供发动机负荷与进气温度信号。（见图 3-11）

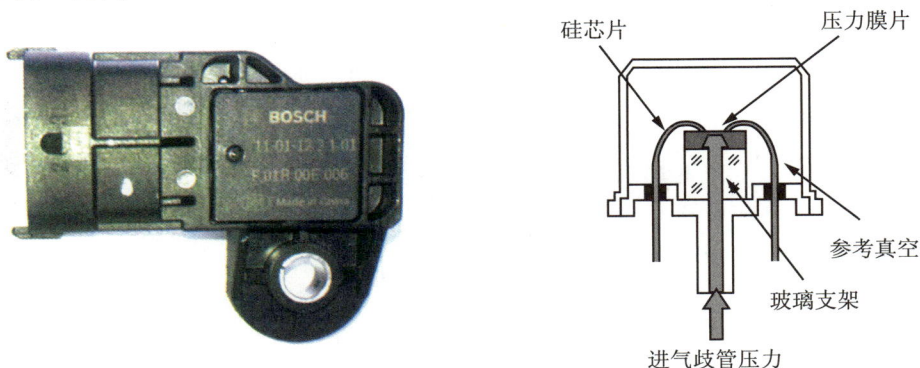

图 3-11　进气压力温度传感器及原理结构

工作原理：进气压力温度传感器是由绝对压力传感元件及温度传感元件组成的。绝对压力传感元件由一片硅芯片组成。通过硅芯片的信号处理电路处理后，形成与压力成线性关系的电压信号。（见图3-12）进气温度传感元件是一种负温度系数的电阻，电阻随进气温度变化，此传感器输送给控制器一个表示进气温度变化的电压。（见图3-13）

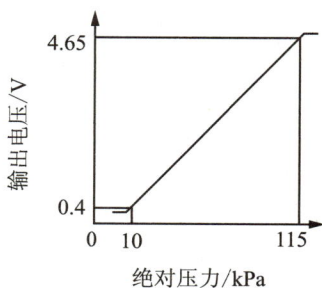

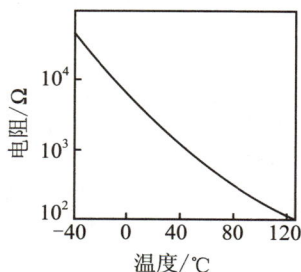

图3-12　压力传感器特性曲线　　3-13　温度传感器特性曲线

简易测量方法如下。

温度传感器部分：断开插头连接，把数字万用表打到欧姆挡，两表笔分别接传感器1♯、2♯针脚，20℃时额定电阻为2.5 kΩ±5%，其他对应电阻数值可由图3-13特征曲线量出。测量时也可用模拟的方法，具体为用电吹风向传感器送风（注意不可靠得太近），观察传感器电阻变化，此时电阻应下降。

压力传感器部分：连接插头，把数字万用表打到直流电压挡，黑表笔接地，红表笔分别与3♯、4♯针脚连接。踏板未踩下，3♯针脚应有5 V的参考电压，4♯针脚电压为1.4 V左右；空载状态下，慢慢踩下踏板，4♯针脚的电压变化不大；快速踩下踏板，4♯针脚的电压可瞬间达到4 V左右，然后下降到1.5 V左右。

（3）光敏电阻

光敏电阻是电导率随着光量力的变化而变化的电子元件，当某种物质受到光照时，载流子的浓度增加从而增加了电导率，这就是光电导效应。

（4）气敏电阻

利用某些半导体吸收某种气体后发生氧化还原反应制成，主要成分是金属氧化物，主要品种有：金属氧化物气敏电阻、复合氧化物气敏电阻、陶瓷气敏电阻等。

4.　白炽灯泡

导体（灯丝）在白炽灯泡内通过电流加热至发光。一部分电功率以可见光形式（约10%）散发，另一部分（90%）作为热量散发。单灯丝白炽灯泡和双灯丝白炽灯泡的结构见图3-14。

灯丝大多由钨制成。钨在3400℃时才会熔化。发动机内的最高燃烧温度为1500℃，因此车辆内温度最高的

1—玻璃灯泡；2—灯丝；
3—灯头；4—电气接头

图3-14　单灯丝白炽灯泡（左）和
双灯丝白炽灯泡（右）的结构

部位不是发动机，而是白炽灯泡的灯丝。

　　在正常环境下灯丝会因周围存在的氧气和较高的运行温度而立即燃烧。因此灯丝必须通过玻璃灯泡完全密封且与空气隔绝。

　　白炽灯泡的灯头上有两个用于固定在灯座内的凸台。（见图 3-15）安装白炽灯时首先将灯头推入灯座，然后通过旋转使其固定（卡扣式连接件）。这样就能避免因机械振动或震动引起螺栓松动。

　　车辆中白炽灯泡的发光功率在 5～30 W。

　　灯丝蒸发产生的钨颗粒会附着在玻璃灯泡上，从而限制了白炽灯泡的使用寿命。目前灯泡仅使用卤素灯泡。卤素灯泡内充有碘或溴卤素气体。这种卤素填充气体可以使灯丝温度提高至钨的熔点温度（约 3400℃）。因此卤素灯泡的发光功率很高（约 60 W）。卤素填充气体压力较高，可以减弱钨的蒸发。

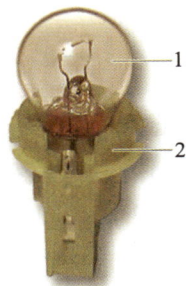

1—白炽灯泡；2—灯座

图 3-15　白炽灯泡及灯座

　　注意：不要用手直接接触新白炽灯泡的玻璃灯泡，因为即使很少的污物也会燃烧，从而降低白炽灯泡的使用寿命。只有佩戴干净的手套或使用干净的毛巾时才能接触白炽灯泡。

　　白炽灯泡用于示廓灯、制动信号灯和转向信号灯等。汽车上白炽灯泡的应用示例见图 3-16。

（a）后雾灯灯泡　　（b）倒车灯灯泡　　（c）制动信号灯灯泡　　（d）转向信号灯灯泡

图 3-16　汽车上白炽灯泡的应用示例

任务 2　电容类元件的认知与测量

任务目标

1. 知道电容元件的基本概念。
2. 知道电容类元件在汽车上的用途。
3. 会通过测量判断电容元件的好坏。

必备知识

一、电容器的基本概念

1. 电容器用途及定义

电容是电子设备中大量使用的电子元件之一，广泛应用于隔直、耦合、旁路、滤波、调谐回路、能量转换、控制电路等方面。电路中用 C 表示电容。

电容器是一个能够存储电荷或电能的元件。最简单的电容器由两个对置的金属板和金属板之间的一个绝缘体组成。电容器上的电荷分布示意图见图 3-17。

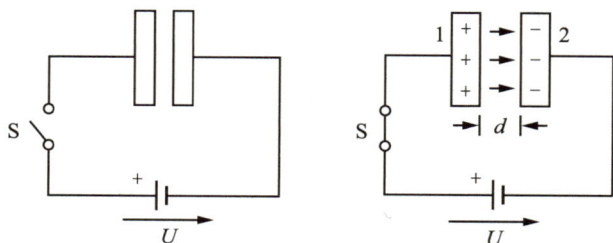

1—电子不足；2—电子过剩；d—导电板距离

图 3-17　电容器上的电荷分布示意图

电容量的定义：电容器所带电量 Q 与两极板间电压 U 之比称为电容器的电容量。其定义式为 $C=\dfrac{Q}{U}$。

电容的单位为法拉（F），但因实际电容器的容量不大，常用单位是微法（μF）、纳法（nF）、皮法（pF）等。四者之间的关系为：$1\ \mathrm{F}=10^{6}\ \mu\mathrm{F}=10^{9}\ \mathrm{nF}=10^{12}\ \mathrm{pF}$。

电容量反映了电容器储存电荷能力的大小，它只与电容器本身的性质有关，而与其是否带电无关，比值 C 是一个恒量，但不同的电容器，这一比值则不相同。

2. 电容器的型号命名方法

国产电容器的型号一般由四部分组成（不适用于压敏、可变、真空电容器）。这四部分依次代表名称、材料、分类和序号。

第一部分：名称，用字母表示，电容器用 C。

第二部分：材料，用字母表示。

第三部分：分类，一般用数字表示，个别用字母表示。

第四部分：序号，用数字表示。

用字母表示产品的材料：A 表示钽电解、B 表示聚苯乙烯等非极性薄膜、C 表示高频陶瓷、D 表示铝电解、E 表示其他材料电解、G 表示合金电解、H 表示复合介质、I 表示玻璃釉、J 表示金属化纸、L 表示涤纶等极性有机薄膜、N 表示铌电解、O 表示玻璃膜、

Q 表示漆膜、T 表示低频陶瓷、V 表示云母纸、Y 表示云母、Z 表示纸介。

3. 电容器的分类

按照结构可分为三大类：固定电容器、可变电容器和微调电容器。

按电解质分类有：有机介质电容器、无机介质电容器、电解电容器和空气介质电容器等。

按用途可分为：高频旁路电容器、低频旁路电容器、滤波电容器、调谐电容器、高频耦合电容器、低频耦合电容器、小型电容器。高频旁路电容器有：陶瓷电容器、云母电容器、玻璃膜电容器、涤纶电容器、玻璃釉电容器。低频旁路电容器有：纸介电容器、陶瓷电容器、铝电解电容器、涤纶电容器。滤波电容器有：铝电解电容器、纸介电容器、复合纸介电容器、液体钽电容器。调谐电容器有：陶瓷电容器、云母电容器、玻璃膜电容器、聚苯乙烯电容器。高频耦合电容器有：陶瓷电容器、云母电容器、聚苯乙烯电容器。低频耦合电容器有：纸介电容器、陶瓷电容器、铝电解电容器、涤纶电容器、固体钽电容器。小型电容器有：金属化纸介电容器、陶瓷电容器、铝电解电容器、聚苯乙烯电容器、固体钽电容器、玻璃釉电容器、金属化涤纶电容器、聚丙烯电容器、云母电容器。

按照使用时接法不同，分为有极性电容器和无极性电容器两种。（见表 3-3）

表 3-3　有极性电容器和无无极性电容器

分 类	电路符号	特 点	使用注意事项
有极性电容器	—┤├+	容量较大，电解电容	正极必须接高电位端，负极必须接低电位端
无极性电容器	—┤├—	大多数容量较小	没有极性要求

根据实际应用情况使用有极性电容器或无极性电容器。无极性电容器的两个接头相同，即可以相互调换，可用直流和交流电压驱动。而有极性电容器有一个正极接头和一个负极接头。这两个接头不能互换，不能用交流电压驱动。

4. 电容器充电和放电

（1）电容器充电和放电过程

图 3-18 给出了电容器的充电和放电过程。

通过开关闭合将一个直流电压电源连到电容器上时，就会进行电荷转移。电容器一个金属板上电子过剩（负电荷），另一个金属板上的电子不足（正电荷）。

电容器充电时短时内流过一股充电电流，直至电容器充满电。该电流可用电流表测量。电容器充满电时不再有电流流过（电流表显示 0 A），即使之后电压电源仍保

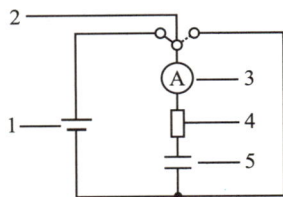

1—直流电压电源；2—开关；
3—电流表；4—电阻；5—电容器

图 3-18　电容器的充电和放电过程

持连接状态。随后电容器阻断直流电流，即电容器电阻变为无限大。电容器与直流电压电源断开后电容器仍保持充电状态，即两个金属板之间存在电子差。电容器存储了电能。

改变开关位置使电容器短路时，放电电流朝反方向流动，直至两个金属板重新为电中性，或电阻内的电能转化为热能时，放电电流停止流动。电容器充电/放电期间电压和电流曲线参见图 3-19。

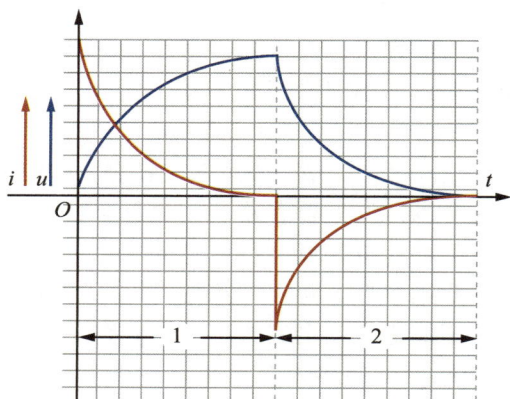

1—电容器充电；2—电容器放电；i—电流；u—电压

图 3-19　电容器充电/放电时的电压和电流曲线图

电容器充电过程开始时的电流较高，而开始时的电压较低或为 0 V。随着电容器充电过程的进行，电流越来越小，电压越来越大。

电容器充满电时不再有电流经过。电压达到电压电源值。

电容器开始放电时电流较高，但与充电时的流动方向相反。电压开始时为最大值，然后随着电容器放电而不断降低。电容器完全放电后不再有电流经过，电容器金属板之间没有电势差。如果单位时间内充电和放电过程的数量增加，如施加交流电压，则单位时间内的充电和放电电流数量就会增大，因此单位时间内的电流平均值也会增大。因此电容器内的电流变大，即电容器电阻明显减小。电容器在车辆上作为短时电荷存储器使用，用于电压滤波和减小过压峰值。

（2）电容器的充电和放电时间

计算充电和放电时间时，需要知道电容器充电电流经过的电阻阻值和电容器电容值。施加的电压大小对充电时间没有影响。

电容器电容越小、电阻 R 越小，充电过程越快。电容器 C 与电阻 R 的乘积为时间常数 τ。

$$\tau = RC$$

在每个时间常数 τ 内，电容器以充放电电压的 63% 充电或放电。5 个时间常数 τ 后，电容器几乎完全充满或排空。

（3）电容对交流电流的反应

交流电是能够通过电容的，但是将电容器接入交流电路中时，电容器极板上所带电荷对定向移动的电荷具有阻碍作用，物理学上把这种阻碍作用称为容抗，用字母 X_c 表示。如果容抗用 X_c 表示，电容用 C 表示，频率用 f 表示，那么正弦交流电下的容抗 $X_c = 1/(2\pi fC)$。

电容器的电容越大，表明电容器储存电荷的能力越大，在电压一定的条件下，单位时间内电路中充、放电移动的电荷量越大，电流越大，所以电容对交变电流的阻碍作用越小，即通常所说的"通交流阻直流"；在交变电流的电压一定时，交变电流的频率越高，电路中充、放电越频繁，单位时间内电荷移动速率越快，电流越大，电容对交变电流的阻碍作用越小，即通常所说的"通高频阻低频"。

5. 电容器串联和并联

与电阻相似，电容器也可串联（见图 3-20）和并联（见图 3-21）。

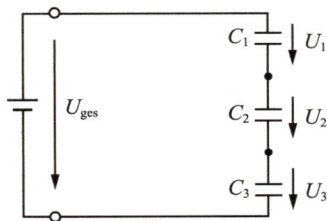

图 3-20   电容器串联   图 3-21   电容器并联

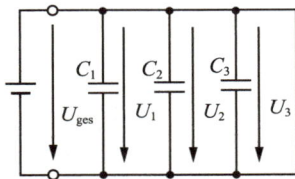

电容器串联：将电容器依次连接在一起且相同电流经过所有电容器时，电容器为串联形式。总电压 U_{ges} 分布在串联电容器上。局部电压之和等于总电压。最小电容上的电压降最大，最大电容上的电压降最小。

串联电路的总电容小于最小的单个电容。每增加一个串联电容器，总电容就会随之减小。

电容器并联时，施加在所有电容器上的电压都相同。因为通过电流为电容器充电，所以所有电容器的总电容大于所有单个电容器的电容。电容器通常采用并联方式，可以增大电容。总电容等于单个电容之和，即

$$C_{total} = C_1 + C_2 + C_3$$

二、电容器在汽车电路中的常见作用

1. 能量存储设备

使电容器带电（储存电荷和电能）的过程称为充电。这时电容器的两个极板总是一个极板带正电，另一个极板带等量的负电。充电后电容器的两极板之间就有了电压，充电过程把从电源获得的电能储存在电容器中。

使充电后的电容器失去电荷（释放电荷和电能）的过程称为放电。例如，用一根导线把电容器的两极接通，两极上的电荷互相中和，电容器就会放出电荷和电能。放电后电

容器的两极板之间的电压消失，电能转化为其他形式的能。

电容几乎存在于所有电子电路中，它可以作为"快速电池"使用。例如，在照相机的闪光灯中，电容作为储能元件，在闪光的瞬间快速释放能量；超级电容在电动汽车加速和爬坡时提供短时的辅助能量，还可以在电动汽车刹车或下坡时回收动能。

2. 分开直流和交流电压

电容具有充放电特性，它阻止直流电流通过，允许交流电流通过。电容器的容抗与交流电压的频率、容量之间成反比，即交流电压的频率越高，容抗越小，所以电容具有"通高频阻低频"的作用。

如图 3-22 所示，输入端电压 U_1 是一种混合电压或波动电压。它由一个交流电压和直流电压构成。充电后，电容器发挥直流断续器的作用。只有交流电压组件可促使电容器反复进行电荷交换。在此过程中通过的电流会在电阻器 R 上产生交流电压。这种电路用在带有晶体管的放大器系统内，用于从混合电压中过滤出交流电压。

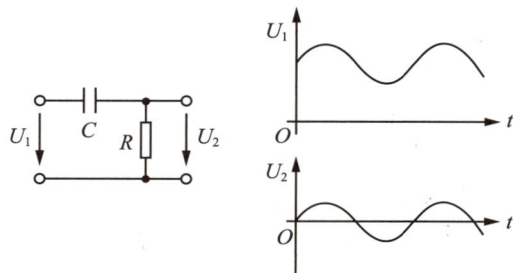

图 3-22　带有 **RC** 元件的高通滤波器

通过 RC 组件对如图 3-23 所示的脉动电压进行平滑处理，以降低电压波动。从图中可以看出，输出电压已非常接近恒定直流电压。输出电压平滑处理程度取决于电容容量和电路中通过的负载电流。这种电路在汽车电子系统内用于降低控制单元的直流供电电源的波动，并过滤掉干扰电压。

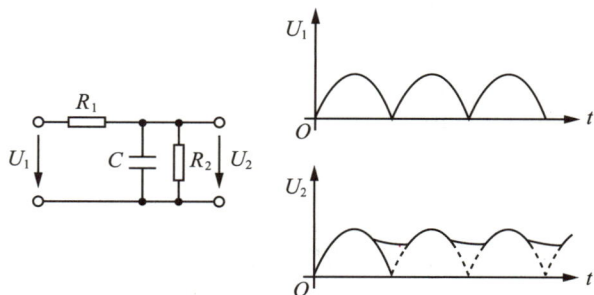

图 3-23　带有 **RC** 元件的低通滤波器

3. 保护其他器件

一个电容与开关并联，主要作用是灭弧。在开关通断时产生的瞬间高压，可以被电容电路吸收，有效消除接点处的电火花，起到及时断开电路和保护接点的作用，延长开关接点的寿命。

例如，汽车车内照明灯延迟关闭功能，是利用电容器与继电器的线圈并联在一起实现的。（见图 3-24）打开开关后由于电容中存储有电荷，所以电容放电仍能使电流通过继电器。电容器通过继电器的励磁线圈放电结束后，继电器就会断开照明灯电路。因此可以看到照明灯在开关释放后延迟一小段时间才变暗。延迟的时间取决于电容器 C 与电阻 R 的乘积。

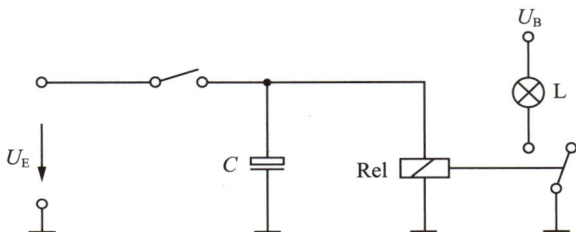

图 3-24　车内照明灯关闭延迟

在一般的电子电路中，常用电容器来实现旁路、耦合、滤波、振荡、相移以及波形变换等，这些作用都是其充电和放电功能的演变。

三、电容测试

连接待测电容之前，注意每次转换量程时，复零需要时间，有漂移读数存在不会影响测试精度。先将功能开关置于电容量程 $C(F)$，再将电容器插入电容测试座中读数。

用万用表进行电容测试时需要注意以下几点。

第一，仪器本身已对电容挡设置了保护，故在电容测试过程中不用考虑极性及电容充放电等情况。

第二，测量电容时，将电容插入专用的电容测试座中。

第三，测量大电容时稳定读数需要一定的时间。

Mission 3 任务 3　电磁感应类元件的认知与测量

任务目标

1. 知道电磁学的基本概念及定律。
2. 知道电感类元件在汽车上的用途。
3. 会通过测量判断电感元件的好坏。

必备知识

一、电磁学基本概念

1. 磁场理论

通过使用磁场，电学的用途更为广泛。随着磁学的诞生，出现了电动机、发电机、线圈、继电器、螺线管、变压器等。磁与电一样，都是看不见的，不能用天平去称量，也不能用尺子去测量，但我们能够理解它的特性并加以利用。

现在有两种理论可以解释磁体的原理。第一种理论认为磁体中存在大量的磁化小颗粒。如果该物体没有被磁化，这些小颗粒就随意排列；如果该物体被磁化，这些小颗粒就会排列整齐。第二种理论认为，原子的电子以某种顺序排列时，每一个原子的力循环相结合就产生了磁性。

2. 磁学的基本特性

一个磁体会产生一个磁力场。（见图3-25）

磁力线穿过的空间被称为磁场。

越靠近磁体，磁场越强，离磁体越远，磁场越弱。

磁力线互不相交。

磁性物质有两极：一端为北极，另一端为南极。

磁力形成从北向南的闭回路。

同极互相排斥，异极相互吸引。

和空气相比，磁力线更容易穿过钢材。

一些材料（木材、陶瓷和一些金属）不能被磁化。

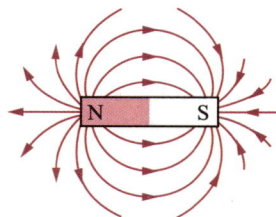

图3-25　条形磁铁的磁力线

3. 两种常见的磁体

永磁体：由硬化钢等材料制成，这种钢受到外部磁化力影响时具有磁性，即使在外部磁力消失后仍具有磁性。

暂时磁体：由软铁制成，这种软铁只有在外部磁力存在时才会具有磁性。

二、电磁感应（电生磁）

1. 导电体的磁场

1820年丹麦物理学家奥斯特发现，任何通电的导线，都可以在其周围产生磁场。

在通电的长直导线周围，会有磁场产生，其磁力线的形状为以导线为圆心的封闭的同心圆，且磁场的方向与电流的方向互相垂直。

由电流引起磁场的现象称为电流的磁效应，如图3-26所示。通电的电感线圈形成的磁场分布情况用右手螺旋定则判定，如图 3-27 所示，即伸出右手，弯曲的四指指向电流的方向，则拇指的方向为线圈内部磁场的方向。

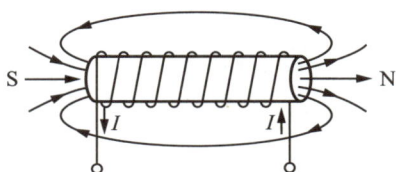

图 3-26　通电螺线管产生的磁场

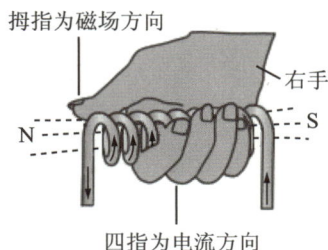

图 3-27　右手螺旋定则

2. 线圈的磁场

基本线圈是指缠绕在一个固体上的导线。但不一定要有这个固体，它主要用于固定较细的导线。线圈实物元件见图 3-28。

图 3-28　线圈实物元件

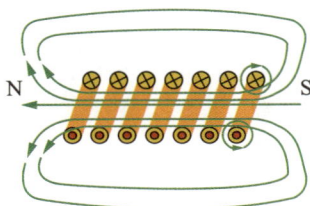

图 3-29　通电线圈的磁场

流入导体内的电流用符号 $\otimes$ 表示，流出导体的电流用中心有一个点的圆圈表示。有电流经过线圈时，就会产生磁场，就会在线圈内部形成磁力线。磁力线离开的地方为北极，进入的地方为南极。通电线圈的磁场见图 3-29。

线圈产生的磁场和永久磁铁产生的磁场类似，利用线圈形成的磁铁称为电磁铁。线圈还能将电能存储在磁场中。切断电流时，磁能重新转化为电能，产生感应电压。线圈用在变压器、继电器和电机内。

线圈最重要的物理特性是其电感。

当电流 I 流过线圈时，线圈周围会产生磁场。当线圈的匝数 N 固定时，通过的电流越大，则产生的磁通 Φ 也越大。由此可知，产生的总磁通（匝数 N 与磁通的乘积）和电流成正比，其比值称为电感量（自感系数），简称电感，用字母 L 表示，即

$$L = \frac{N\Phi}{I}$$

电感量的国际单位是亨利，单位符号为 H。常用的单位还有毫亨（mH）和微亨（μH），三者之间的关系是

$$1\ H = 10^3\ mH = 10^6\ \mu H$$

电感的大小与线圈的匝数、形状、大小及周围介质的磁导率有关。在其他条件相同

的情况下，线圈匝数越多，电感越大；有铁芯的电感比空心线圈的电感大很多。

线圈的电路符号如图 3-30 所示。

（a）没有铁芯的线圈　　（b）有铁芯的线圈

图 3-30　线圈的电路符号

但除了电感，实际线圈还具有其他一些特性（通常是不希望出现的），如电阻或电容。

通过在线圈中放入一个铁芯可使磁场强度增大 1000 倍。铁芯不是电路的一部分。带有铁芯的线圈称为"电磁铁"。只有当电流 I 经过线圈时，软磁铁芯才保持磁性。

如图 3-31 所示，线圈 L 通过开关 S 经电阻 R 与一个直流电压连接在一起。

开关接通时，几乎全部电压 U_B 都施加在线圈上。接通时线圈起到中断作用，即与电容器的作用相反。随着经过线圈的电流慢慢增加，线圈上的电压逐渐减小。5τ 时间过后流过最大电流，此时几乎全部电压 U_B 都施加在电阻 R 上。时间常数 τ 根据以下公式计算得出：

图 3-31　直流电路中的线圈

$$\tau = \frac{L}{R}$$

断开电压 U_B 时，线圈内产生的磁场消失并形成感应电压。这个电压 U_L 使一股电流经过电阻 R，直至磁场完全转化为电能并在电阻 R 中转换为热能。某个线圈的电压和电池曲线图见图 3-32。

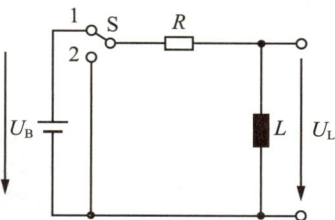

图 3-32　某个线圈的电压和电流曲线图

如果断开电压 U_B 后没有形成闭合电路，感应电压就会明显增大并在打开的开关处产生火花（电弧）。

　　交流电是随相位不同幅度、方向都在变化的电，当它流过电感线圈时，由于电流的大小在变化，所以在电感线圈中的磁通量也在变化，由变化的磁通量产生了一个反电动势，这个电动势对交流电产生阻碍作用。

　　电感线圈对交流电流阻碍作用的大小称感抗 X_L，单位是 Ω。它与电感量 L 和交流电频率 f 的关系为 $X_L = 2\pi f L$。

　　直流电流通过线圈时没有交变的磁场，磁场是一定的，磁通量没有变化，不会有反电动势产生，对恒定的直流就没有阻碍作用，但如果直流电流的大小不恒定，直流电流的大小发生变化时，电感线圈对这样的直流也有阻碍作用。

　　由此我们得到结论是：线圈具有允许直流电流通过，阻止交流电流通过，即具有"通直流阻交流"的作用。线圈的感抗与交流电压的频率、容量成正比，即交流电压的频率越高，感抗越大，所以电感具有"通低频阻高频"的作用。

　　电感器通断情况的检测方法：用数字万用表欧姆挡的最小量程，检测电感器两端电阻，如果显示"1"，则电感器断路；显示"0"则电感器短路；显示比较小的阻值则电感正常；显示比较大的阻值则电感中有几股断线。

　　将数字万用表调至欧姆挡最大量程，检测电感器的绝缘情况，此种方法主要针对具有铁芯或者金属屏蔽罩的电感器。检测时，测量线圈引线与铁芯或金属屏蔽罩之间的电阻值，若电阻值无穷大（数字万用表显示"1"，万用表指针不动），说明电感器绝缘较好；反之，说明该电感器绝缘不良。

三、电磁感应(磁生电)

1. 通电导体在磁场中受到力的作用

　　通电导线在磁场中受到力的作用可以通过如图 3-32 所示的实验电路进行演示。处于磁场中的通电导线，在磁场和电流的作用下产生机械力 F，其值为

$$F = BIL$$

式中　F——安培力，单位牛顿(N)；

　　　　B——磁感应强度，单位特斯拉(T)；

　　　　I——电流强度，单位安培(A)；

　　　　L——长度，单位米(m)。

　　电流、磁场、力的方向互相垂直(见图 3-33)。当电流或磁场方向反转时，机械力的方向也随之改变；如果两者同时反向，则力的方向保持不变。

　　如果导线与磁场不垂直，那么 $F = BIL\sin\theta$，当导线和磁场平行时，$\theta = 0°$，此时 $F = 0$；当导线和磁场垂直时，$\theta = 90°$，此时 $F = BIL$，达到最大值。

　　导线在磁场中力的方向：根据左手定则，如图 3-33 所示，伸开左手，使拇指与其他四指垂直且在一个平

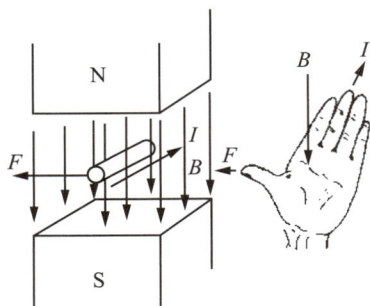

图 3-33　通电导线在磁场中受到力的作用及左手定则

面内，让磁力线从手心流入，四指指向电流方向，大拇指指向的就是安培力方向（即导体受力方向）。

2. 带电粒子在磁场中受到力的作用

（1）洛伦兹力

从阴极发射出来的电子束，在阴极和阳极间的高电压作用下，轰击到长条形的荧光屏上激发出荧光，可以在荧光屏上显示出电子束运动的径迹。实验表明，在没有外磁场时，电子束是沿直线前进的。如果把射线管放在蹄形磁铁的两极间，荧光屏上显示的电子束运动的径迹就发生了弯曲。（见图 3-34）这表明，运动电荷确实受到了磁场的作用力，这个力通常叫做洛伦兹力，它是荷兰物理学家洛伦兹首先提出的。

磁场使带电粒子发生偏转这一简单现象导致了一场物理学革命，它使我们能够测量或者检测轮子、曲轴等物体的运动。

（2）霍尔效应

霍尔效应是磁电效应的一种，这一现象是霍尔于1879 年在研究金属的导电机构时发现的。后来发现半导体、导电流体等也有这种效应，而半导体的霍尔效应比金属强得多。在半导体薄片两端通以控制电流 I_V，并在薄片的垂直方向施加磁感应强度为 B 的匀强磁场，由于半导体中的导电粒子受到磁场洛伦兹力的作用，使得运动的电子向薄片的边缘集聚，由于薄片的一侧比另外一侧有更多的电子，因此在垂直于电流和磁场的方向上，将产生电压为 U_h 的霍尔电压，如图 3-35 所示。

如果通过半导体的电流强度 I_V 保持恒定，则电压高低只取决于磁场强度。磁场强度变化时霍尔电压随之改变。

根据霍尔效应，人们用半导体材料制成的元件叫霍尔元件。它具有对磁场敏感、结构简单、体积小、频率响应宽、输出电压变化大和使用寿命长等优点。因此，在测量、自动化、计算机和信息技术等领域得到广泛的应用。

霍尔传感器属于非接触式传感器，对温度变化不敏感，抗震性较好。霍尔传感器的电路符号见图 3-36。在车辆内霍尔传感器应用广泛，如在安全带锁扣内、车门关闭系统内或作为折叠式车顶移动的位置传感器，用于识别移动部件的位置。霍尔传感器也可以用来控制汽车发动机的点火时间。当安装在曲轴上的磁铁转到靠近霍尔

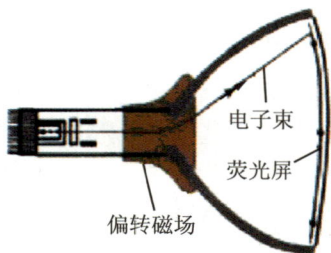

图 3-34　阴极射线管显示器工作原理图

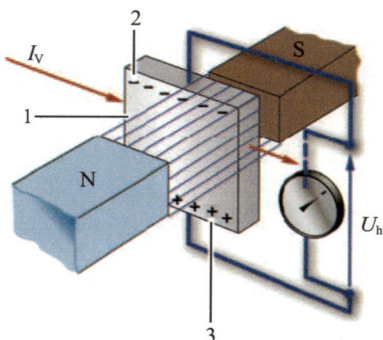

1—半导体片；2—负电荷；3—正电荷；
I_V—供电电流；U_h—霍尔电压
图 3-35　霍尔效应原理

图 3-36　霍尔传感器的电路符号

传感器时，就会产生霍尔电压，激发点火系统。

（3）磁阻效应

磁阻效应是指某些金属或半导体的电阻值随外加磁场变化而变化的现象。同霍尔效应一样，磁阻效应也是由于载流子在磁场中受到洛伦兹力而产生的。磁阻效应是 1857 年由英国物理学家威廉·汤姆森发现的。

利用磁阻效应制成的磁阻器件具有灵敏度高、抗干扰能力强等优点，广泛用于磁传感、磁力计、电子罗盘、位置和角度传感器、车辆探测、GPS 导航、仪器仪表、磁存储（磁卡、硬盘）等领域。

磁阻传感器不仅可以用来测量地磁场的存在、强弱和方向，而且可以测量来自永磁体、软磁体、车辆移动、脑电波的活动及电流所产生的磁场。由于磁阻传感器可以不经过物理接触就能测出它们的特性，磁阻传感器变成了许多工业和航海控制系统至关重要的部件。在高温应用领域中，磁效应传感器优于霍尔效应传感器，如在喷气发动机中检测涡轮的转速时采用磁效应传感器。

3. 楞次定律

当通过线圈的磁通量 Φ 发生变化时，线圈中就会产生电动势。这种现象也称为电磁感应现象，而由电磁感应产生的电动势叫感应电动势，由感应电动势产生的电流叫感应电流。

楞次定律指出了磁通的变化与感应电动势在方向上的关系，即感应电流产生的磁通总是阻碍原磁通的变化。

通电导体或线圈在磁场中移动时，导体或线圈内就会产生一个电压。磁场强度改变时，导体或线圈内也会产生电压。该过程称为电磁感应，产生的电压称为感应电压。（见图 3-37）

为了在导体内产生电压，必须使导体和磁场之间有相对运动。这种运动可以是以下三种方式任意一个：

导体在一个恒定磁场中移动或转动，如直流发电机。

磁场在一个静止的导体中转动，如交流发电机。

穿过静止导体建立磁场或使磁场消失，如点火线圈。

感应电压的大小取决于：磁场强度（绕组数量 N、电流强度 I 和线圈结构），电导体或线圈在磁场中的移动速度。

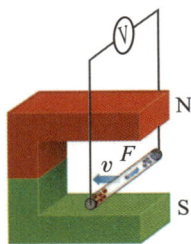

图 3-37　通电导线在磁场中受到力的作用

不断变化的电流经过线圈时，线圈周围就会产生一个不断变化的磁场。电流每变化一次线圈内都会产生一个自感应电压。产生该电压的目的在于抵消电流变化。

电感对磁场变化（建立和消失）的反作用与物理学中的惯性原理相似。例如，赛车加速时，其惯性就会克服加速效果；而制动时，由于赛车的惯性，需要一段时间赛车才能完全静止。

4. 线圈的自感

(1) 自感现象

由通入线圈的电流变化而产生感应电动势的现象叫自感现象，由自感现象产生的感应电动势叫自感电动势。自感现象属于电磁感应现象。日光灯电路就是利用镇流器产生的高压(自感电动势)使日光灯管点亮发光的。

(2) 自感系数

自感系数是用来描述线圈产生自感磁通本领的物理量。自感系数，又叫电感，用符号 L 表示，单位是亨(H)。电感表示线圈通过单位外电流所产生的自感磁通。电感越大，表示线圈产生自感磁通的能力越大。

(3) 自感电动势

自感电动势的大小与线圈的电感及线圈中外电流的变化率成正比。自感电动势的方向总是企图阻碍外电流的变化。

含有大电感元件的电路切断的瞬间，由于电感两端产生的自感电动势很高，会在开关触点之间产生电弧，容易烧坏开关的触点或引起火灾，故应采取相应的保护措施。在汽车点火电路中点火线圈会产生 200～300 V 的自感电动势，这个电压会使触点之间产生火花，将触点烧坏。为了保护触点，通常在触点两端并联一个电容器，用来吸收储存在线圈中的磁场能，从而起到保护触点的作用。

5. 线圈的互感

(1) 互感现象

互感现象是指一个线圈中电流变化而使另一个线圈产生感应电动势的现象，如图 3-38 所示。生活中利用互感原理制成变压器传输交流电压。

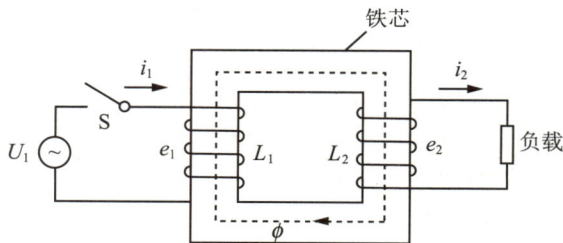

图 3-38　互感现象

(2) 互感电动势的大小

互感电动势的大小与互感磁通量的变化率以及线圈的匝数有关。

$$E_1 = N_1 \times \frac{\Delta \phi}{\Delta t} \qquad E_2 = N_2 \times \frac{\Delta \phi}{\Delta t}$$

所以

$$\frac{E_1}{E_2} = \frac{N_1}{N_2}$$

式中　E_1——线圈 1（初级绕组）上的感生电动势；

　　　E_2——线圈 2（次级绕组）上的感生电动势；

　　　N_1——线圈 1（初级绕组）的匝数；

　　　N_2——线圈 2（次级绕组）的匝数。

（3）变压器

变压器是根据互感原理工作的电磁装置。变压器的结构示意图如图 3-39 所示。

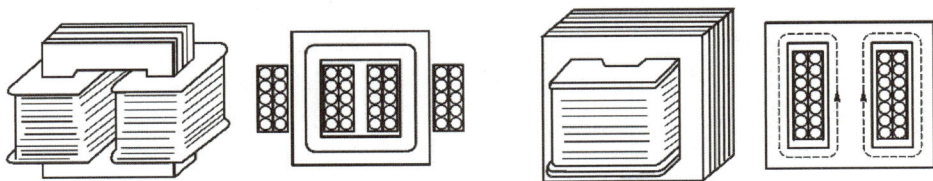

图 3-39　变压器的结构示意图

变压器由铁芯、绕组及其他附件组成。

铁芯：磁路的通道。用彼此绝缘的硅钢片叠成，目的是增加电阻，减小涡流和磁滞损耗。有心式和壳式两种结构形式。

一次绕组（原绕组）：与电源相连的线圈。

二次绕组（副绕组）：与负载相连的线圈。

其他附件包括：绝缘层、冷却设备、铁壳或铝壳（电磁屏蔽作用）。

变压器的电路符号如图 3-40 所示。

变压器是按电磁感应原理工作的，初级绕组接在交流电源上，在铁芯中产生交变磁通，从而在初级、次级绕组产生感应电动势，如图 3-41 所示。

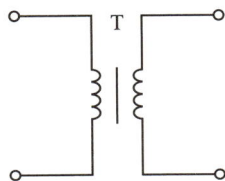

图 3-40　变压器的电路符号

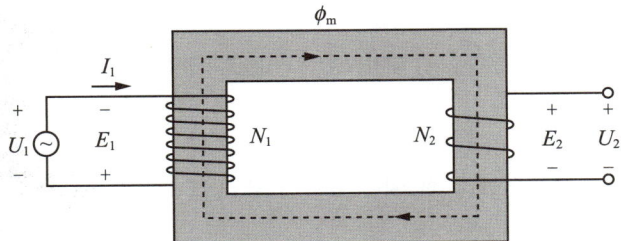

图 3-41　变压器

初级绕组接上交流电压，铁芯中产生的交变磁通同时通过初级、次级绕组，初级、次级绕组中交变的磁通可视为相同。设初级绕组匝数为 N_1，次级绕组匝数为 N_2，变压器初级、次级绕组的端电压之比等于匝数比。如果 $N_1<N_2$，$K<1$，电压上升，称为升压变压器；如果 $N_1>N_2$，$K>1$，电压下降，称为降压变压器。

例如，为减小线路上的损耗，从发电厂出来的电，要用升压变压器升压到几万伏（如

11 kV），到达目的地时，再用降压变压器降压（如降为 220 V）。

汽车点火线圈是一个升压变压器，初级线圈共有 300 多匝，次级线圈却有 20000 匝以上。在次级线圈中产生 10 kV 以上的互感电动势。这么高的电压加在火花塞电极两端，会引起火花塞极间跳火，点燃缸中的可燃混合气，使发动机工作。

根据能量守恒定律，变压器输出功率与从电网中获得功率相等，即 $P_1 = P_2$，得到

$$\frac{I_1}{I_2} = \frac{N_2}{N_1} = \frac{1}{K}$$

可见，变压器工作时初级、次级绕组的电流跟线圈的匝数成反比。高压线圈通过的电流小，用较细的导线绕制；低压线圈通过的电流大，用较粗的导线绕制。这是在外观上区别变压器高、低压绕组的方法。

电焊时，在焊条与焊件间所需电流很大（几十安至几百安），而电压很小（几伏）。电焊机就是一个变压器，它把高电压（如 220 V）变成低压。而在不改变功率的条件下，在输出端产生很大的电流。

常用的钳形电流表（电流夹钳）也是一种电流互感器。它是由一个电流表接成闭合回路的次级绕组和一个铁芯构成，其铁芯可开、可合。测量时，把待测电流的一根导线放入钳口中，电流表上可直接读出被测电流的大小。如果待测电流强度大于 10 A，用电流夹钳测量电流的优势非常突出：测量电流强度时无需断开电路。

四、电磁感应类部件在车辆上的应用

在车辆电气系统上线圈有多种用途，如用作点火线圈、用于继电器和电机内。在车辆电子系统上，线圈用于感应式传感器内，如曲轴和凸轮轴传感器。线圈也可以用于输送能量（变压器）或进行过滤（如分频器）。

1. 继电器

继电器通常依据电磁铁工作原理工作。在继电器内利用线圈的磁力切换开关。

我们在这里介绍两种继电器：直流电磁继电器和舌簧继电器。

（1）直流电磁继电器及舌簧继电器

直流电磁继电器一般由铁芯、线圈、衔铁、触点簧片等组成的。（见图 3-42）

舌簧继电器主要由线圈和舌簧管构成。它由一组或几组导磁簧片封装在有惰性气体的玻璃管中组成开关元件。（见图 3-43）线圈通电产生磁场，封结在玻璃管两端的舌簧片被磁化，管内两簧片的自由端相互吸引而闭合，使被控电路接通；线圈断电后，磁路中磁通消失，两舌簧片回弹分开，使被控电路切断。

1—电枢；2—滑块；3—工作触点；
4—电气接头；5—控制电压接头；
6—带有铁磁芯的线圈

图 3-42　直流电磁继电器结构

图 3-43　舌簧管结构示意图

（2）常见继电器引脚编号

为能够区分插头线脚上的连接点，继电器盖罩上带有总线端名称。（见图 3-44）

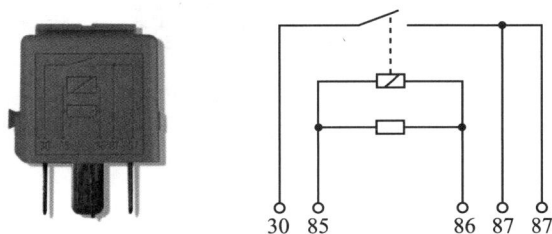

图 3-44　带有总线端名称的继电器

（3）继电器分类

继电器按照触点状态可分为以下几类。

工作时通过控制电流使负荷电路闭合的继电器称为常开继电器。（见图 3-45）

工作时通过控制电流使负荷电路断开的继电器称为常闭继电器。（见图 3-46）

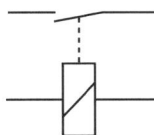

图 3-45　常开继电器

还有一种将两种继电器类型结合在一起的切换继电器，即工作时使一侧工作触点断开，另一侧工作触点闭合。（见图 3-47）

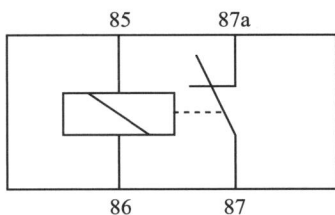

图 3-46　常闭继电器

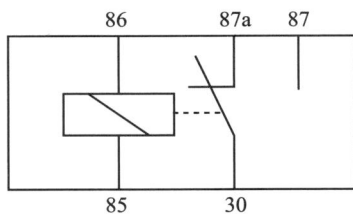

图 3-47　切换继电器

为了减小继电器线圈断电时产生的自感电动势，保护开关和电子元件，有些继电器线圈两端还并联电阻或续流二极管。（见图 3-48、图 3-49）

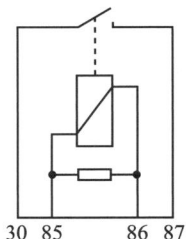

图 3-48　接有电阻器的继电器

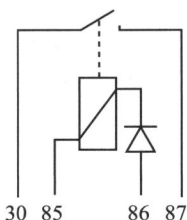

图 3-49　接有保护二极管的继电器

（4）继电器在汽车电路中的使用

在汽车中许多电路都使用继电器，例如，用于喇叭、前雾灯、散热器风扇、空调、雾灯、进气预热、燃油泵等的开关继电器，用于转向灯继电器、刮水/清洗间隔的时间继电器等。汽车电路中常用的继电器见图3-50。

图 3-50 汽车电路中常用的继电器

继电器主要用于：利用控制电路内较低的功率控制功率较高的电路；利用一个控制电路同时控制多个负荷电路；从电气角度将控制电路与待切换的电路分开。

例如，汽车上的喇叭消耗的电流过大，如果直接用喇叭按钮操纵，按钮很容易烧坏，为此采用喇叭继电器。如图3-51所示按钮控制继电器的线圈，继电器控制喇叭状态。

图 3-51 汽车喇叭控制电路继电器的典型电路

2. 螺线管

与继电器一样，螺线管可通过电流和电磁场产生机械运动。螺线管由一个绕着弹簧负载金属柱塞的线圈构成。

当电流通过绕组时，磁场就会吸引可动的活塞，从而克服弹簧阻力将其拉入线圈内。当电流停止时，磁场消失，活塞借助弹簧压力移出线圈。

螺线管通常用在有大电流通过的用电器中，如起动器（见图3-52）、喷油器和活性炭罐电磁阀。

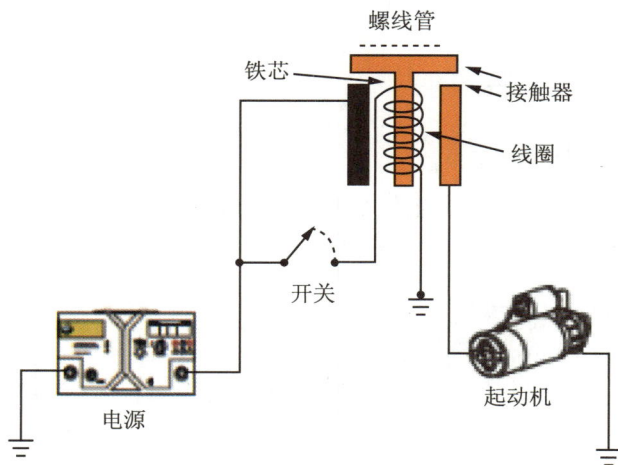

图 3-52 起动器螺线管电路

3. 扬声器

扬声器是一种将电信号转换为声音信号的电气机械部件，它应用通电导线在磁场中受到作用力这一原理制成。

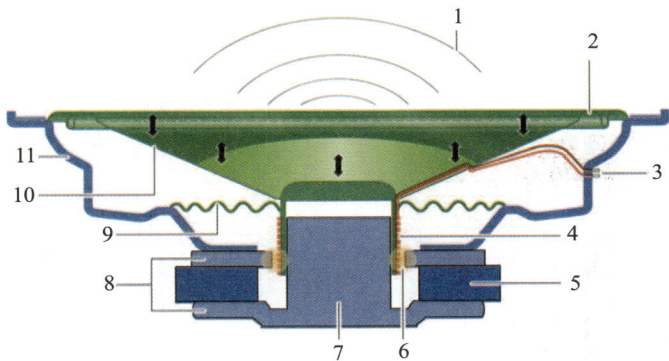

1—声波；2—翻边；3—电气接口；4—线圈（动圈）；5—永久磁铁；6—磁场；7—磁极铁芯；
8—极板（铁芯）；9—支承圈；10—振膜；11—壳体；蓝色—固定部件；绿色—移动部件

图 3-53　扬声器的结构

在图 3-53 中，我们看到线圈（动圈）位于永久磁铁的磁场内。

线圈位于固定在振膜上的线圈托架上。线圈和振膜主要在垂直于磁场的方向上来回移动。支撑圈和翻边负责使振膜返回静止位置和动圈定心。翻边还可防止正面和背面之间直接的空气交换。

交流电流过动圈时，电磁力（安培力）作用在振膜上使振膜上下振动。振膜振动形成声波。

汽车内所装扬声器根据频率范围、功率、结构形式进行分类。

由于一个扬声器无法将所有频率均匀地转化为可以听到的频谱，因此需安装根据频率范围优化过的扬声器。车内安装了各种不同的扬声器，按频率范围可分为低频扬声器、中频扬声器、高频扬声器。

4. 感应式脉冲传感器

顾名思义，感应式传感器根据感应原理工作。为此主要需要一个线圈（绕组）、一个磁场和"移动"。通过这种测量原理能够以非接触（因此也不产生磨损）方式测量角度、距离和速度。

下面以曲轴传感器为例介绍感应式脉冲传感器的功能。如图 3-54 所示它由一个永久磁体和一个带有软铁芯的感应线圈构成。飞轮上装有一个齿圈作为脉冲传感器（"移动"）。在感应式传感器与齿圈之间只有一个很小的间隙。经过线圈的磁流情况取决于传感器对面是间隙还是轮齿。轮齿将散乱的磁流集中起来，而间隙则会削弱磁流。飞轮及齿圈转动时，就会通过各个轮齿使磁场产生变化。

磁场变化时在线圈内产生感应电压，感应电压的曲线如图 3-55 所示。每个单位时间内的脉冲数量是衡量飞轮转速的标准。控制单元也可以通过已知的齿圈齿隙确定发动机的当前位置。

通常使用 60 齿距的脉冲信号轮，缺少一或两个轮齿的部位定为基准标记。

发动机转速是计算空燃混合气和进行点火调节的主要控制参数。现在用霍尔传感器取代感应式脉冲传感器作为曲轴传感器的情况越来越多。

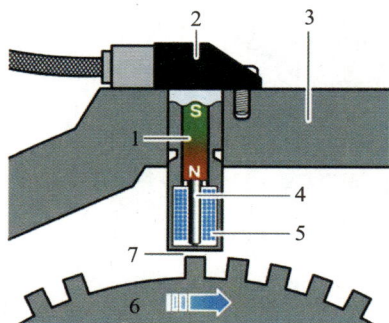

1—永久磁铁；2—曲轴传感器壳体；3—发动机壳体；
4—软铁芯；5—线圈；6—齿隙（基准标记）；7—气隙

图 3-54 曲轴传感器

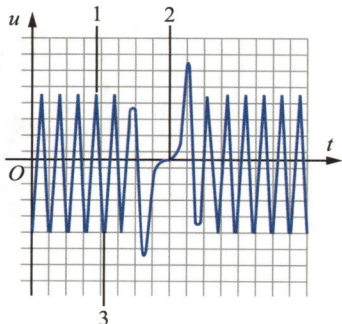

1—齿轮处电压；2—基准标记处电压；
3—齿隙处电压

图 3-55 感应电压的曲线图

5. 点火线圈

（1）点火线圈的结构

通常的点火线圈里面有两组线圈：初级线圈和次级线圈。初级线圈用较粗的漆包线，通常用 $0.5 \sim 1$ mm 的漆包线绕 $200 \sim 500$ 匝；次级线圈用较细的漆包线，通常用 0.1 mm 左右的漆包线绕 $15000 \sim 25000$ 匝。初级线圈一端与车上低压电源连接，另一端与开关装置（断电器）连接。次级线圈一端与初级线圈连接，另一端与高压线输出端连接输出高压电。点火线圈结构示意图见图 3-56。

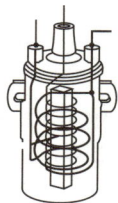

图 3-56 点火线圈结构示意图

点火线圈之所以能将车上低压电变成高电压，是由于有与普通变压器相同的形式，次级线圈比初级线圈的匝数大很多。但点火线圈工作方式却与普通变压器不一样，普通变压器接的是交流电，是连续工作的，而点火线圈接的是蓄电池的直流电，是断续工作的，它根据发动机不同的转速以不同的频率反复进行储能及放能。

（2）点火线圈的工作原理

点火线圈的工作原理包括电磁感应、互感和自感三种重要的磁场原理。以图 3-57 为例说明点火线圈的工作过程。

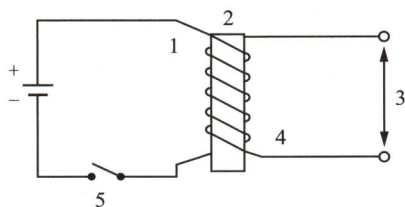

1—初级线圈(绕组数量少)；2—铁芯；3—在接通和断开过程中产生电压；
4—次级线圈(绕组数量多)；5—开关

图 3-57　点火线圈原理

当开关闭合初级线圈接通电源时，蓄电池的电流流过初级线圈，随着电流的增大四周产生一个很强的磁场，铁芯储存了磁场能。(电流的磁效应)

根据互感原理，由于铁芯中磁通发生变化，在次级线圈中也会感应出一个电动势。(互感原理)

当开关再次打开使初级线圈电路断开时，初级线圈的磁场迅速衰减，初级线圈自感应出一个几百伏的电压，次级线圈匝数是初级线圈的 150 倍左右，此时会感应出 1 万多伏的电压。初级线圈的磁场消失速度越快，电流断开瞬间的电流越大，两个线圈的匝数比越大，则次级线圈感应出来的电压越高。

这种连接方式还无法达到令人满意的结果。释放开关时，其接触点上就会出现因自感应产生的电弧放电。这种电弧放电会使磁场减弱的速度放慢，从而使得次级感应电压的强度不足以产生点火火花。

电容器与开关并联在电路中，电容器大大减少电弧放电，从而可以突然切断接触点上的电流，也使得磁场可以更迅速地减弱。电容器使磁场快速减弱可使次级线圈内产生足够高电压。带有电容器的点火线圈见图 3-58。

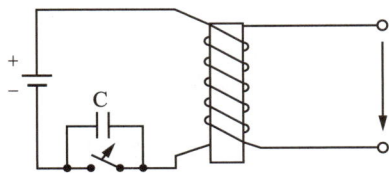

图 3-58　带有电容器的点火线圈

6. 电动机

电机是一种设备，通过这种设备可以将电能转换为机械能，也可以将机械能转换为电能，根据转换能量的不同，被称为电动机(将电能转换为机械能)或发电机(将机械能转换为电能)。电动机使用了磁极同性相斥异性相吸的原理。电动机可以根据电流进行分类，如直流电动机、交流电动机，也可根据工作原理分类，如同步电动机或异步电动机。

（1）直流电动机

直流电动机可将电能转化为动能。根据使用功能要求，车辆上安装了多个直流电动机，如发动机启动电机，用于滑动外翻式天窗、电动车窗、座椅、风窗刮水器的驱动电机。

直流电动机结构如图 3-59 所示。

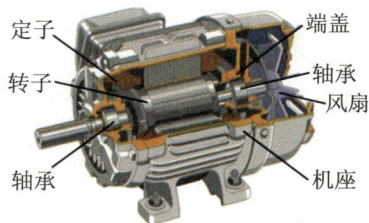

图 3-59　直流电动机结构示意图

这种电动机由一个固定部件"定子"和一个转动支撑部件"转子"（电枢）构成。大多数直流电动机采用内部转子结构。转子是内部部件，定子是外部部件。定子由电磁铁组成，在小型电机内由永久磁铁构成。转子也称为电枢。

电动机工作原理如图 3-60 所示。

如图 3-60 所示在磁场中的通电导体将受到电磁力的作用，根据电动机左手定则，上下两根导条所受电磁力的方向如图所示。在图中可以看出，N 极下的导条受力方向是朝向右，而 S 极下的导条受力方向是朝向左。这一对力形成一顺时针方向的转矩，使线圈旋转。这就是电动机的工作原理。

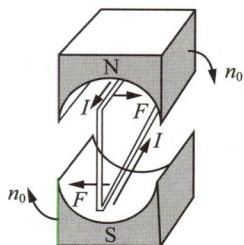

图 3-60　电动机工作原理图

这个作用力大小取决于线圈内的电流强度、磁场强度和线圈有效长度（线圈圈数）。

电动机工作过程如图 3-61 所示。

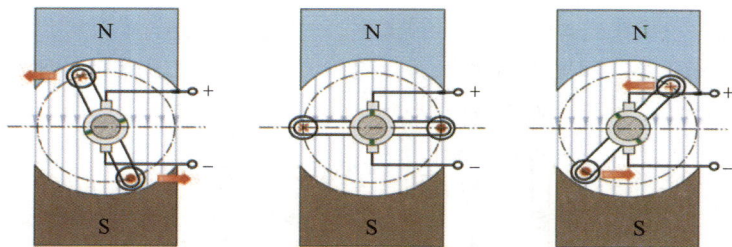

图 3-61　导体回线旋转

为了提高作用力的影响，使用带有铁芯的线圈代替载流导体。在图 3-60 中仅显示了一个线圈，以便于更好地进行描述。在线圈上施加电压时，线圈内流动的电流产生一个磁场（线圈磁场）。永久磁铁两极间的磁场和线圈磁场形成一个总磁场。根据线圈内的电流方向产生一个左旋或右旋力矩。线圈继续转动，直至线圈磁场方向与永久磁体两极间磁场方向相同。随后线圈停留在所谓的磁极磁场中性区域内。为了能够继续转动，必须改变线圈内的电流方向。在此通过与线圈起始端和线圈末端连接的电流换向器（集电环）实现电流方向的切换。每旋转 180°集电环切换电流方向一次，从而实现连续转动。

在技术应用中通过一个分段集电环和滑动触点（碳刷）为电枢输送电流。集电环由金属段组成，金属段与细条状绝缘材料（塑料、空气）一起构成间断的圆柱或圆形面。用于输送电流的两个碳刷通过弹簧压紧在集电环上。转子每转动一次通过电枢绕组的电流方向就会改变一次，同时那些通过电流流动而产生力矩的导体进入定子磁场内。电动机的转速取决于电压和转动方向。

直到现在，直流电动机中的主磁场仍可通过永久磁铁产生。但是在直流电动机中也可以通过电磁铁产生主磁场。励磁线圈电源不受电枢电路电源影响的电机被称为外部激励电动机。（见图 3-62）这种电动机的转速控制系统非常简单，因为可以分别对电枢电压和激励电压进行调节。

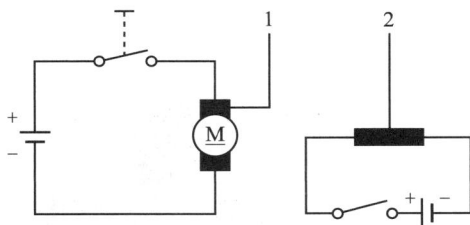

1—电枢绕组；2—励磁线圈

图 3-62　外部激励直流电动机

当励磁线圈和电枢电路相互连接时被称为自激励电动机。根据励磁线圈和电枢电路的连接方式可以分为串联式电动机和并联式电动机。

串联式电动机中的励磁线圈和电枢绕组以串联的形式连接。（见图 3-63）以交流电压为例，在每一个半波下励磁场和电枢电流的方向都会改变，因此电动机也可以在交流电压下使用。为了避免出现涡流，定子的铁芯必须由一个叠板制成。

串联式电动机的转速主要取决于其负荷的大小（串联特性曲线）。

因此，仅允许串联式电动机使用基本负荷，否则随着输出扭矩的下降其转速将会大幅升高。没有基本负荷可能导致转速的进一步升高，电动机会因为过大的离心力而损坏。

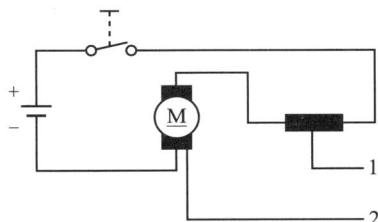

1—励磁线圈；2—电枢绕组

图 3-63　串联式电动机的电路图

串联式电动机的优点是起动扭矩较高，缺点是负荷扭矩主要取决于转速。转速升高时负荷扭矩则会降低。

并联式电动机（见图 3-64）的主要优点是"转速恒定性"，即负荷出现变化时转速基本保持不变。但它也有一定的局限性，当其内部电枢电压发生变化时，场激励则会保持不变。场效应采用的设计可以在发动机处于静止时（电枢电压为 0 V）使激励装置长时间保持接通状态。

（2）步进电动机

在汽车中步进电动机用于发动机的怠速控制、空

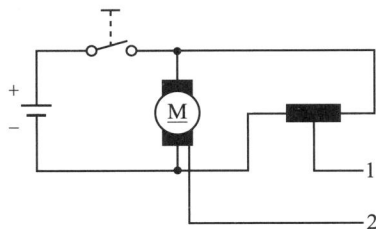

1—励磁线圈；2—电枢绕组

图 3-64　并联式电动机的电路图

调系统的风量控制等。

步进电动机与标准的直流电动机工作原理不同。当施加力时，直流电动机会自由转动，而步进电动机如其名称所示，它们一步一步转动或逐步提高转速。直流电动机需要提高转速来提升扭矩，而步进电动机则在最慢的转速情况下提供最高扭矩。步进电动机也能够保持扭矩，即克服外力影响的能力。

步进电动机通过磁场的相互作用（吸引和排斥）进行驱动。打开或关闭这些精心布置的线圈，可以驱动磁场转动，进而推拉转子周围的永磁体，转子可以驱动输出轴。步进电动机的结构原理见图 3-65。

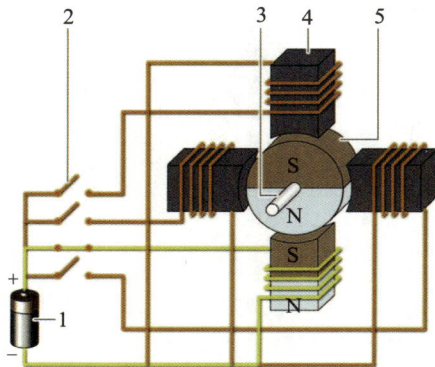

1—电压源；2—开关；3—步进电动机轴；4—电磁体；
5—转子（永磁体）

图 3-65　步进电动机的结构原理

在任何情况下都可以使用步进电动机成功地控制转动或进行定位。步进电动机能够进行简单的定位控制，可靠性和精确度极高。它们需要直流电源、控制开关和一个用于操作的控制脉冲（数字信息）。

根据步进电动机的类型，标准的步进角度在 $2°\sim15°$。

步进电动机轴所在的位置与定子磁极数量和转子磁极数量之间的关系一致。因为转子配有一个永磁体，因此相应地确定了磁极。定子总是由两个或多个极对构成，每一个磁极封闭在一个线圈内，电流流经线圈形成一个磁极。

可以通过改变磁体绕组中的电流方向来改变磁场的方向。连续改变定子线圈中电流的方向，可以使转子永磁体所在的磁场转动。转子的速度取决于定子线圈切换的速度。

在车辆中，定子电动机用于自动冷暖空调系统中，以便控制风门片（分层、脚舱、空气再循环和进气风门）。

（3）三相电动机

三相电动机是一种电动机械式转换器，可以作为电动机或发电机使用。作为电动机使用时可以通过三相电流产生旋转电磁场；作为发电机使用时则可以产生三相电流。三相电流是一种带有三个相位的交流电流（电流的主要导体）。三相电流的名称源自其产生方式。

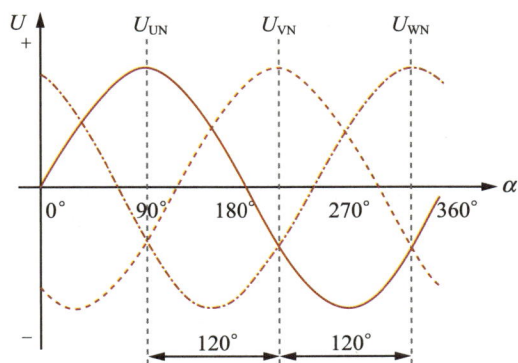

图 3-66　三个交流电压的曲线

从图 3-66 可以看出三个相位在时轴上都有对应的时间点，而且可以确定各个位置上的三个交流电压之和为零。

为了能够产生旋转磁场，需要三个针对其中心轴旋转 120°的线圈。通常这三个线圈被安装在三相交流电动机的定子上。(见图 3-67)通过这三个线圈提供相位差为 120°的交流电压。线圈以星形电路[见图 3-68（a）]或三角形电路[见图 3-68（b）]连接。三个内部有电流流动的绕组相之间的相位差为 120°。旋转磁场可以使三相交流电动机的结构更为简单。

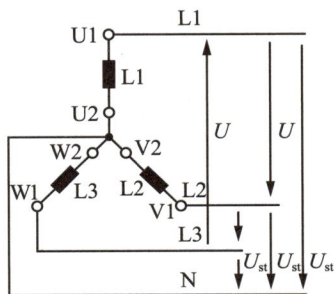

1—定子；2—绕组 U；3—绕组 V；
4—绕组 W；5—三相电流的相位

图 3-67　三相电动机定子的结构

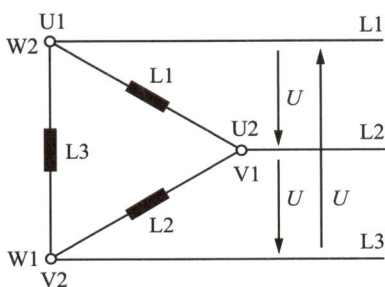

（a）星形电路　　　　（b）三角形电路

图 3-68　绕组相的星形和三角形电路

在星形电路中 U2、V2 和 W2 支路在星形交叉点 N 处相互连接在一起。每个支路的起始点 U1、V1 和 W1 与星形电路的外部导体连接。在三角形电路中每个线圈的支路起始点都与另一个线圈的支路相连。原则上将所有线圈依次连接。外部导体 L1、L2 和 L3 从连接部位与用电器相连。通过线圈的相互连接在布线时三个相位 L1、L2 和 L3 仅需三根导线。第二种类型的三相交流电机与采用了三支路三相电流绕组定子基本相同的结构，只是定子结构稍有不同。

可通过定子结构来区分同步电机和异步电机。

①三相同步电机。

三相同步电机是一种电动机械式转换器，可作为由三相电流驱动的电动机或产生三相电流的发电机使用。在发电站中同步电机主要作为可以产生电能的发电机使用。在车辆中同步电机也可作为发电机为电子用电器提供电能和为蓄电池充电。如今在中等功率范围内很少使用同步电机，但是这一现象即将改变，因为将会在混合动力车辆上大量使用同步电机。

通过永久磁铁（小型电机）或电磁铁（大型电机）在同步电机的转子中产生磁场。

同步电机通常采用内极电机的设计。此外还有另外一种型号的电机，这种电机的定子绕组安装在电机内部，而带有永久磁铁的转子则安装在电机外部。这种设计被称为带有外部转子的电机。

如果在定子的绕组上施加一个三相电流，就会产生相应的旋转磁场。转子的磁极随着该旋转磁场的方向进行相应的转动。这样就可以使转子转动。转子转动的速度与旋转磁场的转速相同。该转速也被称为同步转速，同步电机也因此得名。通过三相电流的频率和极点数量精确的规定了同步电机的转速。

为了能够对同步电机的转速进行无级调节，必须使用变频器。通过机械装置或利用变频器使同步电机在额定转速下运行并使其保持同步。

同步电机在混合车辆中已广泛使用。因为借助永久磁铁转子不必使用其他外部能量就可以产生磁场。因此这种电机具有非常高的功率密度和效率（大于90%）。

永磁同步电机的优点是惯量较小、维修费用低廉、转速不受负荷影响；缺点是磁铁材料的采购成本较高、调节成本较高、无法自动运行。

②三相异步电机。

三相异步电机可以作为电动机或发电机使用。异步电机的特点是不为转子直接提供电流，而是通过与定子旋转磁场的磁场感应产生转子磁场。因为转子使用了定子旋转磁场产生的感应电流，所以通常异步电机也被称为感应式电机。转子通常采用带有后端短路导体棒的圆形罐笼。

通过定子绕组的旋转磁场对定子导体回线内的磁流变化产生影响，这样就会和短路导体棒内的电流产生一个感应电压，该电流同样可以产生磁场。楞次定律指出，感应电流产生的磁场总是阻碍引起感应电流的原因。因此产生的扭矩可以使转子按照定子旋转磁场的方向进行转动。定子和转子旋转磁场之间的相对速度是引起感应的原因。转子的转速不允许达到定子旋转磁场的转速，否则会使导体回线内的磁流变化为零，从而无法产生感应电压。定子旋转磁场转速和转子转速之间的差被称为异步转速。异步转速的大小取决于负荷。定子旋转磁场和转子以不同的转速旋转，也就是说没有同步转动，因此这种电机被称为异步电机。异步电机的结构见图3-69。

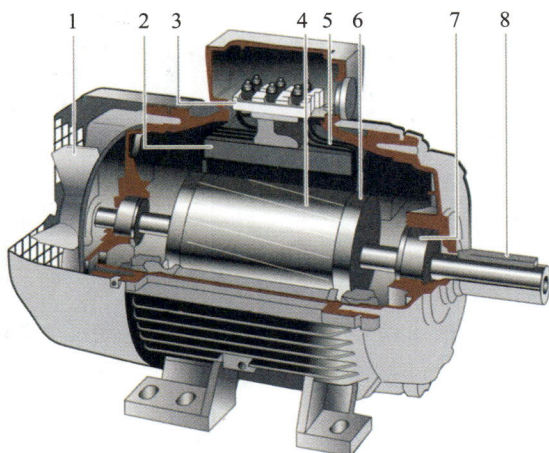

1—风扇；2—支架叠板；3—端子板（电源接口）；4—带有转子棒的转子叠板；
5—支架绕组；6—短路环；7—滚柱轴承；8—轴

图 3-69 异步电机的结构

异步电机与直流电机相比其优点是结构简单且坚固耐用。这里的主要优点是不再需要集电环和电刷。由于结构简单因此价格便宜且所需维护较少。

从电气角度来看，异步电机就像一个变压器。定子绕组为初级，短路的导体棒为次级。自调节电流取决于转速。

怠速运行时异步电机的替代电路图主要由 R_s 和 X_s 构成（见图 3-70），因此电机接收的几乎都是无功功率。只要转子没有转动，变压器的次级侧始终处于短路状态。因此需要提供一个较高的电流和一个较强的磁场。在该起动范围内电机的效率较差并且会产生很高的温度。只要电枢开始转动且已适应周围的旋转磁场，那么电流就会变小且效率也会得到提高。通过供电电子装置和可以提高或降低频率的变频器实现异步电机的转速控制。

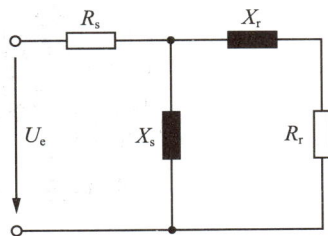

U_e—电源电压；R_s—定子绕组的欧姆电阻；X_s—定子绕组的感应电阻；X_r—转子的感应电阻；R_r—转子的欧姆电阻

图 3-70 异步电机的替代电路图

异步电机的优点是使用寿命较长；因为可以简便地安装和拆除电刷，所以维护费用较低；制造成本相对较低；可以自动运行；短时间内可以承受较强的过载；设计坚固。异步电机的缺点是与永磁同步电机相比，在高扭矩利用率方面的效率较低、未使用带有起动控制的变频器时起动扭矩较小。

7. 交流发电机

每辆车都配有自己的电源——交流发电机。

交流发电机的功能是：当发动机运转时，给车辆上的所有电负载提供电能，并对蓄电池充电。

　　交流发电机将机械能转化为电能。内燃机通过一个 V 形传动皮带来驱动交流发电机。它安装在一个固定的位置，使用皮带张紧轮和张紧轮来调节皮带张力。

　　交流发电机的功能原理（见图 4-71）与电动机的原理（见图 4-72）相反。电磁感应同样是交流发电机运行的基本要求。当电导体在磁场中移动时，电子脱离原子核束缚，产生定向移动。在持续转动过程中，每旋转 180° 电压就会改变方向（极性），从而产生了交流电压。但是车辆、电池和点火系统中的负载需要直流电压。因此，需要将交流电压转为直流电压。

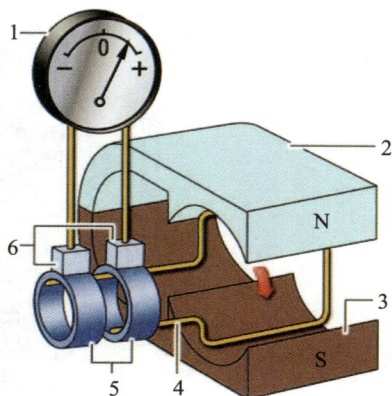

1—伏特计；2—北极；3—南极；4—导线环路；5—滑动环（集电环）；6—碳刷

图 4-71　交流发电机原理示意图

1—前外壳；2—转子；3—安装支架；4—盖板；5—调节器 6—后外壳；7—定子绕组；8—滑动环（集电环）；9—安装支架

图 3-72　三相交流电动机的结构

　　在定子中，三个线圈以"星形"布置。线圈的开端使用字母 U、V、W 标出，而星形点使用字母 N 标出。线圈的端子连接至整流电路。当发电机的转子（电磁体）转动时，在每一个定子线圈产生交流电压。线圈的这种布置确保生成的三个交流电压以 120° 相互补偿。（见图 3-73）

　　电池和电子系统不能储存或使用交流电动机产生的三相交流电压，必须将它矫正或转换为直流电压。由九个二极管形成的整流电路可以将交流电压转化为直流电压。发电机中的整流装置见图 3-74，整流波形见图 3-75。

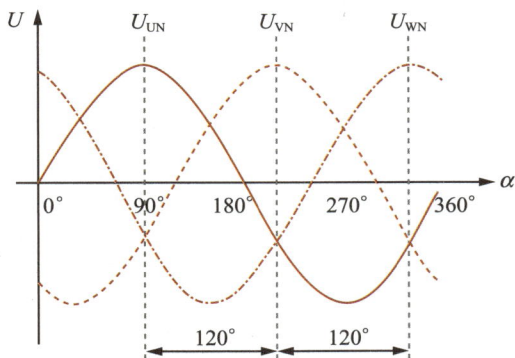

U_{UN}—线圈 U 和星形点 N 之间的电压；U_{VN}—线圈 V 和星形点 N 之间的
电压；U_{WN}—线圈 W 和星形点 N 之间的电压；a—转子的旋转角度

图 3-73　三相交流电动机输出交流电压

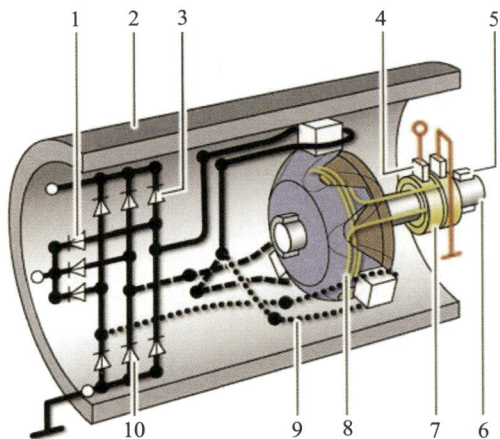

1—二极管三元组；2—外壳；3—正极二极管；4—碳
刷；5—轴承；6—轴；7—滑环（集电环）；8—转子；
9—定子线圈；10—负极二极管

图 3-74　发电机中的整流装置

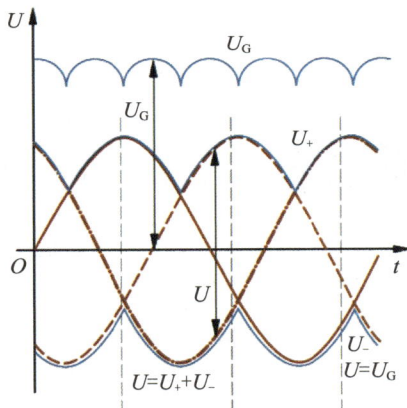

U_G—交流电动机直流电压；U_+—正包络
弧；U_-—负包络弧；U—瞬时电压

图 3-75　整流波形

二极管整流器电桥内的六个二极管用于实现三相交流电压校正。三个二极管偏向正极，三个偏向负极。正半波通过正极偏压二极管，负半波通过负级偏压二极管。

发电机内的整流器二极管不仅可以转换电流，而且也可以防止电池通过定子的三相绕组放电。电流只能从发电机流向电池。

发电机输出的直流电压的大小依赖于引擎速度。这表示电压在空转速度时较低，在全负载时较高。因此发电机内还安装了一个电压调节器来保持电压恒定。调节器持续对比系统电压和交流发电机电压。通过改变励磁电流的强度调节交流发电机电压。只要交流发电机的电压保持在 14 V，励磁电流的强度就不会改变。如果系统电压下降，转子中的励磁电流会增加，并且电压升高。如果交流发电机电压超出了系统电压，励磁电流就会被中断。

图 3-76 通常用于表示汽车上的交流发电机内部电路。

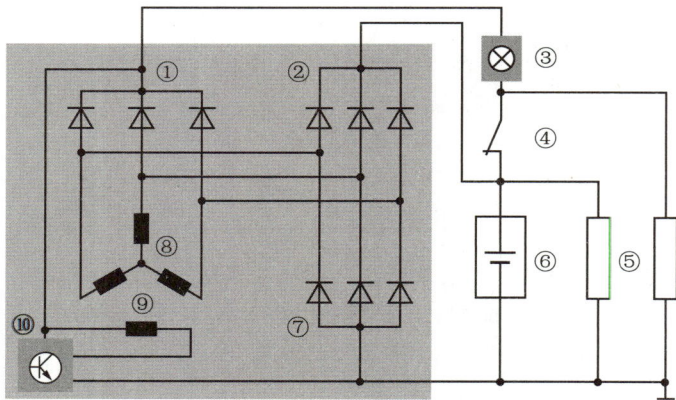

1—二极管三元组；2—正极二极管；3—充电指示灯；4—点火起动开关（端子 15）；5—电力负载；6—电池；7—负极二极管；8—定子线圈；9—励磁线圈；10—电压调节器

图 3-76　交流发电机的内部电路

Mission 4　二极管类元件的认知与测量

任务目标

1. 了解半导体材料的特性及具有这些特性的原因。
2. 知道二极管类元件在汽车上的用途。
3. 会通过测量判断二极管类元件的好坏。

必备知识

一、半导体及 PN 结

1. 半导体的概念

半导体，顾名思义，就是在常温下的导电能力介于导体和绝缘体之间，如硅、锗、硒以及大多数金属氧化物和硫化物。

2. 半导体的特点

很多半导体的导电能力受压力、温度和光照等影响十分显著，因此是理想的传感器材料。例如，钴、锰、镍等的氧化物材料对温度的反应特别灵敏，环境温度增高时，它们的导电能力会增强很多，利用这种特性就可以制成各种热敏电阻。又例如，镉、铅的硫化物及硒化物在受到光照时，它们的导电能力变得很好，当无光照时，又变得像绝缘体那样不导电，利用这种特性就可以做成各种光敏电阻。

半导体还有一个最显著、最突出的特性，即在纯净的半导体（如硅、锗等）中适当地掺入一定种类的物质后，其导电能力在一定条件下会成百万倍地增加。利用这一特性可制造各种不同用途的半导体器件，如二极管、三极管等。

半导体材料如何有如此悬殊的导电特性呢？根本原因在于半导体原子结构的特殊性。

3. 本征半导体

本征半导体是指完全纯净的，具有晶体结构的半导体物质。以硅为例，硅晶体内部是由单个硅原子构成的固态结构。如图 3-77 所示，硅原子的最外电子层都有 4 个电子，称为价电子。原子最外层的 4 个价电子都与相邻原子的价电子形成电子对。图 3-78 为硅晶体内部结构示意图，每个原子都以这种方式同相邻原子形成四对稳定的电子对，形成所谓的共价键结构，使原子的最外层具有八个电子而处于较为稳定的状态。一般条件下，纯净的硅晶体电阻很大，是一种不良导体。

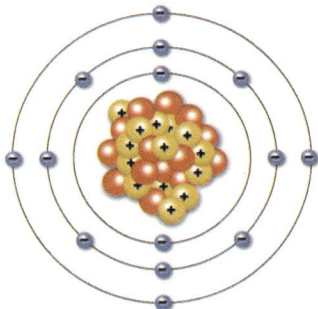

图 3-77　硅原子结构

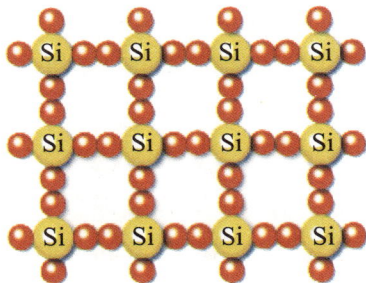

图 3-78　硅晶体内部结构示意图

固态状态时，纯净的半导体物质一般都具有这种晶体结构，所以半导体也称晶体。这就是晶体管名称的由来。

本征半导体导电能力会随外界条件的变化而发生变化，其原因是：本征半导体共价键中价电子受到的束缚不像绝缘体中价电子被束缚的那样牢固，在获得一定的能量（如温度增高、受光照）后，可以挣脱原子核的束缚，成为能够自由移动的电子，称为自由电子。外界影响因素越强烈，能自由移动的电子便越多，导电能力也随之增强。此外当电子挣脱共价键的束缚成为自由电子后，共价键中就留下一个空位，称为空穴。此时原子的电中性状态被破坏，对外显出带正电。

当半导体两端加上外电压时，半导体中将出现两部分电流：一部分是自由电子做定向运动所形成的电子电流，另一部分是仍被原子核束缚的价电子（注意不是自由电子）递补空穴所形成的空穴电流。在半导体中同时存在着电子导电和空穴导电，这是半导体导电的最大特点，也是半导体和金属导体在导电原理上的本质差别。

自由电子和空穴都称为载流子。

本征半导体中的自由电子和空穴总是成对出现，同时又不断地复合。在一定的温度下，载流子的产生和复合达到动态平衡，于是半导体中载流子维持在一定数目。当外界条件发生变化时，载流子的数目也随之发生变化，对应的导电能力也会随之发生变化。

4. P型半导体和N型半导体

通常通过有目的地加入更高或更低化合价的杂质可提高本征半导体的电导率。本征半导体晶格结合外部原子的过程称为"掺杂"。根据掺入杂质性质的不同，杂质半导体分为N型半导体和P型半导体两种。

（1）P型半导体

在本征半导体中掺入微量的硼、铝等元素后，因为掺杂原子的最外层只有三个价电子，所以在原子间形成共价键时会产生许多缺少电子的空穴，使本征半导体中的空穴浓度大大高于自由电子的浓度，这种靠空穴导电作为主要导电方式的半导体称为P型半导体。（见图4-79）

（2）N型半导体

在本征半导体中掺入微量磷、锑、砷等元素后，因为掺杂原子的最外层有五个价电子，所以在原子间形成共价键时会产生许多带负电的电子，使半导体中自由电子的浓度大大高于空穴浓度。这种靠电子导电作为主要导电方式的半导体称为N型半导体。（见图4-80）

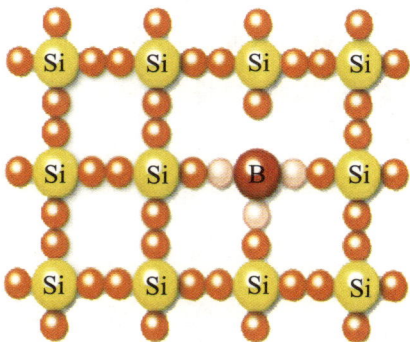

图 3-79　P型半导体内部结构示意图　　　　图 3-80　N型半导体内部结构示意图

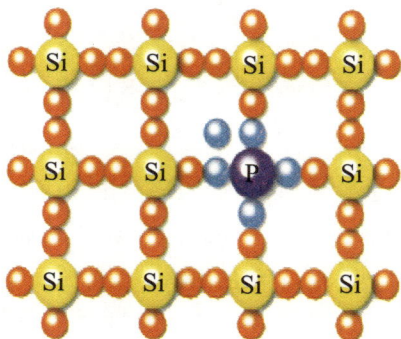

5. PN结的形成和特性

通过采用不同的掺杂方式，本征半导体材料可以形成两种不同的半导体。将P型半导体材料和N型半导体材料结合在一起时，两种材料之间就会形成一个边界层，称为PN结。

在环境热量的影响下，两个区域边界层上的电子由N型半导体移入P型半导体并填补那里的电子空穴。同时在N型半导体内留下电子空穴。这样就在P型与N型半导体之间的边界处形成了一个空间电荷区，宽度一般为 $0.5\ \mu m$ 左右。（见图 3-81）当电荷区的电场足以克服热振动施加的作用力时，电子转移结束。温度越高，空间电荷区越宽，电场越强。在空间电荷区产生一个电压，所产生扩散电势或电压的大小取决于所使用的半导体材料。20℃时，硅元素扩散电压为 $0.6\sim0.8\ V$，锗为 $0.2\sim0.4\ V$，砷化镓为 $1.5\sim1.7\ V$。

有外部电压时，已经形成边界层的 PN 结会产生什么效果呢？

当电源正极接 N 区、负极接 P 区时，称为给 PN 结加反向电压或反向偏置。N 掺杂半导体中多余的电子就会通过电源进入 P 掺杂半导体的电子空穴内。这样边界层就会扩大，且没有电流经过硅晶体。PN 结进一步加宽，在常温下，反向电流很小，当反向电流可以忽略时，就可认为 PN 结处于截止状态。（见图 3-82）

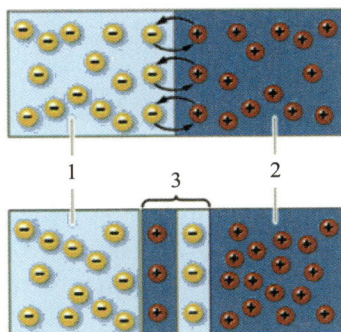

1—可移动电子；2—可移动空穴；
3—固定的离子

图 3-81　PN 结形成示意图

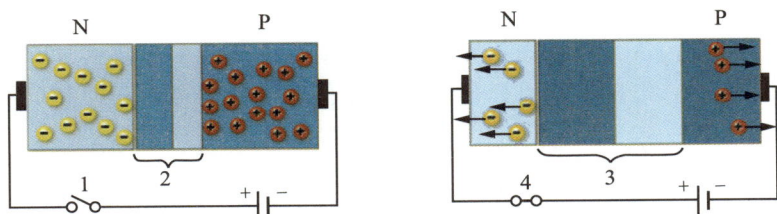

1—开关打开；2—较窄的空间电荷区；3—较宽的空间电荷区；4—开关闭合

图 3-82　PN 结加反向电压

相反，如果左侧连接电压电源负极，右侧连接正极，称为给 PN 结加正向电压或正向偏置。那么经过 N 掺杂边界层就会从电压电源获得大量电子，而 P 掺杂边界层的电子则被吸收，从而在 N 掺杂边界层内会出现更多的剩余电子，而右侧区域内则会出现更多的电子空穴。这样绝缘层就会完全消失并有电流流过，而且随着正向电压的增大而增大。（见图 3-83）

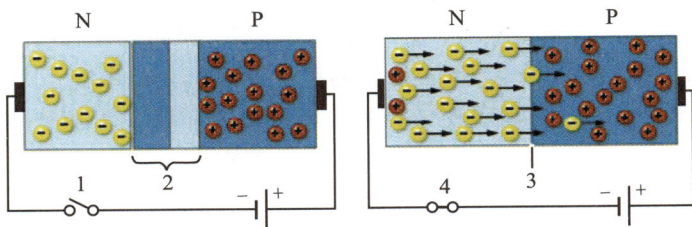

1—开关打开；2—较窄的空间电荷区；3—无空间电荷区；4—开关闭合

图 3-83　PN 结外加正向电压

综上所述，PN 结正偏时，正向电流较大，相当于 PN 结导通，反偏时，反向电流很小，相当于 PN 结截止。这就是 PN 结的单向导电性。利用 PN 的导电特性可以制作出二极管、三极管等各种性能的电子元件，这些就是电子电路的基础。

二、二极管

二极管基本概念

晶体二极管简称二极管，是一种常见的半导体器件。二极管就是将一个 PN 结构加以封装，从 P 区和 N 区各引出一个电极而形成的元件。从 P 区引出的电极称为阳极（又称正极），用符号 A 表示；从 N 区引出的电极称为阴极（又称负极），用符号 K 表示。

在电路图中使用图 3-84 所示的电路符号。电路符号中的箭头表示流通方向。

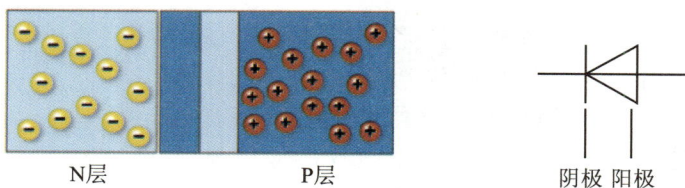

N层　　　　　　P层　　　　　　　阴极 阳极

图 3-84　二极管原理示意及符号

在车辆电子系统内，二极管用作整流器、去耦元件，用于抑制感应电压以及提供反极性保护。在车辆上，二极管既可以作为独立元件使用，也可以在控制单元中的集成电路内使用。

如图 3-85 列出了电子电路中几种不同外形的二极管。

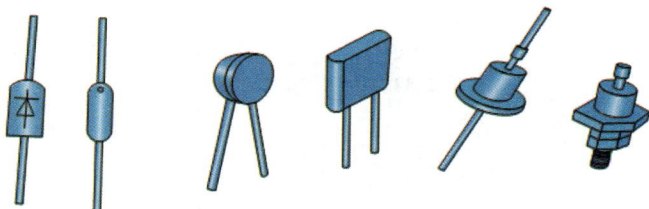

图 3-85　不同外形的二极管

二极管在电路中有何导电特性呢？

如图 3-86(a)所示，当开关 S 闭合后，指示灯 L 亮，说明二极管的电阻较小，导电性能良好，此时的状态称为导通。若将二极管的极性对调，其余不变，如图 3-86(b)所示，闭合开关 S 后，指示灯 L 不亮，说明二极管的电阻很大，导电性能极差，此时的状态称为截止。

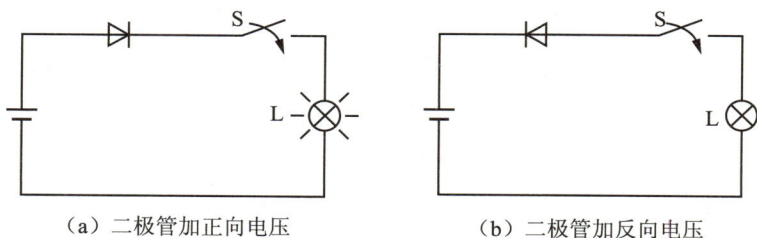

（a）二极管加正向电压　　　　　　（b）二极管加反向电压

图 3-86　二极管的导电性能实验

　　由此可知，二极管导通时，其正极电位高于负极电位，此时的外加电压称为正向电压，二极管处于正向偏置，简称正偏；二极管截止时，其正极电位低于负极电位，此时的外加电压称为反向电压，二极管处于反向偏置，简称反偏。

　　我们把二极管的这种加正向电压时导通加反向电压时截止的特性称为二极管的单向导电性。

2.　二极管的种类

　　二极管按用途不同可分为整流二极管、检波二极管、稳压二极管、开关二极管、阻尼二极管、变容二极管、发光二极管及光电（敏）二极管等。其分类、电路符号、特点及应用具体见表 3-4。

表 3-4　二极管的分类、电路符号、特点及应用

名　称	电路符号	特点及应用
整流二极管	A ▽ V ↓ K	主要用于整流电路，把交流电转变成脉动的直流电。整流二极管一般由硅材料制成，为面接触型，工作频率在 3 kHz 以下
稳压二极管	▽	利用二极管的反向击穿特性，即当二极管的反向电压达到某一数值时，反向电流会急剧增大使二极管反向击穿。此时，只要控制好电流，二极管不会损坏，端电压就会基本保持不变，从而实现稳压的功能
变容二极管	▽	多用硅或砷化镓材料制成，用陶瓷或环氧树脂封装。用于收录机、电视机等调谐电路中，以代替可变电容；在一定的范围内，反向电压越小，结电容越大
发光二极管	▽ ⚡	用磷砷化镓、镓铝砷等材料制成，用于电子设备指示装置，将电能转化为光能。根据不同的材料和制作工艺，发光颜色有红、绿、蓝三基色。人们常用发光二极管做成大型显示屏
光电（敏）二极管	▽ ⚡	反向接入电路中，当没有光照时，反向电阻很大，反向电流（暗电流）小；当有光照时，反向电阻变小，反向电流（亮电流）增大。光电二极管主要用于光控电路中

3.　二极管的型号

　　不同类型的二极管，国内外均采用规定型号的方法来区分。我国国产半导体器件型号采用国家标准 GB294—74 的规定，由五部分组成。

　　第一部分：用数字表示器件电极的数目。

　　第二部分：用汉语拼音字母表示器件材料和极性。

　　第三部分：用汉语拼音字母表示器件的类型。

第四部分：用数字表示器件序号。

第五部分：用汉语拼音字母表示规格号。

例如，2CW50 表示 N 型硅材料的稳压管，详见表 3-5。

表 3-5　二极管的型号

第一部分	第二部分	第三部分		第四部分	第五部分
2：二极管	A：N 型锗材料 B：P 型锗材料 C：N 型硅材料 D：P 型硅材料	P：普通管　Z：整流器　K：开关管 W：稳压管　L：整流堆　C：参量管 S：隧道管　V：微波管　E：化合物 N：阻尼管　U：光电管		序号	规格 （可缺）

4. 二极管特性及使用

为了记录二极管的特性曲线，必须施加一个可变的电压，改变电压并测量流过二极管的电流以及二极管上的电压降。图 3-87 为记录二极管特性曲线所需要的电路图。

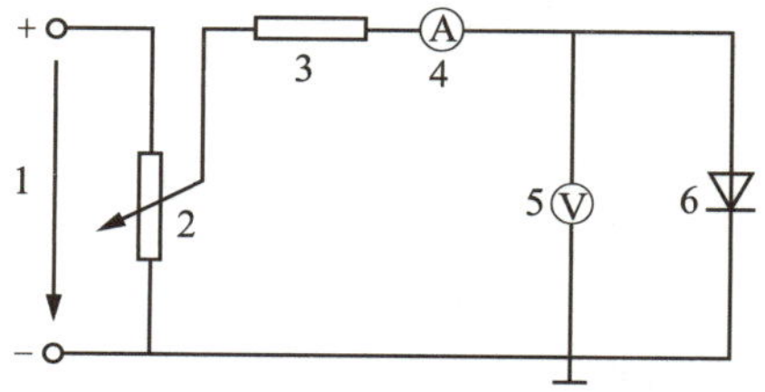

1—10 V 电源电压；2—10 kΩ 电位器；3—1 kΩ 电阻；4—电流表；5—电压表；6—待测的二极管

图 3-87　测试二极管特性曲线的电路图

增加电压时，正向电流（导通）也增加。但是，只有当外部电压达到能够克服内部扩散电压的电位时电流才开始流动。（见图 3-88）

为克服内部扩散电压所必须施加的外部电压称为阈值电压。硅的阈值电压为：0.6～0.8 V。

为证明反向特性曲线，交换二极管连接。从反向的特性曲线看出实际上几乎没有电流（几微安）流过。反向电流随温度的增加而增加。反方向的电压称为反向电压。它的电压范围在几百伏到几千伏。不得超出最高反向电压，否则二极管将呈导通状态，流过的电流会导致二极管损坏。

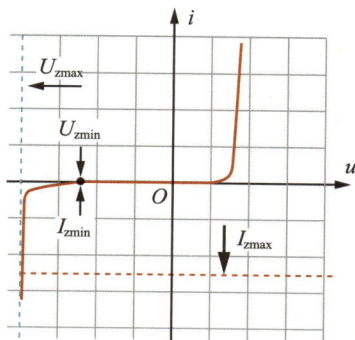

图 3-88　二极管特性曲线图

在使用二极管的过程中我们还要考虑以下因素。

（1）最大整流电流 I_{FM}

最大整流电流是指二极管长期运行时允许流过二极管的最大正向平均电流。它主要由 PN 结的结面积和散热条件决定。如果工作电流高于此电流值，二极管可能会因过热而损坏。

(2) 最高反向工作电压 U_{RM}

最高反向工作电压是指二极管长期运行时允许承受的最高反向电压。选用二极管时，二极管两端承受的反向电压不能超过此值。反向电压增大到一定值时，反向电流会突然剧增的现象称为反向击穿。

(3) 最大反向电流 I_{RM}

最大反向电流是指二极管上加最高反向工作电压时的反向电流值。反向电流越大，说明二极管的单向导电性能越差，并且受温度影响大。一般硅管的反向电流较小，在几微安以下，锗管的反向电流较大，是硅管的几十到几百倍。

(4) 最高工作频率 f_M

最高工作频率是指二极管正常工作时的最高电流频率。如果通过二极管的电流频率超过此值，二极管将不能起到其应有的作用。在一般电路中，对此参数没有要求，但在高频电路中，一定要选择能满足电路频率要求的二极管。

上述参数都与温度有关，所以只有在规定的散热条件下，保证在长期运行中各参数稳定，二极管才能正常工作。

5. 二极管检测

(1) 目测

通过识读二极管的型号，可知道二极管的材料类型、功能等。同时，由外观标识也可知道二极管的正、负极。如图 3-89 所示，有时会将二极管图形符号直接画在其外壳上；有时会在其外壳上标出色环(或色点)，其中有色环(或色点)的一端为二极管的负极；有时二极管两端的形状不同，则平头为正极，圆头为负极。

标出极性符号　　　　负极性符号　　　　平头为正极　圆头为负极

图 3-89 二极管的极性

(2) 万用表检测

对于标识不清的二极管，可以用万用表的欧姆挡来判别其材料类型和管脚极性，同时也可粗略检测其质量优劣。

数字式万用表设置了专门的二极管挡。利用该挡功能可测二极管的极性和正向压降。检测方法是：将红、黑表笔分别接二极管的两个引脚，若出现溢出，则二极管呈反向特性；交换表笔后再测时应出现三位数字，此数字是以小数形式表示的二极管正向压降，由此可判断二极管的极性和材料类型。显示正向压降时，红表笔所接管脚为二极管的正极。

根据正向压降的大小可区分硅材料与锗材料，硅管导通压降为 0.7 V 左右，锗管为 0.3 V 左右。

数字式万用表内电源的正极与"＋"插孔连通，内电源的负极与"－"插孔连通。

三、二极管在汽车电路中的应用

1. 整流二极管

在汽车发电机中，利用二极管组成的整流板将交流发电机发出的三相交流电整流为直流电。为了适应汽车发电机的需要，专门制作了用于汽车的整流二极管，它们分为正极管和负极管。汽车用整流二极管安装示意图见图 3-90。

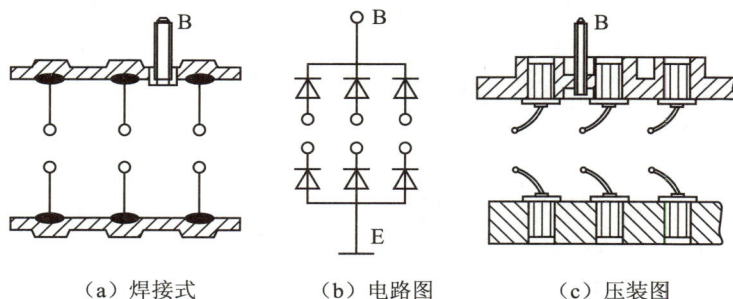

（a）焊接式   （b）电路图   （c）压装图

图 3-90　汽车用整流二极管安装示意图

图 3-91(a)所示电路是汽车用六管的交流发电机。其中六个硅二极管组成整流器，利用二极管的单向导电性将交流发电机产生的交流电压转变成如图 3-91(b)所示的直流电压。

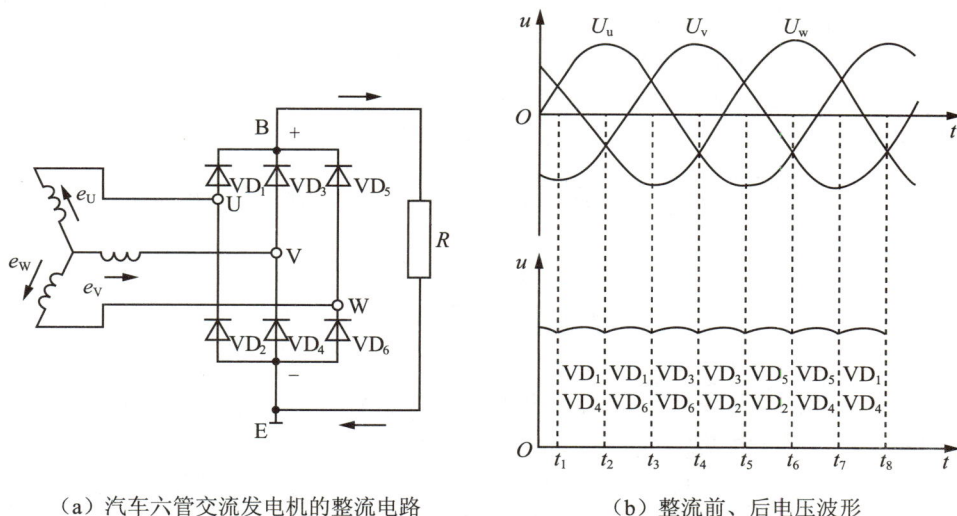

（a）汽车六管交流发电机的整流电路   （b）整流前、后电压波形

图 3-91　汽车六管交流发电机

在某一瞬间，正极二极管（VD_1/VD_3/VD_5）上哪一个二极管的电压（U/V/W）最高，那一个正极管子就获得正向电压而导通。负极管（VD_2/VD_4/VD_6）上哪一项的电压（U/V/W）最低，那一项的负极管子就获得正向电压而导通。

实际上，在汽车交流发电机中选用的二极管，其允许的反向电压要高得多，可以承受电路中各种瞬时过电压对二极管的冲击。

2.　发光二极管

发光二极管(LED)是采用砷、镓、磷合成的二极管，内部基本单元仍是一个 PN 结。当外加正向电压时，向外发光，其亮度随着流过的电流的增大而提高，发光的颜色和构成 PN 结的材料有关，通常有红、黄、绿、蓝和紫等颜色，还有发出不可见的红外线的发光二极管。

一个 LED 的 N 层掺杂较多时，P 层的掺杂只能较少。这样二极管接入流通方向时，电流几乎只通过电子运载。P 层内出现空穴与电子结合(复合)的情况时，释放出能量。根据具体半导体材料，这种能量以可见光或红外辐射形式释放出来。由于 P 层非常薄，因此可能有光线溢出。(见图 3-92)

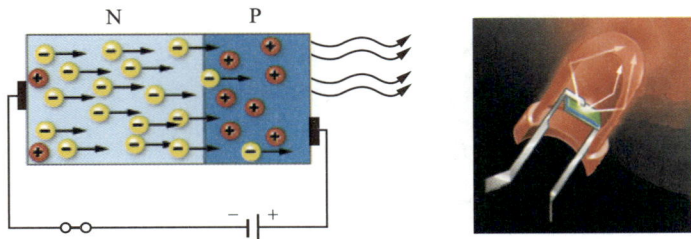

图 3-92　发光二极管

汽车中发光二极管一般用在仪表照明上，现在有很多车后尾灯、刹车灯、转向灯、日间行车灯等都使用了发光二极管，其特点是耗电量低且使用寿命长。(见图 3-93)

LED 相对于白炽灯泡的优势在于：使用寿命很长(大约是白炽灯泡的 100 倍)，不会突然发生故障，响应时间更快。与标准的硅二极管相比，LED 有一个更高的开启电压，1.2 V 对应红光，2.4 V 对应黄光。

在使用中注意，LED 必须始终与一个串联电阻连接在一起，以便限制经过发光二极管的电流。

图 3-93　发光二极管在汽车中用作指示灯

3.　续流二极管

续流二极管并联在线圈的两端，线圈在通过电流时，会在其两端产生感应电动势。当电流消失时，其感应电动势会对电路中的元件产生反向电压。当反向电压高于元件的反向击穿电压时，会损坏元件。续流二极管并联在线圈两端，当流过线圈中的电流消失时，线圈产生的感应电动势通过二极管和线圈构成的回路做功而消耗掉，从而保护了电路中的其他元件的安全。

在图 3-94 中，VD 就是续流二极管。

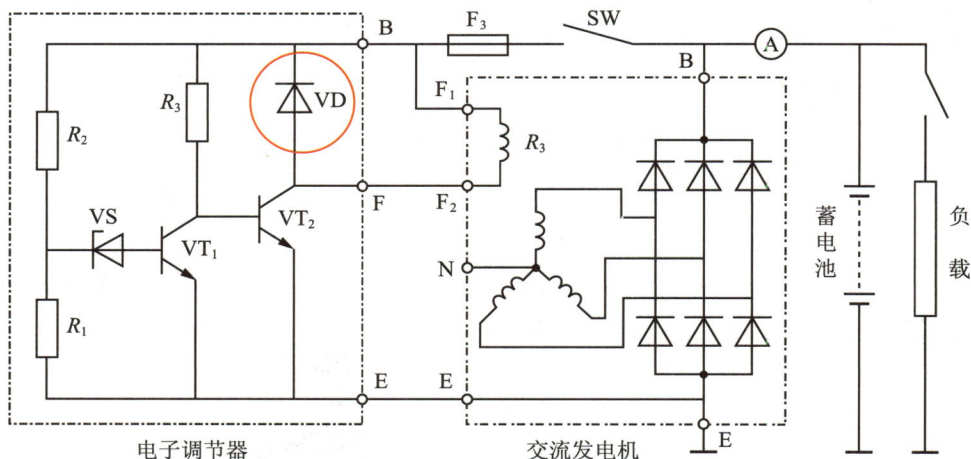

图 3-94　电压调节器的开关保护电路

4　光电二极管

光电二极管和普通二极管一样，也是由一个 PN 结组成的半导体器件，不同之处是在光电二极管的外壳上有一个透明的窗口以接收光线照射，实现光电转换，也具有单方向导电特性。

利用光电二极管制成光电传感器，可以把非电信号转变为电信号，以便于控制其他电子器件。汽车上的许多传感器就是利用光电二极管制成的。

用于汽车自动空调系统的日照强度传感器就是一个光电二极管。日照强度传感器可以把太阳的照射情况转换成电流的变化，车辆中的自动空调控制模块对这种变化进行检测，来调节排风量和排风口温度。

光电二极管作为光传感器还被应用于汽车灯光自动控制器中，用来检测汽车周围亮暗程度，从而实现自动打开和关闭车辆近光灯。

在车身电子应用中，环境光传感器用于调节仪表盘的背光强度以及导航系统（GPS）、温度控制及 DVD 屏幕中的液晶显示器背光强度。例如，当日光变得昏暗时，仪表盘背光将进行不同程度地调节，以达到最佳可见度。

常用硅材料光电二极管的测量方法：采用数字式万用表，可用二极管挡测正向压降约为 0.6 V（红表笔接正极，黑表笔接负极）；若黑表笔接正极，红表笔接负极，完全黑暗时，显示 1，在光照下，它的阻值随光线强度增加而减小。

5．稳压二极管

稳压二极管（Z 二极管）是一种经过特殊工艺制造成的二极管，它与电阻配合使用，具有稳定电压的功能。如果反向电压超过一个特定的电压 U_z，二极管就会反向击穿，普通二极管会烧毁，但是经过特殊工艺制造的稳压二极管不会损坏。稳压二极管在车辆电子系统中用于稳压和限制电压峰值。稳压二极管的特性见图 3-95。

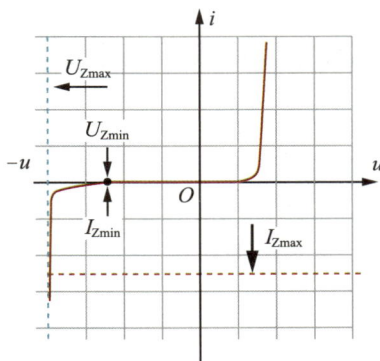

U_Z—齐纳电压；I_{Zmin}—最小齐纳电流；I_{Zmax}—最大齐纳电流

图 3-95　稳压二极管的特性

机动车电子系统中使用 Z 二极管可以稳定直流电压。图 3-96 是一个 Z 二极管电路，它能够在输入电压于 12～15 V 摆动时，使输出稳定在 5.1 V。

此电路表示 Z 二极管工作于反向（反向偏置）。串联电阻 R_V 起限流作用。只要输入电压达不到 Z 电压（$U_Z=5.1$ V），就没有电流流过。如果输入电压 U_E 为 12～15 V，Z 二极管开始导通。在输出处输出恒定的

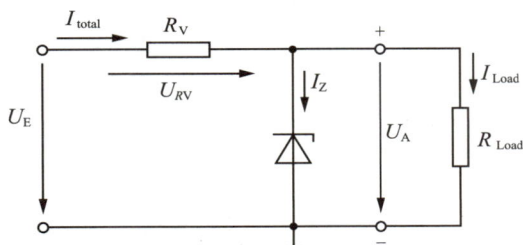

图 3-96　使用 Z 二极管稳定电压的原理

5.1 V 电压，其余的电压降在串联电阻 R_V 上。输出电压 $U_A=U_Z$ 永远保持不变，因为随着 U_E 的增加，电流 I_Z 也增加，因此增加了在 R_V 上的电压降。另一方面，如果输入电压 U_E 降低，I_Z 也降低，因此降低了在 R_V 上的电压降。但是，此电路只能稳定比输入电压 U_E 低的电压。

切换电流时由于线路电感会产生干扰电压峰值，即短时出现的高电压。必须滤掉这些电压峰值，因为在控制单元中可能会对它们进一步处理，这些电压也可能造成元件损坏。使用 Z 二极管抑制干扰电压的电路见图 3-97。

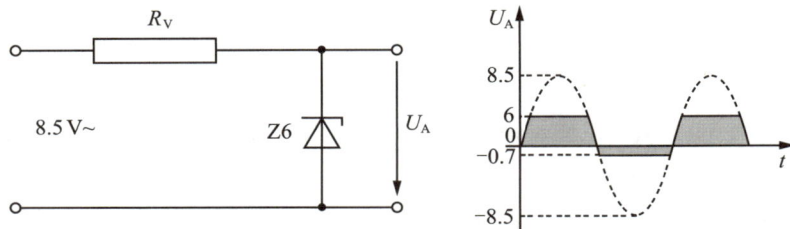

图 3-97　使用 Z 二极管抑制干扰电压

在图 3-97 中，稳压二极管 Z6 在 6 V 的击穿电压处限制正向电压峰值。因为稳压二极管正向偏置，即在流动方向导通，所以负向干扰电压被限制在 0.7 V。

MISSION 任务 5　三极管类元件的使用与测量

任务目标

1. 知道三极管类元件在汽车上的用途。
2. 会通过测量判断三极管元件的好坏。

必备知识

一、晶体管的基本概念

半导体晶体管简称晶体管，它是在一块本征半导体中按特定方式进行掺杂，构成三个杂质区、两个 PN 结，从每个杂质区各引出一个电极，然后封装而成的。它是最重要的电子器件，具有放大作用和开关作用。

晶体管分为 NPN 和 PNP 两个基本类型，基区为 P 型半导体的称为 NPN 型晶体管，基区为 N 型半导体的称为 PNP 型晶体管，它们的结构示意图和电路中的符号如图 3-98 所示。晶体管的文字符号用 V 表示。符号中箭头方向为发射极电流的方向。

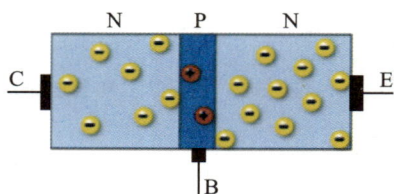

（a）NPN型管结构示意图　　　　　（b）NPN型管的电路符号

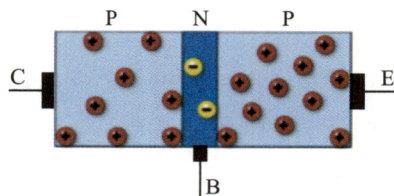

（c）PNP型管结构示意图　　　　　（d）PNP型管的电路符号

图 3-98　晶体管的结构和符号

晶体管由两个 PN 结构成，相当于两只二极管，但是，如果简单地将两只二极管加以连接，并不具备晶体管的特性。这是由于晶体管的掺杂工艺要求很独特：发射区掺杂浓度最高，基区掺杂浓度最低且做得很薄，集电区体积最大（或集电结面积最大）且掺杂浓度低。

　　下面以一个 NPN 晶体管为例介绍其工作原理。PNP 晶体管的工作原理相同，但电流流动方向相反。

　　图 3-99 是一个晶体管及其三个接头（发射极、基极和集电极）的工作原理图。

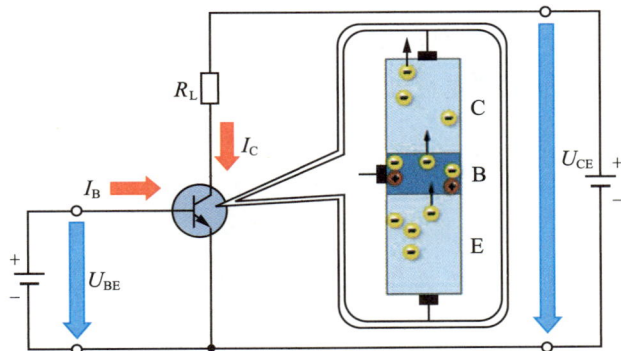

U_{BE}—基极与发射极之间的电压；I_B—基极电流；R_L—负载电阻；I_C—集电极电流；U_{CE}—集电极与发射极之间的电压

图 3-99　发射极电路中的晶体管工作原理

　　发射极内有很多电子，基极内只有少量空穴（缺陷处）。在正电压 U_{BE} 的作用下，负电荷电子进入基极层，电子在那里与空穴结合。基极至发射极电压电源重新以很小的电流形式提供正电荷空穴。

　　在集电极与发射极之间施加一个很小的电压时，基极空间内的剩余电子就会受到正集电极电压的影响。集电极至基极的阻隔层消失，集电极电流 I_C 流过。

二、晶体管的类型

　　晶体管的类型非常多，从晶体管手册可以查找到晶体管的型号、主要用途、主要参数和器件外形等，这些技术资料是正确使用晶体管的依据。

　　不同类型的晶体管，国内外均采用规定型号的方法来区分。我国国产半导体器件型号采用国家标准 GB294—74 的规定，如 3AX3 表示 PNP 型锗材料、低频小功率晶体三极管；3DG6B 表示 NPN 型硅材料、高频小功率晶体三极管。晶体管的型号表示见表 3-6。

表 3-6　晶体管的型号

第一部分	第二部分	第三部分		第四部分	第五部分
3：三极管	A：PNP 型锗材料 B：NPN 型锗材料 C：PNP 型硅材料 D：NPN 型硅材料 E：化合物材料	X：低频小功率管 D：低频大功率管 K：开关管 T：闸流管 U：光电管	G：高频小功率管 A：高频大功率管 J：结型场效应管 O：MOS 场效应管	序号	规格 （可缺）

三、晶体管在电路中的用途

1. 电流放大作用

图 3-100 为研究 NPN 型晶体管的实验电路。通过改变电位器 R_P 来改变基极电流 I_B 的大小，从而测得与之对应的集电极电流 I_C 和发射极电流 I_E，并将数据记录在表 3-7 中。

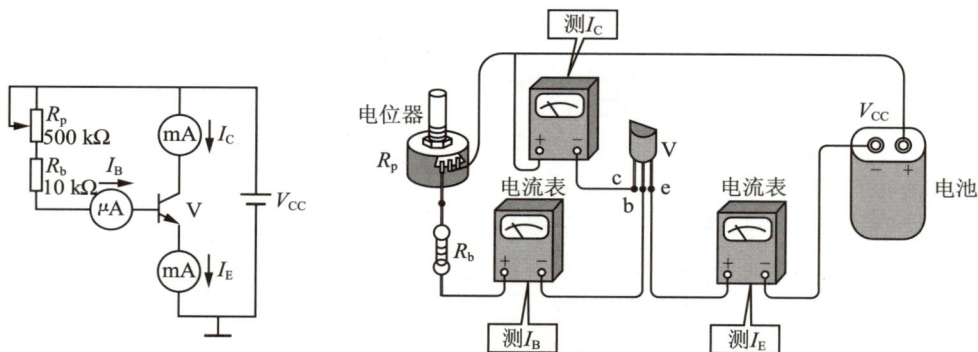

图 3-100　晶体管三个电流的测试电路

表 3-7　三极管各极电流测试记录

实验序号	1	2	3	4	5	6	7	8	9	10
I_B/mA	0	0.01	0.02	0.03	0.04	0.05	0.06	0.08	0.10	0.12
I_C/mA	0.01	0.71	1.52	2.40	3.20	4.00	4.78	5.82	5.85	5.85
I_E/mA	0.01	0.72	1.54	2.43	3.24	4.05	4.84	5.90	5.95	5.97

从表 3-7 中的数据可以看出，晶体管内的电流分配关系满足发射极电流等于基极电流与集电极电流之和，即 $I_E = I_C + I_B$。

比较第 2~第 8 组数据，可以发现，基极电流 I_B 增大时，集电极电流 I_C 也增大，I_C 和 I_B 之间有一个比值的关系；基极电流有微小的变化量时，就能引起集电极电流的较大变化，这就是晶体管的电流放大作用。

但是，晶体管的电流放大作用不是真正地把微小电流放大了，而是以基极电流微小的变化去控制集电极电流的较大变化。

晶体管处于放大状态的条件是发射结正向偏置、集电结反向偏置。

2. 开关作用

从表格 3-7 中第 1 组数据可以看出晶体管三个电极电流几乎为零，此时晶体管处于截止状态，相当于开关断开。晶体管处于截止状态的条件是发射结和集电结反偏。

从表格 3-7 中看出电流的放大作用是有一定范围的，比较第 9 组和第 10 组数据可以看出，此时基极电流虽然增大了，但是集电极电流没有变化，晶体管失去了电流的放大作用。此时晶体管处于饱和状态，电流很大，相当于开关闭合。晶体管处于饱和状态的条件是发射结和集电结均正向偏置。图 3-101（a）（b）给出了晶体管截止与饱和状态下的等效电路。

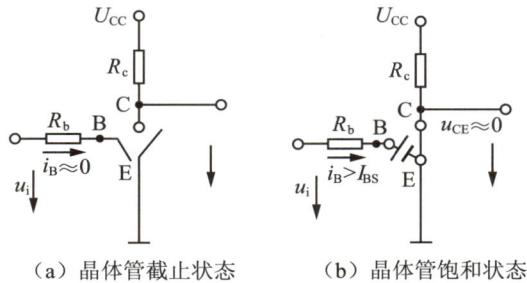

（a）晶体管截止状态　　（b）晶体管饱和状态

图 3-101　晶体管截止与饱和状态下的等效电路

晶体管被作为开关元件工作在饱和与截止两种状态，相当于一个由基极信号控制的无触点开关，其作用对应于触点开关的"闭合"与"断开"。

一般在车辆电气或电子系统中，用电器通过机械或电子开关控制打开和关闭。晶体管适合接通较小的电流，所以车辆电气或电子系统很多机械开关已由晶体管取代，因为晶体管响应速度快、没有噪声且不会造成机械磨损。

从以上的分析可知，晶体管工作于放大状态时，具有电流放大作用；工作于截止和饱和状态时，相当于一个由基极电流控制的无触点的开关，具有开关作用（饱和时 C、E 间相当于开关闭合，截止时 C、E 间相当于开关断开）。晶体管的工作状态可以根据各极电位的高低来判定，具体见表 3-8。

表 3-8　晶体管的工作状态与各极电位高低的关系

工作状态	NPN 型	PNP 型
放大	$V_C > V_B > V_E$	$V_C < V_B < V_E$
截止	$V_C > V_B$，$V_B \leqslant V_E$	$V_C < V_B$，$V_B \geqslant V_E$
饱和	$V_C < V_B$，$V_B > V_E$	$V_C > V_B$，$V_B < V_E$

四、晶体管的使用注意事项

1. 极限参数

极限参数是指为使晶体管安全工作，对它的电压、电流和功率损耗的限制。

（1）集电极最大允许电流 I_{CM}

当集电极电流 I_C 增大到一定程度时，β 值便会明显下降，此时晶体管不至于烧坏，但已不宜使用。因此，规定 I_C 值下降到额定值的 2/3 时所对应的集电极电流为集电极最大电流 I_{CM}。

（2）集电极最大允许耗散功率 P_{CM}

集电极上耗散的功率为集电极电流 I_C 和集电极电压 U_{CE} 的乘积。在使用晶体管时，除实际功耗不允许超过 P_{CM} 外，还应留有较大的余量，耗散功率会引起晶体管发热，使结温升高。如果集电极的耗散功率过大，将会使集电结的温度超过允许值而被烧坏。为了提高 P_{CM} 的数值，大功率晶体管都要求加装散热片。

（3）集－射极反向击穿电压 U_{CEO}

晶体管基极开路时，加在集电极 C 和发射极 E 之间的实际电压超过最大允许电压时，会导致晶体管击穿而损坏。

2. 放大系数 β

在实际应用中，β 一般为 $20\sim200$。

3. 穿透电流 I_{CEO}

穿透电流的数值越小，晶体管的热稳定性越好。通常硅管的 I_{CEO} 比锗管的 I_{CEO} 要小得多，所以硅管的热稳定性比锗管好。

五、晶体管的识别

1. 管脚及管型的判别

不同的晶体管有不同的封装外形，其管脚排列也是有一定的规律。图 3-102 是几种典型的晶体管管脚排列情况示意图。不同种类、不同型号、不同功能的晶体管，其引脚排列位置也不同。

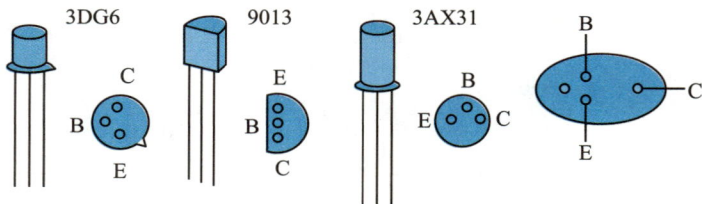

图 3-102　典型的晶体管管脚排列

2. 从晶体管的型号命名上识别其材料与极性

国产晶体管型号命名的第二部分用英文字母 A～D 表示晶体管的材料和极性。其中，"A"代表锗材料 PNP 型管，"B"代表锗材料 NPN 型管，"C"代表硅材料 PNP 型管，"D"代表硅材料 NPN 型管。欧洲产晶体管型号命名的第一部分用字母"A"和"B"表示晶体管的材料（不表示 NPN 型或 PNP 型极性）。其中，"A"表示锗材料，"B"表示硅材料。可以通过查阅半导体器件手册查出晶体管的类别、型号及主要参数。

3. 用数字万用表判别

（1）基极的判定

将数字万用表的一支表笔接在晶体管的假定基极上，另一只表笔分别接触另外两个电极，如果两次测量在液晶屏上显示的数字均为 0.1～0.7 V，则说明晶体管的两个 PN 结处于正向导通，此时假定的基极即为晶体管的基极，另外两电极分别为集电极和发射极；如果只有一次显示 0.1～0.7 V 或一次都没有显示，则应重新假定基极并再次测量，直到测出基极为止。

（2）晶体管类型、材料的判定

基极确定后，红笔接基极的为 NPN 型晶体管，黑笔接基极的为 PNP 型晶体管；PN 结正向导通时的结压降在 0.1～0.3 V 的为锗材料晶体管，结压降在 0.5～0.7 V 的为硅材料晶体管。

（3）集电极和发射极的判定

有以下两种方法判定集电极和发射极。

一种是用二极管挡进行测量，由于晶体管的发射区掺杂浓度高于集电区，所以在给发射结和集电结施加正向电压时 PN 结压降不一样，其中发射结的结压降略高于集电结的结压降，由此判定发射极和集电极。

另一种方法是使用 hFE 挡来进行判断。在确定了晶体管的基极和管型后，将晶体管的基极按照基极的位置和管型插入测量孔中，其他两个引脚插入余下的三个测量孔中的任意两个，观察显示屏上数据的大小，找出晶体管的集电极和发射极，交换位置后再测量一下，观察显示屏数值的大小，对比观察，以所测的数值最大的一次为准，就是晶体管的电流放大系数，相对应插孔的电极即是晶体管的集电极和发射极。

（4）质量的判定

正常：在正向测量两个 PN 结时具有正常的正向导通压降 0.1～0.7 V，反向测量时两个 PN 结截止，显示屏上显示溢出符号"1"。集电极和发射极之间测量时，显示溢出符号"1"。

击穿：常见故障为集电结或发射结以及集电极和发射极之间击穿，在测量时蜂鸣挡会发出蜂鸣声，同时显示屏上显示的数据接近于零。

开路：常见的故障为发射结或集电结开路，在正向测量时显示屏上会显示为 1 的溢出符号。

漏电：常见的故障为发射结或集电结之间在正向测量时有正常的结压降，而在反向测量时也有一定的压降值显示。一般为零点几伏到一点几伏之间，反向压降值越小，说明漏电越严重。

六、特殊晶体管及其在汽车电路中的应用

1. 光电三极管

光电三极管有三个电极，是在光电二极管的基础上发展起来的光电器件，当光照强

度变化时，电极之间的电阻会随之变化，它本身具有放大功能。在外壳上，每只光电三极管都有一个玻璃窗口。常见的光电三极管符号及等效电路如图 3-103 所示。

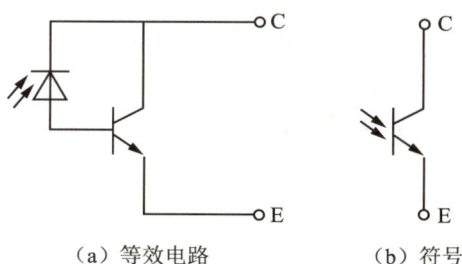

（a）等效电路　　　　（b）符号

图 3-103　光电三极管

光电三极管也是靠光的照射量来控制电流的器件。它可等效看作一个光电二极管与一个晶体三极管的结合，所以它具有放大作用。其最常用的材料是硅，一般仅引出集电极和发射极，其外形与发光二极管一样。

如果在光电三极管的集电极和发射极加上正向电压，则没有光照时，CE 两极之间几乎没有电流；有光照时，基极产生光电流，CE 间形成集电极电流，大约在几毫安到几百个毫安。

光电三极管可用万用表测量其电阻或电流，测量方法为：若用数字式万用表 20 kΩ 挡测试，红表笔接 C 极，黑表笔接 E 极，完全黑暗时显示 1，光线增强时阻值随之降低，最小可达 1 kΩ。

注意：光电二极管的光电流小，输出特性线性度好，响应时间快；而光电三极管光电流大，输出特性线性度差，响应时间慢。一般要求灵敏度高，工作频率低的开关电路，可选用光电三极管；要求光电流与照度呈线性关系或要求工作频率高时，则采用光电二极管。

光电二极管或光电三极管并非只对红外线敏感，所以在制作时要防止环境光（日光、灯光）过强而使放大电路输出饱和而失控，可加红色有机玻璃滤光，以减少环境光的影响。

为了获得较大的输出电流，有的光电三极管制成达林顿管形式（复合管），如图 3-104 所示，可以获得更大电流而能直接推动某些继电器工作。

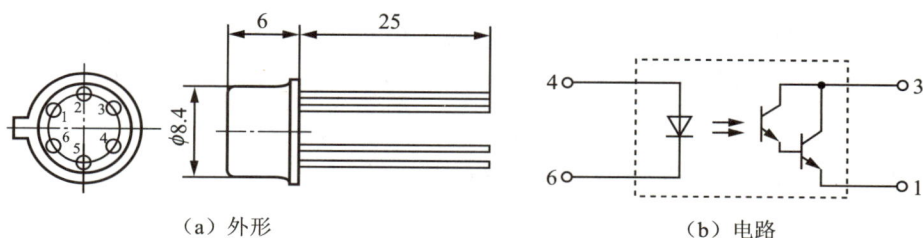

（a）外形　　　　　　　　　　　（b）电路

图 3-104　达林顿型光电三极管

光电三极管在汽车电路中主要应用于传感器中。把发光二极管和光电三极管组合在一起，可实现以光信号为媒介的电信号的转换，采用这种组合方式的器件称为光电耦合器。当光电耦合器作为传感器来使用时，称为光传感器，如图 3-105 所示，可以检测物体有无和遮挡次数等信号。

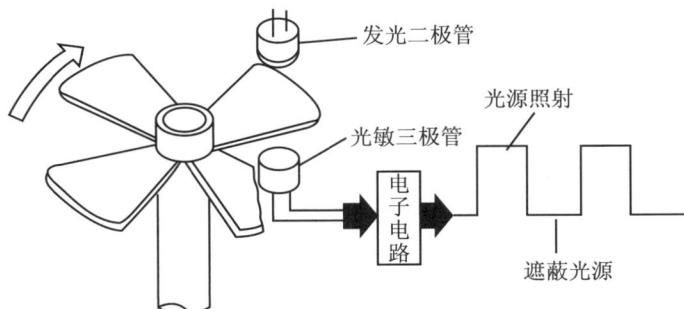

图 3-105　光电式信号发生器作用原理

在汽车上，光电式传感器被应用到许多场合，如曲轴位置测量、车高位置测量、转向角度测量、车速传感器测量等。这些应用均是在光传感器的中间设置遮挡物，利用遮挡物是否挡住光线来判断遮挡物的位置、传递位置信号或者转过遮挡物的个数。曲轴位置传感器的作用是控制发动机点火正时、确认曲轴位置。车高传感器把车身高度的变化转换成电信号输入到 ECU 中，可随时对车身高度进行调节。转向传感器是用来检测轴的旋转方向及旋转速度的。

如图 3-106 所示为 NISSAN 公司光电式曲轴位置传感器，传感器装在分电器轴上，随着分电器轴的转动，信号盘交替遮挡传感器的光线，发出表征曲轴位置的信号。信号盘外围有 360 条缝隙（光孔），用于产生 1°信号；外围稍靠内间隔 60°分布着六个光孔，产生 120°信号。

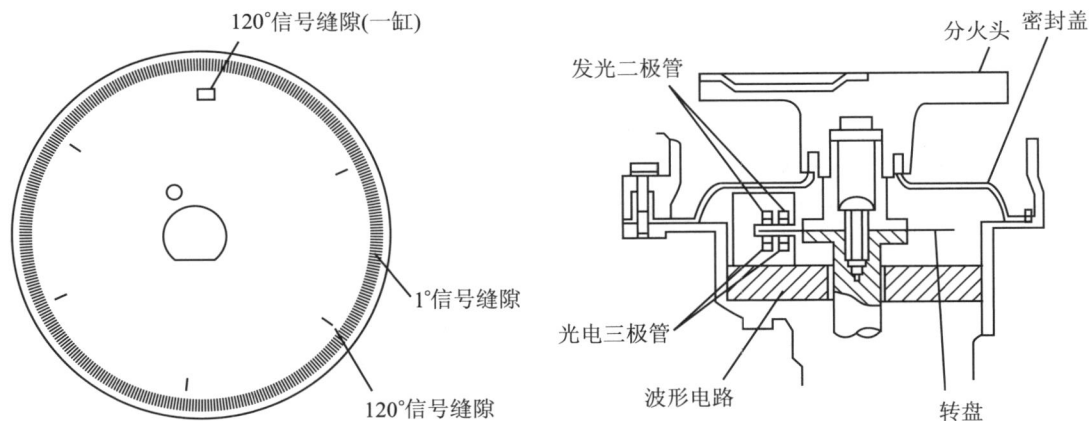

图 3-106　NISSAN 公司光电式曲轴位置传感器

光电式车速传感器装在组合仪表内,它由带孔的转盘、两个光导体纤维、一个发光二极管、一个作为光传感器的光电三极管组成。一个以光电三极管为基础的放大器为发动机控制电脑或点火模块提供足够功率的信号,光电三极管和放大器产生开关脉冲,发光二极管透过转盘上的孔照到光电二极管上实现光的传递与接收。转盘上间断的孔可以开闭照射到光电三极管上的光源,进而触发光电三极管和放大器,使之像开关一样地打开或关闭输出信号。

光电传感器有一个弱点,即对油等脏污在光通过转盘传递的干涉十分敏感,所以光电传感器的功能元件通常被设计成密封的,但损坏的分电器或密封垫容器在使用中会使油等脏污进入敏感区域,这会引起行驶性能问题并产生故障码。

2. 场效应管

晶体三极管是通过改变基极电流来实现对集电极电流的控制作用的,是一种电流控制器件。场效应管通过改变输入电压的大小来实现对输出电流的控制,是一种电压控制器件。

按照结构不同,场效应管分为结型和绝缘栅型两种。制作大规模集成电路主要应用绝缘栅型场效应管。绝缘栅型场效应管由金属、氧化物、半导体制成,简称 MOS 管。MOS 管有 P 型 MOS 管和 N 型 MOS 管之分,如图 3-107 所示。由 MOS 管构成的集成电路称为 MOS 集成电路,由 NMOS 组成的电路就是 NMOS 集成电路,由 PMOS 管组成的电路就是 PMOS 集成电路,由 NMOS 和 PMOS 两种管子组成的互补 MOS 电路,即 CMOS 电路。

N沟道增强型MOS管　　P沟道增强型MOS管　　N沟道耗尽型MOS管　　P沟道耗尽型MOS管

图 3-107　MOS 管符号

N 沟道 MOS 管结构如图 3-108 所示。

场效应管和三极管一样,具有放大和开关作用。

场效应管在控制时基本不需要输入电流,对于信号源的影响很小,受温度、外界辐射的影响小,便于制作大规模集成电路。场效应管很多用在开关状态,它的输出导通电阻很小、自身消耗少、效率高,在汽车电路中应用很广泛。

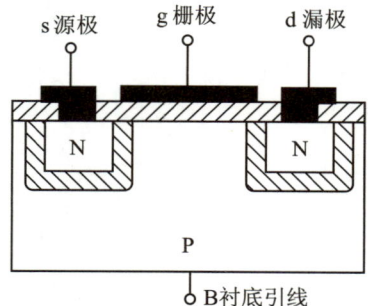

图 3-108　N 沟道 MOS 管结构示意图

3. 晶闸管

晶闸管是由 PNPN 四层半导体构成的元件，有三个电极，阳极 A，阴极 K 和控制极 G，其外形、结构及符号如图 3-109 所示。

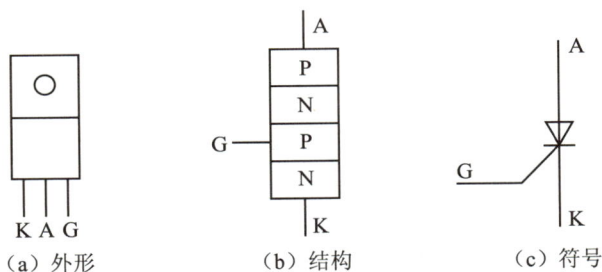

（a）外形　　　（b）结构　　　（c）符号

图 3-109　晶闸管的外形、结构和符号

晶闸管有其独特的特性：当阳极接反向电压或者阳极接正向电压但控制极不加电压时，它都不导通，而阳极和控制极同时接正向电压时，它就会变成导通状态。一旦导通，控制电压便失去了对它的控制作用，不论有没有控制电压，也不论控制电压的极性如何，将一直处于导通状态。要想关断，只有把阳极电压降低到某一临界值或者反向。

晶闸管在电路中能够实现交流电的无触点控制，以小电流控制大电流，并且不像继电器那样控制时有火花产生，而且动作快、寿命长、可靠性好。在调速、调光、调压、调温以及其他各种控制电路中都有它的身影。

在汽车电路中晶闸管主要用于电子调压器、电子点火器和电子闪光器中，作为开关管带动负载。由于晶闸管控制不是很方便，限制了它的使用，多用于控制电流特别大的场合。

任务 6　压电效应类元件的认知与测量

任务目标

1. 了解压电效应及其应用。
2. 了解汽车中使用的压电类部件。

必备知识

一、压电效应概述

1. 压电效应及其应用

压电效应可分为正压电效应和逆压电效应。

（1）正压电效应

正压电效应是指某些压电材料在沿一定方向上受到外力的作用而变形时，内部就产生电极化现象，同时在某两个表面上产生正负相反的电荷；当外力撤去后，压电材料又恢复到不带电的状态；当外力作用方向改变时，电荷的极性也随之改变；压电材料受力所产生的电荷量与外力的大小成正比。压电效应原理示意图见图 3-10。

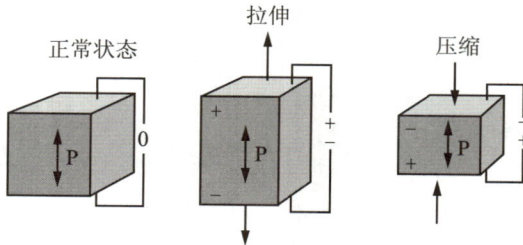

图 3-110　压电效应原理示意图

基于正压电效应的传感器，是一种自发电式和机电转换式传感器，用于测量力和能变换为力的非电物理量。它的敏感元件由压电材料制成，压电材料受力后表面产生电荷，此电荷经电荷放大器和测量电路放大、变换阻抗后就成为正比于所受外力的电量。它的优点是频带宽、灵敏度高、信噪比高、结构简单、工作可靠和质量小等。缺点是某些压电材料需要防潮措施，而且输出的直流响应差，需要采用高输入阻抗电路或电荷放大器来克服这一缺陷。在我们的生活中，有很多一次性塑料打火机是采用压电陶瓷器件来打火的。在汽车发动机中，进气压力传感器、爆震传感器就是利用了压电晶体。

（2）逆压电效应

逆压电效应是在压电材料的极化方向上施加电场，这些压电材料也会发生变形，电场去掉后，压电材料的变形随之消失，这种现象称为逆压电效应，又称电致伸缩效应。压电敏感元件的受力变形有厚度变形型、长度变形型、体积变形型、厚度切变型、平面切变型 5 种基本形式。压电晶体是各向异性的，并非所有晶体都能在这 5 种状态下产生压电效应。例如，石英晶体就没有体积变形压电效应，但具有良好的厚度变形和长度变形压电效应。

基于逆压电效应制造的变送器可用于电声和超声工程，如汽车中使用的泊车距离传感器以及机油液位传感器。利用压电材料的电致伸缩特点制成的高精度喷油器，已大量使用在缸内直喷的汽油发动机中。

2.　压电材料

压电材料是指受到压力作用时会在两端面间出现电压的晶体材料。压电材料可分为无机压电材料和有机压电材料。

（1）无机压电材料

无机压电材料分为压电晶体和压电陶瓷。压电晶体一般是指压电单晶体；压电陶瓷则泛指压电多晶体。

压电式传感器中用得最多的是压电单晶中的石英晶体和压电多晶体中的各类压电陶瓷。石英晶体的优点是：它的介电和压电常数的温度稳定性好，适合做工作温度范围很宽的传感器。其他压电单晶还有适用于高温辐射环境的铌酸锂以及钽酸锂、镓酸锂、锗酸铋等。

压电陶瓷有属于二元系的钛酸钡陶瓷、锆钛酸铅系列陶瓷、铌酸盐系列陶瓷和属于三元系的铌镁酸铅陶瓷。压电陶瓷的优点是烧制方便、易成型、耐湿、耐高温。缺点是具有热释电性，会对力学量测量造成干扰。压电陶瓷的压电系数是石英的几十倍甚至几百倍，但稳定性不如石英好。

（2）有机压电材料

有机压电材料有聚二氟乙烯、聚氟乙烯、尼龙等十余种高分子材料。有机压电材料可大量生产和制成较大的面积，它与空气的声阻匹配具有独特的优越性。这类材料以其材质柔韧、低密度、低阻抗和高压电电压常数等优点为世人瞩目，且发展十分迅速，在水声超声测量、压力传感、引燃引爆等方面获得应用。

20 世纪 60 年代以来发现了同时具有半导体特性和压电特性的晶体，如硫化锌、氧化锌、硫化钙等，利用这种材料可以制成集敏感元件和电子线路于一体的新型压电传感器。

二、压电元器件

1. 压电式测力传感器

压电式测力传感器是利用压电元件直接实现力—电转换的传感器，在拉、压场合，通常采用双片或多片石英晶体作为压电元件。这些压电元件刚度大、测量范围宽、线性及稳定性高、动态特性好。当采用大时间常数的电荷放大器时，可测量准静态力。按测力状态分，有单向、双向和三向传感器，它们在结构上基本一样。

图 3-111 所示为压电式单向测力传感器的结构图。此传感器用于机床动态切削力的测量。绝缘套用来绝缘和定位。基座内外底面对其中心线的垂直度、上盖及晶片、电极的上下底面的平行度与表面光洁度都有极严格的要求，若达不到要求会使横向灵敏度增加或使片子因应力集中而过早破碎。为提高绝缘阻抗，传感器装配前要经过多次净化（包括超声波清洗），然后在超净工作环境下进行装配，加盖之后用电子束封焊。

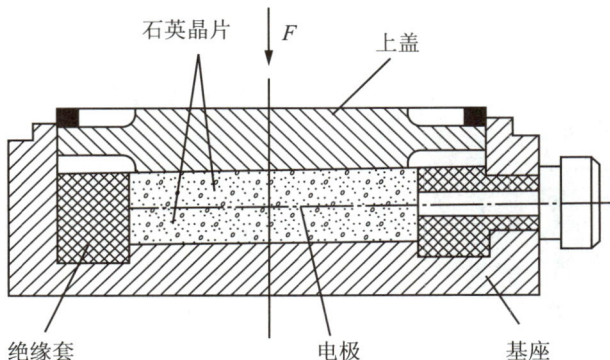

图 3-111　压电式压力传感器结构原理图

2. 压电式加速度传感器

图 3-112 所示为压缩式压电加速度传感器的结构原理图，压电元件一般由两片压电片组成。在压电片的两个表面上镀银层，并在银层上焊接输出引线，或在两个压电片之间夹一片金属，引线焊接在金属片上，输出端的另一根引线直接与传感器基座相连。在压电片上放置一个比重较大的质量块，然后用一硬弹簧或螺栓、螺帽对质量块预加载荷。整个组件装在一个厚基座的金属壳体

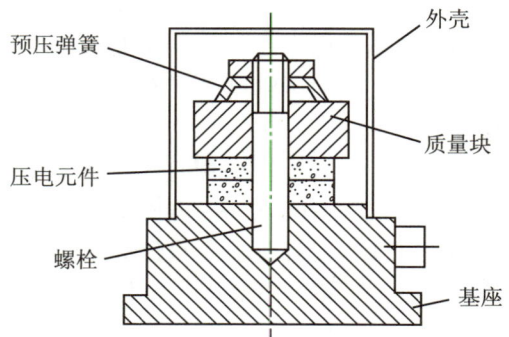

图 3-112　压电式加速度传感器结构原理图

中，为了隔离试件的任何应变传递到压电元件上去，避免产生假信号输出，所以一般要加厚基座或选用刚度较大的材料来制造。

测量时，将传感器基座与试件刚性固定在一起。当传感器感受到振动时，由于弹簧的刚度相当大，而质量块的质量相对较小，可以认为质量块的惯性很小，因此质量块感受到与传感器基座相同的振动，并受到与加速度方向相反的惯性力作用。这样，质量块就有一正比于加速度的交变力作用在压电片上。由于压电片具有压电效应，因此在它的两个表面上就产生了交变电荷（电压），当振动频率远低于传感器固有频率时，传感器的输出电荷（电压）与作用力成正比，即与试件的加速度成正比。输出电量由传感器输出端引出，输入到前置放大器后就可以用普通的测量器测出试件的加速度，如在放大器中加进适当的积分电路，就可以测出试件的振动加速度或位移。

3. 爆震传感器

发动机在运行时，由于点火过早、发动机温度过高、压缩比变小、低标号燃油等原因引起的发动机爆震燃烧会造成发动机损坏。爆震燃烧会产生一种特殊样式的固体声振动。爆震传感器一般安装在发动机缸体上部，利用压电效应把爆震时产生的机械振动转变为信号电压。其中压电式共振型爆震传感器应用最多，当发动机产生爆震时的振动频率（约 8000 Hz）与压电效应传感器自身的固有频率一致时产生共振现象，这时传感器会输出一个很高的爆震信号电压送至发动机控制单元，控制单元再通过修正点火时间，消除爆震。发动机爆震传感器见图 3-113，传感器工作参数见表 3-9，传感器输出波形见图 3-114。

图 3-113　发动机爆震传感器

表 3-9　发动机爆震传感器工作参数

参数	数值
电压范围	4.5～5.5 V
频率范围	7～25 kHz
最大输出电流	20 mA
温度范围	−40℃～140℃

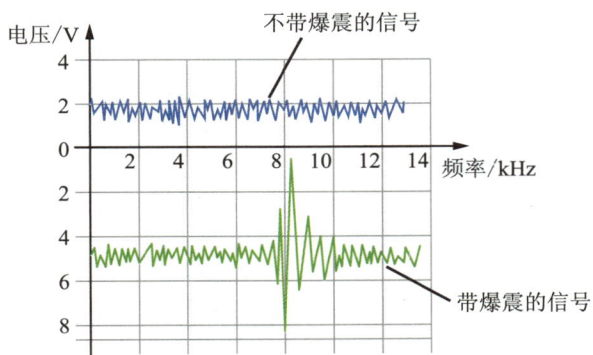

图 3-114　发动机爆震传感器输出波形

4. 泊车距离传感器

在介绍泊车距离传感器前，首先介绍一下超声波测距原理。

超声波测距原理是通过超声波发射器向某一方向发射超声波，在发射的同时开始计时，超声波在空气中传播时碰到障碍物就立即返回来，超声波接收器收到反射波就立即停止计时。假设超声波在空气中的传播速度为 v，而根据计时器记录的测出发射和接收回波的时间差 Δt，就可以计算出发射点距障碍物的距离 s，即

$$s = v \cdot \Delta t / 2$$

这就是所谓的时间差测距法。

超声波传感器被泊车辅助系统控制单元设置为组合收发模式。超声波传感器包含一个压电陶瓷元件，首先利用逆压电效应将电能转变为机械能或机械运动发射超声波脉冲；然后障碍物反射这些超声波脉冲（产生回声脉冲）；最后超声波传感器再利用正压电效应接收并放大这些回声脉冲，接着这些被放大过的回声脉冲被转换成一种数字信号传输给泊车辅助系统控制单元。泊车辅助系统控制单元根据回声脉冲的运行时间计算出目标距离。泊车距离报警系统为驾驶员提供停车和离开辅助帮助。因此可以充分利用小停车位，同时减少驻车损坏情况。

图 3-115 展示了超声波传感器的结构原理。

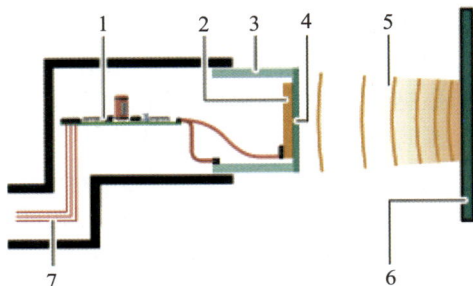

1—电子分析装置，包括内存；2—压电陶瓷；3—去耦元件；4—膜片；5—超声波；6—障碍物 7—插头连接

图 3-115　超声波传感器的结构原理

5. 压电式喷油器

压电式喷油器内部包含一个多层压电晶体，当电流通过时它们会立即膨胀。这使定量的油气混合物从喷油器喷针喷出，200 bar 压力通过出口（仅头发粗细）进入燃烧室。与传统喷射系统相比，高精度直喷系统需要的燃油非常少，并消除了由于燃油被喷射到燃烧室壁上而未燃烧所造成的浪费。压电式喷油器结构见图 3-116。

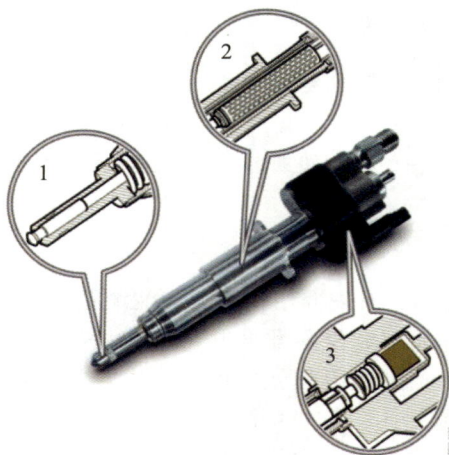

1—向外打开式喷嘴针；2—压电元件；3—热补偿器

图 3-116　压电式喷油器结构图

得益于压电喷油器，燃油可于 0.14 ms 内喷射，这使得发动机在一次燃烧过程中可引入多次燃油喷射。电子控制系统根据发动机动力要求、运行温度和汽缸压力调整定时和喷射油量。这确保燃烧被精确控制，在任何行驶状态下都能保证发动机的清洁和高效。

三、压电元件的测量

压电陶瓷元件产生的瞬间电压用什么仪器可以测量呢？

使用普通指针式多用电表直流高压挡测量，发现每次按压压电陶瓷元件时，两个电极输出的电压只能使指针略微抖动一下。分析原因，是因为电压脉冲持续时间甚短，指针惯性较大，指针无法同步体现电压的变化做大幅偏转。

使用数字显示型万用表的交流电压挡进行测量，也看不到预想的高电压读数，只能看到一些变幻不定的低电压数据。这是由于液晶显示响应速度较慢，点火电压脉冲持续时间甚短，来不及显示最高瞬间电压，只能显示电压降落（较平缓阶段）过程中的某些随机电压读数。

利用示波器测量。示波器是利用电子束偏转后打在荧光屏上显示光点移动的，电子束惯性极小，能"跟踪"上点火高压脉冲的变化。如果想观察电压脉冲的波形，可以每次按动压杆的同时，细心调节示波器"扫描微调"旋钮（事先将扫描范围换到"10～100 Hz"挡），我们可以在荧光屏上看到的波形，其电压上升较陡，降低较平缓。

项目小结

本项目学习了蓄电池、电阻类元件、电容类元件、电感类元件、半导体元件、超声波元件的基本原理及在汽车电路中的使用情况，通过制作实验电路练习了这些元器件的测量方法。

下表汇总了有关汽车常见电器元件的重要信息。您可以利用这个列表回顾学习的内容并再次检查相关要点。

电阻器 电阻器在电路中可用于分压、限流。 可变电阻在汽车上作为油门踏板位置传感器、燃油液位传感器等。 敏感电阻的阻值会随温度、压力、光照、湿度等参数变化而发生变化，因此被广泛的用作传感器，如水温传感器、光照传感器。	
电容器 电容器将电能存储在一个电场内。电容器类型可分为非极化电容器和极化电容器。 电容器用于分开交流和直流电压、稳定直流电压和产生时间延迟。 电容器的存储能力称为电容。电容的计量单位是 F。	
线圈和电感 有电流经过线圈时，就会产生磁场，线圈将电能存储在磁场中。切断电流时，磁能重新转化为电能，产生感应电压。 电感的公式符号是 L。电感的计量单位是 H(亨利)。 一个线圈的磁场强度取决于：绕组数量 N、电流强度 I 和线圈结构。 线圈用于输送交流电压，在继电器和电机内使用。	
半导体技术 为了有目的地影响或控制半导体的电导率，将杂质加入半导体内。根据加入的元素，分为 P 掺杂和 N 掺杂。 将 P 导电材料和 N 导电材料结合在一起时，两种材料之间就会形成一个边界层，称为 PN 结。	
半导体元件 二极管接入流通方向时二极管电阻较低，接入阻隔方向时电阻较高。需要使二极管导电时，其阳极对于阴极来说必须是正电压。 在车辆电子系统内，二极管用作整流器、去耦元件，用于抑制感应电压并提供反极性保护。 发光二极管(LED)接入流通方向，其电流必须通过一个串联电阻来限制。LED用作指示灯。 晶体管是由三个半导体层组成的电子元件。根据半导体层的分布方式分为 PNP 晶体管和 NPN 晶体管。这三个半导体层及其接头称为发射极(E)、基极(B)和集电极(C)。 在车辆电器/电子系统内晶体管用于接通较小电流。	

续表

压电材料 　　压电效应的原理是，如果对压电材料施加压力，它便会产生电位差（称为正压电效应），反之施加电压，则产生机械应力（称为逆压电效应）。压电陶瓷具有机械能与电能之间的转换和逆转换的功能。	

项目评估

一、判断题

1. 组成电容器的两个导体叫极板，中间的绝缘物质叫介质。　　　　　　　　（　　）

2. 串联电容器的总电容比每个电容器的电容小，每个电容器两端的电压和自身容量成反比。　　　　　　　　　　　　　　　　　　　　　　　　　　　　　（　　）

3. 以空气为介质的平行板电容器电源对其充电后，将电源断开，若增大电容器极板正对面积，则 C 将增大，Q 不变，U 变小；若电源不断开，减小两板之间的距离，则 C 将增大，Q 不变，U 变大。　　　　　　　　　　　　　　　　　　　（　　）

4. 在电容器充电电路中，已知 $C=1\ \mu F$，电容器上的电压从 $2\ V$ 升高到 $12\ V$，电容器储存的电场能从 $2\times10^{-6}\ J$ 增加到 $72\times10^{-6}\ J$，增大了 $70\times10^{-6}\ J$。　　（　　）

5. 变压器的高压线圈匝数少而电流大，低压线圈匝数多而电流小。　　　　（　　）

6. 导体在磁场中做切割磁力线运动时，导体内就会产生感应电动势。　　　（　　）

7. 若 $U_E>U_B>U_C$，则电路处于放大状态，该三极管必为 NPN 管。　　　（　　）

8. 只有电路既放大电流又放大电压，才称其有放大作用。　　　　　　　　（　　）

9. 由通过线圈本身的电流变化引起的电磁感应，叫作互感。　　　　　　　（　　）

10. 长度为 L 的直导线，通过的电流为 I，放在磁感应强度为 B 的匀强磁场中，为使其受到的磁场力为 $F=BIL$ 的条件是 B 与 I 不垂直。　　　　　　　　　（　　）

二、选择题

1. 当流过电感线圈的电流瞬时值为最大值时，线圈两端的瞬时电压值为（　　）。

　　A. 零　　　　　　B. 最大值　　　　C. 有效值　　　D. 不一定

2. 对于理想变压器来说，下列叙述正确的是（　　）。

　　A. 变压器可以改变各种电源电压

　　B. 变压器原绕组的输入功率是由副绕组的输出功率决定的

　　C. 变压器不仅能改变电压，还能改变电流和电功率等

　　D. 抽去变压器铁芯，互感现象依然存在，变压器仍能正常工作

3. 电路如图 1 所示，已知 $U=10\ V$，$R_1=2\ \Omega$，$R_1=8\ \Omega$，$C=100\ \mu F$，则电容两端的电压 U_C 为（　　）。

　　A. $10\ V$　　　　　B. $8\ V$

　　C. $2\ V$　　　　　D. $0\ V$

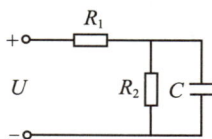

图1

4. 电容器 C_1 和 C_2 串联后接在直流电路中，若 $C_1 = 3C_2$，则 C_1 两端的电压是 C_2 两端电压的（　　）。

  A. 3 倍　 B. 9 倍　 C. 1/3　 D. 1/9

5. 两个相同的电容器并联之后的等效电容，跟它们串联之后的等效电容之比为（　　）。

  A. 1∶4　 B. 4∶1　 C. 1∶2　 D. 2∶1

6. 如图 2 所示，当 $C_1 > C_2 > C_3$ 时，它们两端的电压关系是（　　）。

  A. $U_1 = U_2 = U_3$　 B. $U_1 > U_2 > U_3$

  C. $U_1 < U_2 < U_3$　 D. 不能确定

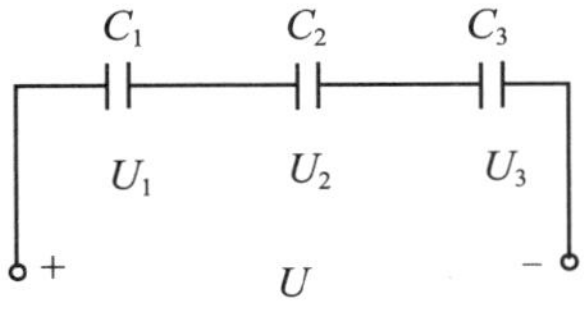

7. 将电容器 C_1 "200 V　20 μF" 和电容器 C_2 "160 V　20 μF" 串联接到 350 V 电压上，则（　　）。

图 2

  A. C_1、C_2 均正常工作

  B. C_1 击穿，C_2 正常工作

  C. C_2 击穿，C_1 正常工作

  D. C_1、C_2 均被击穿

8. 电容器并联使用时将使总电容量（　　）。

  A. 增大　 B. 减小　 C. 不变　 D. 无法判断

9. 电路中使用保险丝是为电路提供（　　）保护，防止烧坏导线。

  A. 开路　 B. 电流过高　 C. 电压降　 D. 电流过小

10. 在汽车电路中，继电器的作用是（　　）。

  A. 将电能转换成机械能　 B. 保持电源电压稳定

  C. 用小电流控制大电流　 D. 消除自感电压

数字电子技术基础

项 目 概 述

　　随着电子技术的飞速发展，越来越多的电子产品的设计都向数字化和智能化发展，大批的电子产品，比如电脑、数码产品、数控设备等都广泛应用了数字技术。

　　数字技术具有一系列显著优点。首先，数字电路的输入与输出中间的逻辑关系对电路及元件的稳定性要求不高，因此电路具有较高的稳定性。其次，数字电路具有逻辑推演及判断能力，通过不同的数字电路组合就可以实现计算功能，便于计算机进行运算处理，实现各类控制功能。此外，数字电路还可以长期储存信息，自身的功能消耗也低，节能降耗。因此，随着数字集成电路制造工艺和技术的进步以及广泛应用，数字电子技术已经渗透到工业、农业、国防等各个领域。

　　数字电路是由许多的逻辑门组成的复杂电路，有各种门电路、触发器以及由它们构成的各种组合逻辑电路和时序逻辑电路。通过模拟数字转换器、数字模拟转换器，数字电路可以和模拟电路互相连接。

　　本项目在介绍常用的门电路和触发器的基础上介绍了几个汽车电子电路应用数字电路的实例，通过实用有趣的电子制作实践和练习，提高学习的兴趣和效果。

　　本项目共包含了5个基本学习任务。

　　任务1　数字电路基础认知与应用

　　任务2　组合逻辑电路认知与应用

　　任务3　触发器及时序逻辑电路认知及应用

　　任务4　数字集成电路在汽车上的应用

　　任务5　汽车电控系统计算机认知

　　通过本项目的学习，您的目标是：

　　了解数的表示方法及其运算；

　　了解逻辑代数基础；

　　知道逻辑门电路；

　　知道模拟和数字集成电路；

　　了解集成电路、微型计算机在汽车中的应用。

数字电路基础认知与应用

任务目标

1. 了解数制、逻辑运算等概念。
2. 掌握门电路类型、集成门电路的型号和功用。

必备知识

一、模拟信号和数字信号的概念

人们在自然界中感知的许多物理量都是模拟性质的，如速度、温度、声音等。如果人们通过传感器将这些物理量转换为电压、电流等电量，那么这些电量在时间上、数值上都是连续变化的。时间连续、数值连续的信号就是模拟信号，如图 4-1(a)所示。

在电子技术领域，为了便于存储、分析和传输，常把模拟信号转变为数字信号。在时间或数值上不连续（离散）的信号称为数字信号。它们只有两种情况：低电平（一般用"0"表示）、高电平（一般用"1"表示），如图 4-1(b)所示。

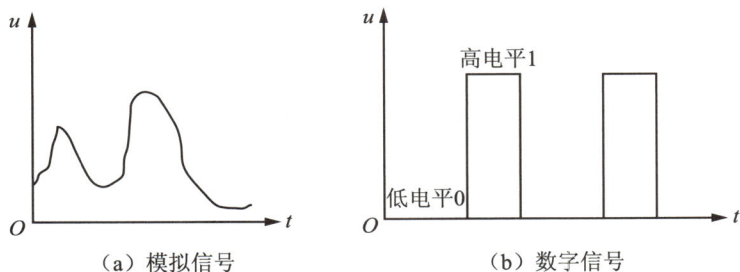

（a）模拟信号　　　　　　（b）数字信号

图 4-1　典型模拟信号与数字信号波形图

处理模拟信号的电路称为模拟电路，处理数字信号的电路称为数字电路。常见的模拟电路有整流电路、放大电路等，常见的数字电路有编码器、译码器、寄存器、计数器等。既可以处理模拟信号也可以处理数字信号的电路为模数混合电路，555 集成电路就属于模数混合电路。

由于数字电路对元件的精度要求不高、易于集成、成本低廉、使用方便，组成的数字系统工作可靠、精度高、抗干扰能力强，在数字通信、自动控制、数据的采集和处理、数字计算机技术等领域广泛应用。随着电子技术的发展，数字电路的重要性显得越来越突出。

在汽车电路中，数字集成电路随处可见，ECU 就是一个典型的数字系统，电信号主要在传感器、ECU 以及执行器件之间进行传递。

传感器输入 ECU 的信号大体上可以分为两大类：一类信号是连续变化的信号，例如，热敏电阻式水温传感器，输出的信号是随着冷却水温度变化而连续变化的信号，属于模拟信号；另一类信号是电压"高""低"间隔变化的脉冲式信号，例如，光电式曲轴位置传感器中，遮光盘不断通过光电耦合器，输出端产生按照"有"或"无"（透光或遮光）规律变化的脉冲信号，属于数字信号。

数字信号与模拟信号特性不同，因而汽车传感器输出信号在检测时一定要区分开，以便采用不同的检测方法。

数字信号中，我们关心的只是有无电压（脉冲）、电压出现的次数（脉冲的数量）、高电压或者低电压维持的时间（脉冲的宽度）等。

两个相邻的脉冲之间的时间间隔，叫做脉冲宽度（T），单位秒（s）。从一个上升沿到下一个上升沿叫做一个循环，在特定的时间内（通常是 1 s），循环的次数叫做电信号的频率 f，单位赫兹（Hz）。T 和 f 成倒数，即 $f=1/T$。

导通时间与总时间的比值叫做占空比，如图 4-2 所示。方波的占空比为 50%，导通时间和截止时间相等。若占空比为 75%，说明导通时间占 75%，截止时间占 25%。

一些计算机控制的输出会在保持频率不变的情况下改变脉冲宽度，这叫做脉冲宽度调制（PWM）技术，PWM 控制技术以其控制简单、灵活和动态响应好的优点而成为电子技术最广泛应用的控制方式。现代汽车的控制精度越来越高，越来越多的汽车电路采用 PWM 控制技术，如废气再循环（EGR）系统、怠速控制系统、燃油蒸发控制系统等。

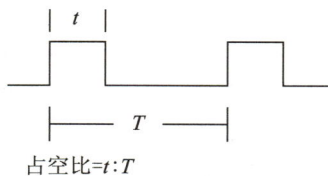

占空比=t：T

图 4-2　数字信号的占空比

通过以上的介绍可以总结出以下关键点。

用模拟方式表示信息和测量值具有变化无限且精度高的优点，但是不能识别和校正处理过程中电气故障造成的错误，并且模拟信息的存储非常复杂。数字信号则可很方便地获取、处理、复制和保存，但是对于许多信息应用来说，表现精度是不够的。由于数字信号容易保存并且可以方便地在控制单元之间传送，因此车辆中所有复杂的控制系统均采用数字信号传输信息。

二、二进制

1. 二进制数

汽车上传递的电信号绝大部分是数字信号，如在电路中触点断开、闭合；继电器释放、吸合；灯关、灯开；施加电压、不施加电压。数字信号特点是只与电平高低的变化有关，而与电平的具体大小关系不大，传递的信息经常是"有"或"无"、"开"或"关"等，用数字"1"和"0"代表两种状态，与之对应的电路是晶体管的开关或者是电平的高低。数字电路中广泛采用二进制数。

十进制是人们日常生活中常用的一种计数体制。二进制数与十进制数的区别在于数码个数和进位规则的不同，表 4-1 中为十进制数和二进制数的对应关系。

表 4-1　十进制数和二进制数的对应关系

十进制数	二进制数
0	0
1	1
2	10
3	11
4	100
5	101
6	110
7	111
8	1000
9	1001

十进制用 0～9 共 10 个数字来表示数量的大小，规则是"逢十进一"，以 10 为基数。在十进制数中 528 可以写成：$528 = 5 \times 10^2 + 2 \times 10^1 + 8 \times 10^0$。

二进制用 0 和 1 共 2 个数字来表示数量的大小，规则是"逢二进一"，以 2 为基数。例如，$(11010)_2 = 1 \times 2^4 + 1 \times 2^3 + 0 \times 2^2 + 1 \times 2^1 + 0 \times 2^0 = (26)_{10}$。

2. 二进制码

(1)8421BCD 码

二进制数按照一定的规律组合在一起，表示一定的信息，这样的二进制数称为二进制码。最常用的二进制代码是 8421BCD 码。8421BCD 码的含义如表 4-2 所示。

表 4-2　8421BCD 码

十进制数	二进制数
0	0000
1	0001
2	0010
3	0011
4	0100
5	0101
6	0110
7	0111
8	1000
9	1001

8421BCD 码用四位二进制码代表一位十进制码，在数字仪表显示中，经常是将信息量转换成 8421BCD 码，然后进行显示。

例如，$(834)_{10} = (1000\ 0011\ 0100)_{8421BCD}$。

（2）字符码

目前，广泛应用表示字母、符号的二进制代码是美国信息交换标准代码（ASCII 码）。ASCII 码采用 7 位二进制数编码，可以表示 128 个字符。

（3）其他代码

在数字系统中，任何信息包括各种特定的对象、信号等都要转化为二进制代码来代表。例如，现代汽车上都配备自诊断系统，汽车的电子控制单元能够自动检测汽车本身的故障，而各种故障在电子控制单元中是以代码形式存储、处理的，这些代码称为故障码。

数字电路只处理 1 和 0 两种状态，所以在数字电路中广泛采用二进制代码。在汽车专用计算机中所有信号交换、处理全都是通过二进制代码进行的。

三、门电路

在数字电路中，把电路的输入信号作为某种"原因"或"条件"，电路输出信号则是这种条件下的必然"结果"，即输出信号与输入信号之间存在一定的逻辑关系。数字电路就是实现这种逻辑关系的，因此，数字电路又称逻辑电路。

在数字逻辑电路中，只有两种相反的工作状态——高电平、低电平，分别用"1"和"0"表示。当用"1"表示高电平、"0"表示低电平时，称正逻辑关系；当用"1"表示低电平、"0"表示高电平时，称为负逻辑关系。本课程涉及都是正逻辑关系。

利用二极管和晶体管工作在开关状态的特性，可以组成实现各种逻辑功能的数字电路。

数字电路中，由开关元件组成的实现一定逻辑关系的电路称逻辑门电路。简称门电路。数字电路中的基本逻辑关系有三种："与""或""非"。相应的，基本门电路有"与门""或门""非门"。

1. 与门

当一个事情的条件全部具备时，这件事情就发生，称为与逻辑。如图 4-3（a）所示，当开关 A、B、C 均闭合时（条件具备），灯 Y 就亮（结果发生），这种逻辑关系为与逻辑关系。满足与逻辑关系的电路称为与门电路。与门逻辑符号见图 4-3（b）、国际符号见图 4-3（c）。

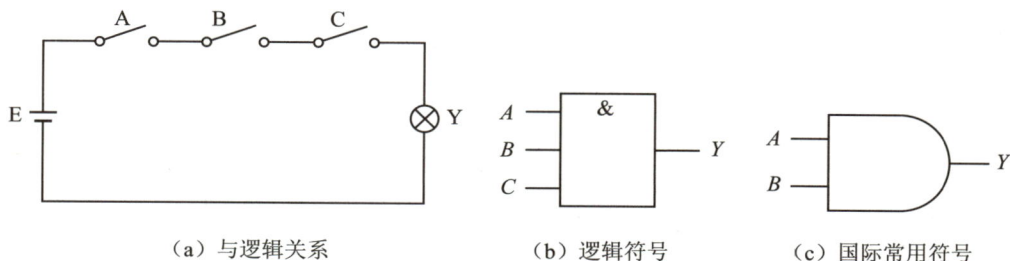

（a）与逻辑关系　　　（b）逻辑符号　　　（c）国际常用符号

图 4-3　与门

图 4-3 中 A、B、C 为输入，Y 为输出，输入取值为 1（表示开关闭合）或为 0（表示开

关断开），灯亮取值为 1，灯不亮取值为 0，则根据输入信号的不同可有下列两种情况。

一是若输入端中有任意一个开关断开（取值为 0 时），灯不亮，输出 Y 为 0。

二是若输入端所有开关都闭合（取值为 1 时），灯亮，输出 Y 为 1。

可见电路满足与逻辑的要求：只有所有输入条件都具备（取值为 1）时，输出才发生（取值 1）；否则输出就是 0。若把上述分析结果归纳可得输入与输出的真值表，见表 4-3。

表 4-3　与门真值表

输　　入			输　　出
A	B	C	Y
0	0	0	0
0	0	1	0
0	1	0	0
0	1	1	0
1	0	0	0
1	0	1	0
1	1	0	0
1	1	1	1

由真值表可以知道，Y 与 A、B、C 之间的关系为：只有 A、B、C 都为 1 时，Y 才为 1；如果不满足 A、B、C 同时为 1，则 Y 输出为 0。其逻辑功能为"全 1 出 1，有 0 出 0"。（见图 4-4）

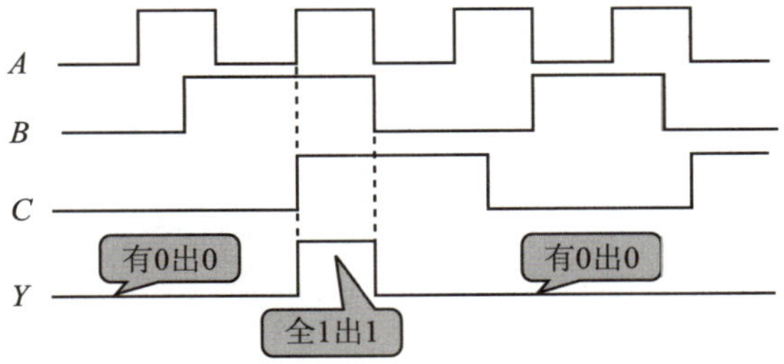

图 4-4　三输入与门电路波形图

与逻辑表达式为 $Y = A \cdot B \cdot C$。

与门电路的输入变量可以是两个或两个以上，其逻辑功能仍为"全 1 出 1，有 0 出 0"。"与"逻辑（逻辑乘）的运算规则如下：

$$0 \cdot 0 = 0 \qquad 0 \cdot 1 = 0 \qquad 1 \cdot 0 = 0 \qquad 1 \cdot 1 = 1$$

2. 或门

当一件事情的条件至少有一个具备时，这件事情就发生的逻辑关系称为或逻辑。如图 4-5(a) 所示，当开关 A 或 B 闭合时（至少一个条件具备），灯 Y 就亮（结果发生）。满足或逻辑关系的电路，称为或门电路。或门逻辑符号见图 4-5(b)、图际常用符号见图 4-5(c)。

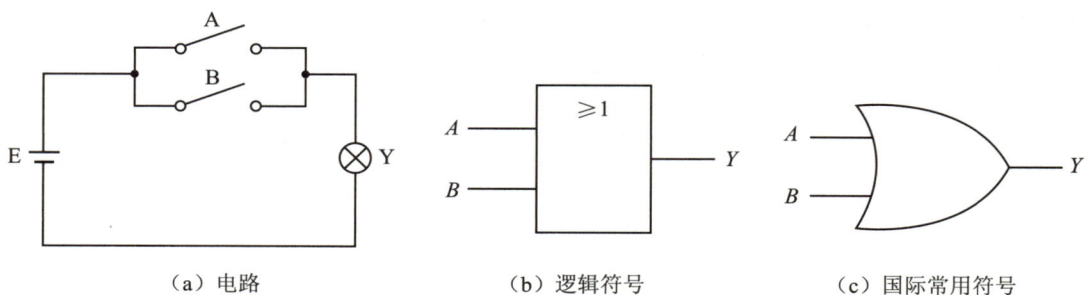

（a）电路　　　　　　　（b）逻辑符号　　　　　　（c）国际常用符号

图 4-5　或门

图 4-5（a）中 A、B 为输入端，Y 为输出端，输入信号为 1（表示开关闭合）或 0（表示开关断开），则根据输入情况可分为以下两种情况。

一是输入 A、B 都为 0 时，则 Y 为 0。

二是若输入端中至少有一个为 1 时，Y 为 1。

可见电路满足或逻辑关系的要求：输入只要有高电平，输出就为高电平；输入全为低电平，输出为低电平。若把上述分析结果归纳可得输入与输出的真值表，见表 4-4。

表 4-4　或门真值表

输　　入		输　　出
A	B	Y
0	0	0
0	1	1
1	0	1
1	1	1

由或门真值表可以知道，Y 与 A、B 之间的关系为：只有 A、B 全为 0，Y 才为 0；否则 Y 为 1。逻辑功能为"全 0 出 0，有 1 出 1"。其逻辑表达式为 $Y=A+B$，其电路符号如图 4-4（b）。或门电路的输入变量可以是两个或两个以上，其逻辑功能仍为"全 0 出 0，有 1 出 1"。

"或"逻辑（逻辑加）的运算规则如下：

$$0+0=0 \qquad 0+1=1 \qquad 1+0=1 \qquad 1+1=1$$

或门的输入端也可以有多个。图 4-6 以一个三输入或门电路的输入信号 A、B、C 和输出信号 Y 的波形图为例说明或门的逻辑功能。

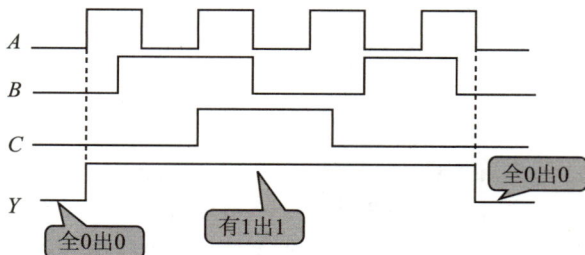

图 4-6　三输入或门电路波形图

3. 非门电路

当一件事情的唯一条件不具备时，这件事情反而会发生，这就是非逻辑关系。"非"即"反"。如图 4-7(a)所示，当开关 A 闭合时，灯 L 不亮；当开关 A 断开时，灯 L 反而亮。这种逻辑关系就是非逻辑关系。非门逻辑符号如图 4-7(b)所示，非门国际常用符号如图 4-7(c)所示。

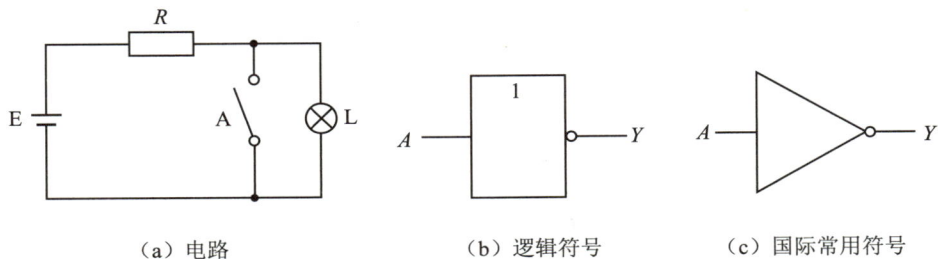

（a）电路　　　　　　　　（b）逻辑符号　　　　　　　（c）国际常用符号

图 4-7　非门

当输入 A 为 0 时，输出 Y 为 1；当输入 A 为 1 时，输出 Y 为 0。若把上述分析归纳可得真值表 4-5。

表 4-5　非门真值表

输　入	输　出
A	B
0	1
1	0

由真值表可以知道，Y 与 A 之间的关系为：只有 A 为 1 时，输出 Y 为 0；A 为 0 时，Y 为 1。逻辑功能为"1 出 0，0 出 1"。

其逻辑表达式：$Y=\overline{A}$。非门电路的输入变量只有 1 个。

图 4-8 是非门电路的输入信号 A 和输出信号 Y 的波形图，从图中可看出，输入和输出信号正好相反。非门也叫做反相器。

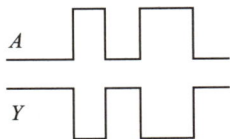

图 4-8　非门电路波形图

4. 复合门电路

上述三种是基本逻辑门电路，有时还可以把它们组合成为组合逻辑电路，以丰富逻辑功能。常见的有与非门、或非门、异或门等。

（1）与非门

与＋非→与非门。与非门的复合电路如图 4-9（a）所示，逻辑符号如图 4-9（b）所示，国际常用符号如图 4-9（c）所示。

   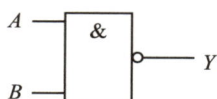   

（a）复合电路   （b）逻辑符号   （c）国际常用符号

图 4-9　与非门

逻辑函数表达式：$Y = \overline{A \cdot B}$。

与非门的真值表见表 4-6。

表 4-6　与非门真值表

A	B	$A \cdot B$	$Y = \overline{A \cdot B}$
0	0	0	1
0	1	0	1
1	0	0	1
1	1	1	0

从真值表中可看出，与门的输出和与非门输出相反。

与非门逻辑功能：全 1 出 0，有 0 出 1。

（2）或非门

或＋非→或非门。或非门的复合电路如图 4-10（a）所示，逻辑符号如图 4-10（b）所示，国际常用符号如图 4-10（c）所示。

   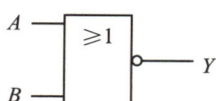   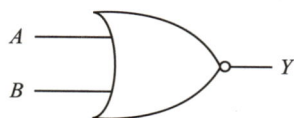

（a）复合电路   （b）逻辑符号   （c）国际常用符号

图 4-10　或非门

逻辑函数表达式：$Y = \overline{A + B}$。或非门真值表见表 4-7。

表 4-7　或非门真值表

A	B	$A + B$	$Y = \overline{A + B}$
0	0	0	1
0	1	1	0
1	0	1	0
1	1	1	0

或非门逻辑功能：全 0 出 1，有 1 出 0。

与门、或门、非门、与非门、或非门等可以组合应用，它们能生成所需的逻辑电路。

5. 门电路应用举例

与门电路一般用来控制信号的传送。例如，有一个两输入端与门，如果在 A 端输入一个控制信号，B 端输入一个持续的脉冲信号，图 4-11 为与门电路的工作波形图，图中只有当 $A=1$ 时，B 信号才能通过，在 Y 端得到输出信号，此时相当于与门被打开；当 $A=0$ 时，与门被封锁，信号 B 不能通过。

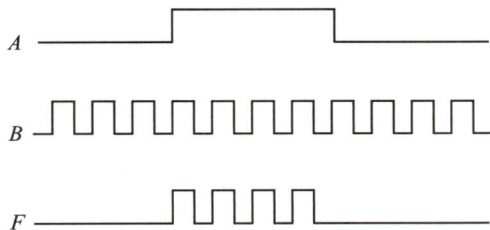

图 4-11　与门电路控制信号传送　　图 4-12　或门报警电路

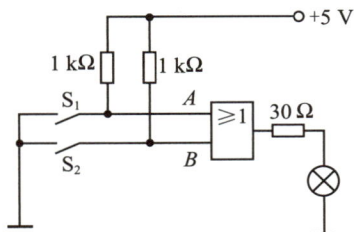

或门电路常用于两路防盗报警电路。如图 4-12 所示，S_1 和 S_2 为微动开关，可装在门和窗上，门、窗都关上时，S_1 和 S_2 闭合接地，报警灯不亮。如果门或者窗被打开时，相应的微动开关断开，接高电平，使报警灯亮；若在输出端接个音响电路则可实现声光同时报警。

非门电路应用举例：汽车水箱水位过低报警器。如图 4-13 所示，该报警器由铜棒探测器、六个非门、发光二极管 LED、压电陶瓷片 HTD、电源等组成。

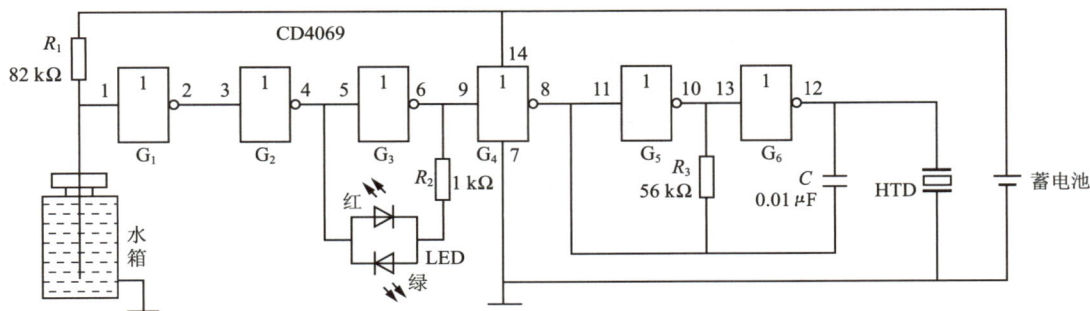

图 4-13　汽车水箱水位过低报警器

压电陶瓷片 HTD 是一种结构简单、轻巧的电声器件，在其上施加音频电压，就可产生机械振动，从而发出声音。

探测器放入水箱内，铜棒的半径可依具体情况而定，一般选用半径为 2 mm 的漆包线。探测器的下端置于水箱最低水位处，且不与接地的水箱体接触。

当水箱内水位正常（最低水位以上）时，铜线浸在水中。探测器与水箱体之间的电阻较小，G_1 的 1 脚输入端为低电平，相应 2 脚输出高电平，4、5 脚为低电平，6、9 脚为高电平。绿色 LED 中的绿灯发光，指示水位正常。8 脚为低电平，G_5 和 G_6 组成的振荡器停振，HTD 不发声，电路不报警。

当水箱水位处于最低水位以下时，探测器与水箱体之间呈开路状态，结果使反相器 G_1 的输入端 1 为高电平，经过三个非门（G_1、G_2、G_3）作用，G_3 的输出端 6 为低电平，LED 中的红灯亮，指示水箱水位已处于最低水位以下。同时，G_4 输出 8 脚为高电平，G_5 和 G_6 组成的振荡器工作，HTD 发出声响，电路报警。

汽车水箱中的水量减少，将直接影响汽车正常安全行驶，而该报警器可以在水箱水位处于最低水位以下时发出声光报警，及时提醒驾驶员加水，避免事故发生。

现代轿车都装有门锁装置，为了防止驾驶员将钥匙忘在点火开关内而下车关门，专门设计了门锁控制电路。如图 4-14 所示为门锁控制电路。

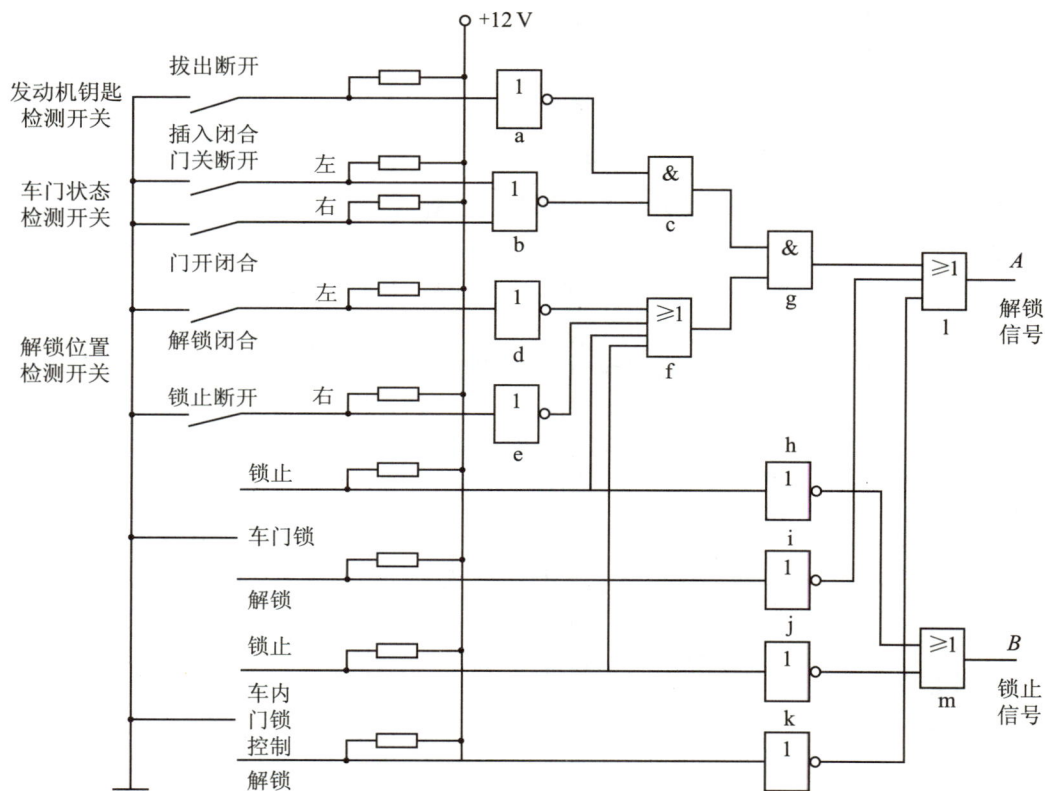

图 4-14　门锁控制电路包含多个门电路

四、集成电路

用一个简单的晶体管或者二极管要完成复杂的工作是不可能的，但是，通过特殊的半导体工艺将二极管、三极管、电阻等电子元器件和连接导线制作在一个很小的硅片上，并封装在壳体中，管壳外面只提供电源、地线、输入、输出线等，组成集成电路（IC），能同时完成复杂的电子功能。集成电路具有体积小、功耗小、成本低、可靠性高等一系列优点。

一个集成块的实际尺寸可能小于 4 mm²，IC 芯片尺寸经常变化，它们在汽车上可以用于不同传感器或控制系统的逻辑控制和发送指令装置。这些系统包括点火模块、燃油喷射控制、自动变速、自动防抱死、主动悬架系统、空调系统等。掌握了现代汽车上使用的普通电子电路和集成芯片的基础知识，技术人员能够有效对汽车电子故障进行诊断。

随着集成电路技术的发展，各种门电路已普遍采用集成电路，其中应用较多的是双极型的 TTL 门电路和单极型的 CMOS 门电路。数字集成电路的主要产品系列见表 4-8。

TTL 电路由晶体管组成，这种门电路于 20 世纪 60 年代问世，至今仍广泛应用于各种数字电路或系统中，它主要是由 NPN 或 PNP 型晶体管组成，还有二极管、电阻、电容等元器件；主要经过光刻、氧化、扩散等工艺制成，工艺较为复杂。TTL 电路驱动电流大、速度较快，但是功耗大。

CMOS 电路的主要组成是金属、氧化物、半导体管，是由 N 沟道 MOS 管和 P 沟道 MOS 管组合成互补型 MOS 电路，即 CMOS 电路。CMOS 电路比 TTL 电路制造工艺简单、工序少、成本低、集成度高、功耗低、抗干扰能力强、电压适应范围宽。

表 4-8　数字集成电路的主要产品系列

系　列	子系列	名　　称	国际型号	部标型号
TTL	TTL	基本型中速 TTL	CT54/74	T1000
	HTTL	高　　速 TTL	CT54/74H	T2000
	STTL	超　高　速 TTL	CT54/74S	T3000
	LSTTL	低　功　耗 TTL	CT54/74LS	T4000
	ALSTTL	先进低功耗 TTL	CT54/74ALS	
CMOS	CMOS	互补场效晶体管型	CC4000	C000
	HCOMS	高速 CMOS	CT54/74HC	
	HCMOST	与 TTL 兼容的高速 CMOS	CT54/74HCT	

常见的双列直插式集成门电路的外观见图 4-15。双列直插式的集成电路引脚排列次序为：看到识别标记(通常为凹口)，从标记开始，沿逆时针方向往下依次为 1，2，3，…，集成电路的引脚排列如图 4-16 所示。

图 4-15　常见的双列直插式集成门电路的外观

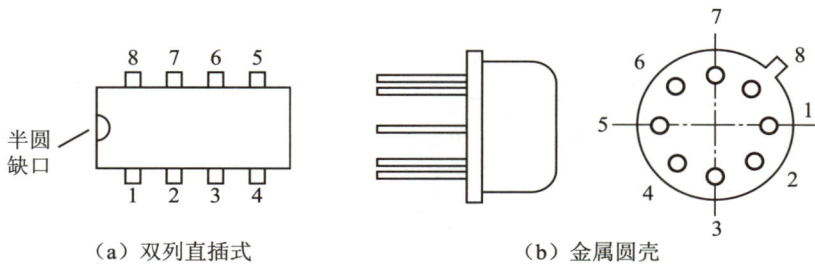

（a）双列直插式　　　　　（b）金属圆壳

图 4-16　集成电路的引脚排列

74LS08 是 TTL 与门，CD4081 是 CMOS 与门。内部含有四个二输入端与门，引脚排列顺序如图 4-17 所示。

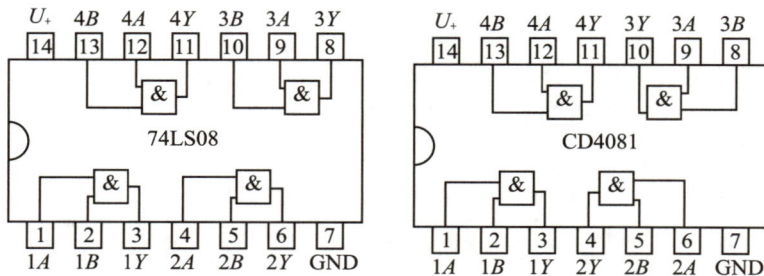

图 4-17　与门集成电路引脚排列图

内部有四个二输入或门 74LS32（TTL）和 CD4071，引脚排列顺序如图 4-18 所示。

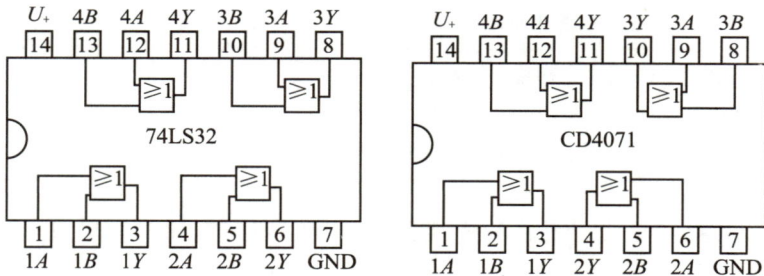

图 4-18　或门集成电路引脚排列图

非门电路 74LS04（TTL），引脚排列顺序如图 4-19 所示。

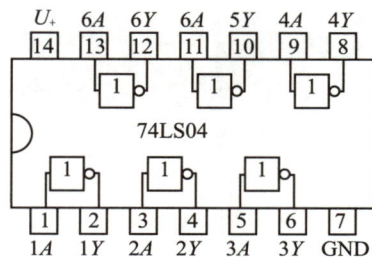

图 4-19　非门集成电路引脚排列图

74LS00 是常见的 TTL 与非门电路，图 4-20 是它的引脚排列图。

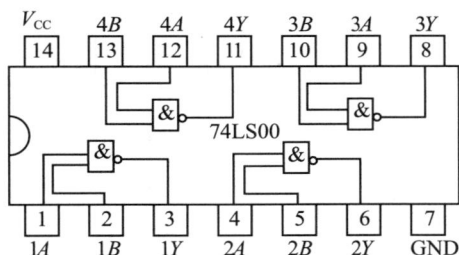

图 4-20　74LS00 与非门引脚排列图

不同的集成门电路引脚排列顺序可能不同，在使用集成门电路时，应在手册中了解每个引脚的作用和每个引脚的物理位置，以保证正确地使用和连线。

本书的实验选用了 4 款最常见的 CMOS 数字集成电路，分别是 CD4069、CD4011、CD4013、CD4017。CMOS 电路功耗低、工作电压范围宽、抗干扰能力强、输入抗阻高、接口方便。CMOS 系列集成电路工作电压一般为直流 3～18 V，比 TTL 集成电路的工作电压 4.5～5.5 V 宽很多。

CMOS 集成电路的输入端一般都是由保护二极管和串联电阻构成的保护网络。正常工作时，这些保护二极管均处于反向偏置状态，直流输入阻抗取决于这些二极管的泄漏电流，因此输入阻抗极高，几乎不消耗驱动电路的功率，这也就意味着其自身对其他外围电路的影响非常小，易于被其他外围电路所驱动，同时也容易驱动其他类型的电路元件。

由于 CMOS 集成电路自身功耗很低、发热量少、温度特性非常好，其中塑料封装的部分规格芯片工作温度范围可达 $-40℃～85℃$。

实验涉及的集成电路中，CD4011、CD4013、CD4069 有 16 个针脚。引脚的识别顺序是将集成电路正面摆放，有缺口的一端在左边，左下端的引脚为 1 脚，按逆时针方向依次编号，最终左上端的是最后一个引脚，该引脚也是集成电路的电源正极。右下端的引脚是集成电路的电源负极。

CD4069 芯片内封装了六个反相器，这六个反相器功能、参数都一样，用户可以自行选择全部使用或部分使用。CD4069 引脚排列顺序见图 4-21。

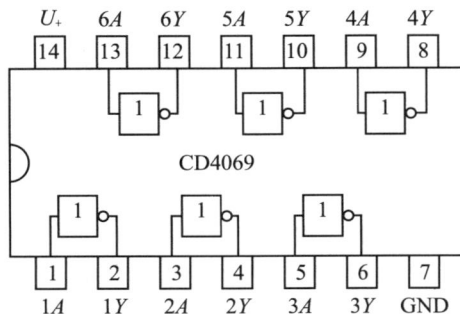

图 4-21　CD4069 引脚排列图

CD4011 有四个二输入端的与非门，它的引脚排列顺序见图 4-22。

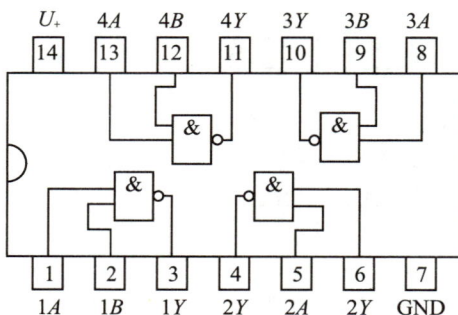

图 4-22　CD4011 引脚排列图

五、数字信号中关于信号电平的定义

在电子控制技术术语中，门电路的输入信号常常由电子开关的输出驱动。由于干扰的作用电压会波动，因此为信号电平定义一个电压范围。表 4-9 为在 12 V 系统中使用的信号电平。

表 4-9　在 12 V 系统中使用的信号电平

信号	电平	符号	电压	范围
0	L(低)	0	0 V	0~2 V
1	H(高)	1	12 V	6~12 V

该表显示的二进制变量"0"和"1"很容易区分。不应出现 2~6 V 的电压值并且 2~6 V 的电压值未被定义。

电压越高，电路的抗干扰能力越强。

六、三态门

三态门的逻辑符号如图 4-23 所示。

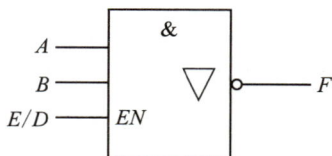

图 4-23　三态门逻辑符号

当 $EN=1$ 时，此时三态门是普通的与非门电路：$F=\overline{AB}$。

当 $EN=0$ 时(有效状态)，输出端对外电路呈现高阻态。

因为三态门在 $EN=1$ 时为普通与非门，有高、低电平两种状态，在 $EN=0$ 时为高阻态，共有三种状态，因此称为三态门。三态门主要用于总线结构，实现用一根导线轮流传送多路数据。通常把用于传输多个门输出信号的导线叫做总线（母线），如图 4-24 所示。只要控制端轮流地出现高电平（每一时刻只允许一个门正常工作），总线上就轮流送出各个与非门的输出信号，由此可省去大量的机内连线。

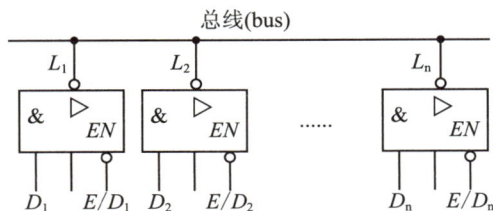

图 4-24　三态门实现总线传送

MISSION 2　组合逻辑电路认知与应用

任务目标

1. 了解组合逻辑电路的功用和型号。
2. 掌握组合逻辑电路的组成和工作原理。

必备知识

在数字系统特别是在计算机中，编码器、译码器等组合逻辑电路，是不可缺少的基本部件，它们由基本的门电路组合而成。

一、编码器

编码是把若干位二进制数码 0 和 1，按一定规律进行编排，组成不同的代码，并且赋予每组代码特定含义的过程。用文字、符号或数码表示特定对象的过程称为编码，如邮政编码、身份证号码、汽车牌号等。

1. 二进制编码器

能够将各种输入信息编成二进制代码的电路称为二进制编码器。n 位二进制代码只能对 2^n 个信号进行编码。

例如，三位二进制编码器，有八个输入信号，每次只有其中一个信号有输入，输出是三位二进制代码。

由表 4-10 可以看出，输入的八个信号分别被赋予了不同的编码。

表 4-10　三位二进制编码器真值表

输　入								输　出		
I_0	I_1	I_2	I_3	I_4	I_5	I_6	I_7	Y_2	Y_1	Y_0
1	0	0	0	0	0	0	0	0	0	0
0	1	0	0	0	0	0	0	0	0	1
0	0	1	0	0	0	0	0	0	1	0
0	0	0	1	0	0	0	0	0	1	1
0	0	0	0	1	0	0	0	1	0	0
0	0	0	0	0	1	0	0	1	0	1
0	0	0	0	0	0	1	0	1	1	0
0	0	0	0	0	0	0	1	1	1	1

电路可以用或门组合而成，如图 4-25（a）所示，也可以用与非门组合而成，如图 4-25（b）所示。

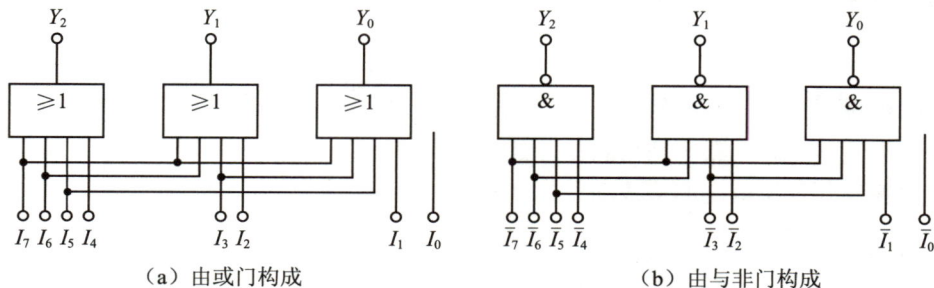

（a）由或门构成　　　　　　　　（b）由与非门构成

图 4-25　三位二进制编码器逻辑图

2. 二—十进制编码器

二—十进制编码器是用四位二进制数代码对一位十进制数码进行编码的电路，将 $0\sim9$ 十进制数转换为四位二进制代码的电路，简称 BCD 编码器。有多种编码方式，常见的有 8421BCD 码编码器，有十个输入信号，每次只有一个输入有信号，输出为四位二进制代码。8421BCD 码编码器的真值表如表 4-11 所示。

表 4-11　8421BCD 码编码器真值表

输　入	输　出			
I	Y_3	Y_2	Y_1	Y_0
$0(I_0)$	0	0	0	0
$1(I_1)$	0	0	0	1
$2(I_2)$	0	0	1	0
$3(I_3)$	0	0	1	1
$4(I_4)$	0	1	0	0
$5(I_5)$	0	1	0	1

续表

输　入	输　　　出			
I	Y_3	Y_2	Y_1	Y_0
6(I_6)	0	1	1	0
7(I_7)	0	1	1	1
8(I_8)	1	0	0	0
9(I_9)	1	0	0	1

　　实际电路中常常采用优先编码器，当多个信息同时输入时，只对输入中优先级别最高的信号进行编码。优先级别由编码者自行规定。

　　例如，10 线－4 线优先编码器(8421BCD 码优先编码器)，设其优先级别从 I_9 至 I_0 递降，输入与输出之间的关系见表 4-12，表中"×"表示可以是"1"或是"0"。

表 4-12　优先编码器真值表

输　入										输　出			
I_0	I_1	I_2	I_3	I_4	I_5	I_6	I_7	I_8	I_9	Y_3	Y_2	Y_1	Y_0
×	×	×	×	×	×	×	×	×	1	1	0	0	1
×	×	×	×	×	×	×	×	1	0	1	0	0	0
×	×	×	×	×	×	×	1	0	0	0	1	1	1
×	×	×	×	×	×	1	0	0	0	0	1	1	0
×	×	×	×	×	1	0	0	0	0	0	1	0	1
×	×	×	×	1	0	0	0	0	0	0	1	0	0
×	×	×	1	0	0	0	0	0	0	0	0	1	1
×	×	1	0	0	0	0	0	0	0	0	0	1	0
×	1	0	0	0	0	0	0	0	0	0	0	0	1
1	0	0	0	0	0	0	0	0	0	0	0	0	0

　　74148 是一种常用的 8 线－3 线优先编码器。其功能如表 4-13 所示，其中 $I_0 \sim I_7$ 为编码输入端，低电平有效。$A_0 \sim A_2$ 为编码输出端，也为低电平有效，即反码输出。其他功能：①EI 为使能输入端，低电平有效。②优先顺序为 $I_7 \rightarrow I_0$，即 I_7 的优先级最高，然后是 I_6，I_5，…，I_0。③GS 为编码器的工作标志，低电平有效。④EO 为使能输出端，高电平有效。

表 4-13　74148(8 线－3 线优先编码器)功能表

输　入									输　出				
EI	I_0	I_1	I_2	I_3	I_4	I_5	I_6	I_7	A_2	A_1	A_0	GS	EO
1	×	×	×	×	×	×	×	×	1	1	1	1	1
0	1	1	1	1	1	1	1	1	1	1	1	1	0
0	×	×	×	×	×	×	×	0	0	0	0	0	1
0	×	×	×	×	×	×	0	1	0	0	1	0	1

续表

输入									输出				
EI	I_0	I_1	I_2	I_3	I_4	I_5	I_6	I_7	A_2	A_1	A_0	GS	EO
0	×	×	×	×	×	0	1	1	0	1	0	0	1
0	×	×	×	×	0	1	1	1	0	1	1	0	1
0	×	×	×	0	1	1	1	1	1	0	0	0	1
0	×	×	0	1	1	1	1	1	1	0	1	0	1
0	×	0	1	1	1	1	1	1	1	1	0	0	1
0	0	1	1	1	1	1	1	1	1	1	1	0	1

二、译码器

译码器的功能是将每一组输入二进制代码"翻译"成为一个特定的输出信号。译码是编码的逆过程。实现译码的电路称为译码器。译码器也是一个多输入、多输出电路，它的输入是二进制代码或二—十进制代码，输出是代码所代表的字符。例如，数据从 CPU 到显示器，必须经过译码器。

常用的译码电路有三类：二进制译码器、二—十进制译码器和数字显示七段译码器。

1. 二进制译码器

二进制译码器是将输入二进制代码"翻译"成为原来对应信息的组合逻辑电路。它有 n 个输入端，2^n 个输出端，且对应于输入代码的每一种状态，2^n 个输出中只有一个为 1（或为 0），其余全为 0（或为 1）。

下面以译码器 CT74LS138（中规模集成电路）为例说明二进制译码器的功能。译码器 CT74LS138 的引脚排列及逻辑功能示意图见图 4-26。

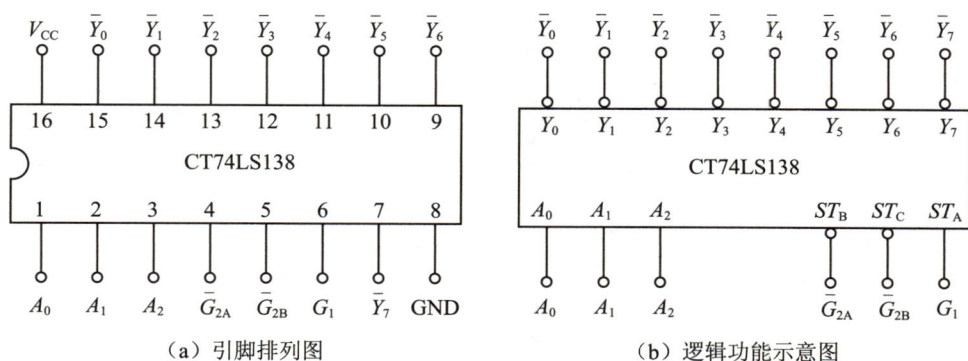

（a）引脚排列图　　　　（b）逻辑功能示意图

图 4-26　译码器 CT74LS138

A_2、A_1、A_0 为二进制译码输入端，$\overline{Y}_7 \sim \overline{Y}_0$ 为译码输出端（低电平有效），G_1、$\overline{G}_{2A}$、$\overline{G}_{2B}$ 为选通控制端。当 $G_1 = 1$、$\overline{G}_{2A} + \overline{G}_{2B} = 0$ 时，译码器处于工作状态；当 $G_1 = 0$、$\overline{G}_{2A} + \overline{G}_{2B} = 1$ 时，译码器处于禁止状态。

在这里，$G_1 = ST_A$，$\overline{G}_{2A} = \overline{ST}_{2B}$，$\overline{G}_{2B} = \overline{ST}_C$。它们被称为使能端。

表 4-14 为 CT74LS138 的真值表（其中 $\overline{G}_2 = \overline{G}_{2A} + \overline{G}_{2B}$）。

表 4-14　CT74LS138 的真值表

输　入					输　出							
G_1	$\overline{G}_2$	A_2	A_1	A_0	$\overline{Y}_7$	$\overline{Y}_6$	$\overline{Y}_5$	$\overline{Y}_4$	$\overline{Y}_3$	$\overline{Y}_2$	$\overline{Y}_1$	$\overline{Y}_0$
$\times$	1	$\times$	$\times$	$\times$	1	1	1	1	1	1	1	1
0	$\times$	$\times$	$\times$	$\times$	1	1	1	1	1	1	1	1
1	0	0	0	0	1	1	1	1	1	1	1	0
1	0	0	0	1	1	1	1	1	1	1	0	1
1	0	0	1	0	1	1	1	1	1	0	1	1
1	0	0	1	1	1	1	1	1	0	1	1	1
1	0	1	0	0	1	1	1	0	1	1	1	1
1	0	1	0	1	1	1	0	1	1	1	1	1
1	0	1	1	0	1	0	1	1	1	1	1	1
1	0	1	1	1	0	1	1	1	1	1	1	1

用两片 CT74LS138 可以组成 4 线－16 线译码器，如图 4-27 所示。4 线－16 线译码器工作情况如下。

当 $E = 1$ 时，两个译码器都不工作，输出 $\overline{Y}_{15} \sim \overline{Y}_0$ 都为高电平 1。

当 $E = 0$ 时，译码器工作：①当 $A_3 = 0$ 时，低位片工作。这时输出 $\overline{Y}_7 \sim \overline{Y}_0$ 由输入二进制代码 $A_2 A_1 A_0$ 决定。由于高位片的 $ST_A = A_3 = 0$ 而不能工作，输出 $\overline{Y}_{15} \sim \overline{Y}_8$ 都为高电平 1。②当 $A_3 = 1$ 时，低位片的 $\overline{ST}_B = A_3 = 1$ 不工作，输出 $\overline{Y}_7 \sim \overline{Y}_0$ 都为高电平 1。高位片的 $ST_A = A_3 = 1$ 处于工作状态，输出 $\overline{Y}_{15} \sim \overline{Y}_8$ 由输入二进制代码 $A_2 A_1 A_0$ 决定。

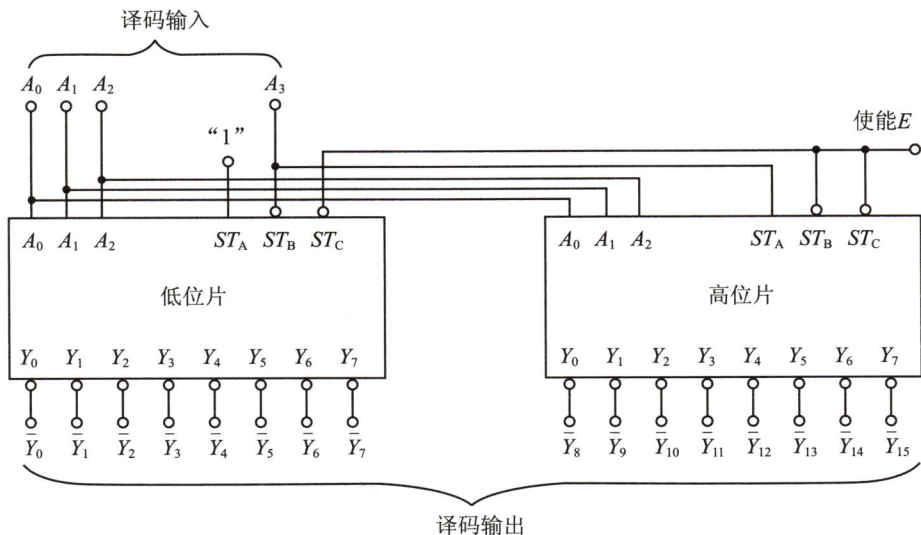

图 4-27　用两片 CT74LS138 组成 4 线－16 线译码器

2. 二—十进制译码器

把二进制代码翻译成 10 个十进制数字信号的电路，称为二—十进制译码器。

它有 4 个输入端，10 个输出端。二—十进制译码器的输入是十进制数的 4 位二进制编码（BCD 码），分别用 A_3、A_2、A_1、A_0 表示；输出的是与 10 个十进制数字相对应的 10 个信号，用 $Y_9 \sim Y_0$ 表示。由于二—十进制译码器有 4 根输入线，10 根输出线，所以又称为 4 线—10 线译码器。

下面以 4 线—10 线译码器 CT74LS42（中规模集成电路）为例说明，如图 4-28 所示，输入为 8421BCD 代码，输出 $\overline{Y}_9 \sim \overline{Y}_0$ 为低电平有效。

当 CT74LS42 输入伪码 1010～1111 时，输出 $\overline{Y}_9 \sim \overline{Y}_0$ 都为高电平 1，不会出现低电平 0。因此，译码器不会产生错误译码。

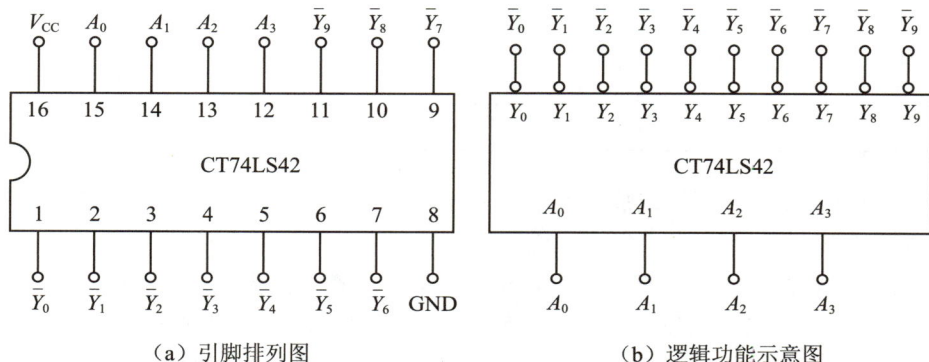

（a）引脚排列图　　　　　　　　　（b）逻辑功能示意图

图 4-28　译码器 CT74LS42

3. 数码显示译码器

用来驱动各种显示器件，从而将用二进制代码表示的数字、文字、符号翻译成人们习惯的形式直观地显示出来的电路，称为显示译码器。

显示译码器主要是由译码器和驱动器组成，通常这二者都集成在一块芯片上。

（1）七段数字显示器

常见的七段数字显示器有半导体数码显示器（LED）和液晶显示器（LCD）等。这种显示器由七段发光的字段组合而成。LED 是利用半导体制成的，LCD 是利用液晶的特点制成的。由七段发光二极管组成的数码显示器如图 4-29 所示。

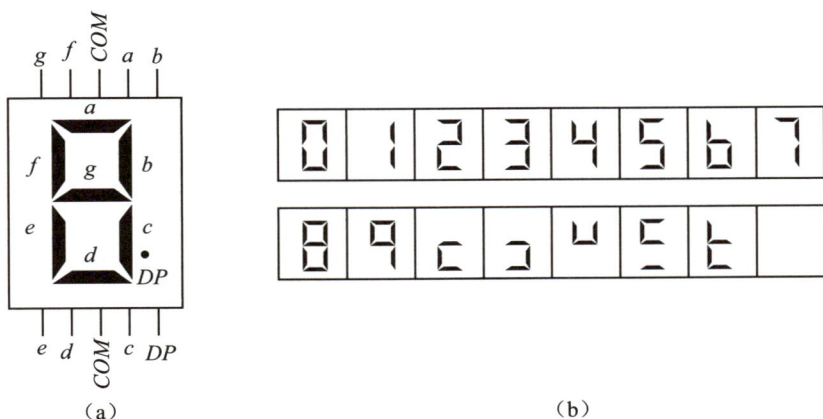

图 4-29　七段发光二极管组成的数码显示器

按内部连接方式不同，七段数字显示器分为共阴极和共阳极两种。（见图 4-30）

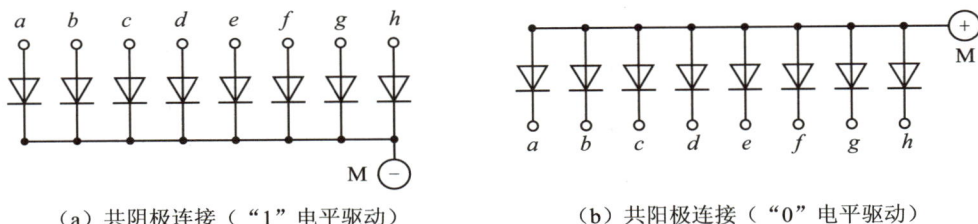

（a）共阴极连接（"1"电平驱动)　　　　（b）共阳极连接（"0"电平驱动)

图 4-30　七段数字显示器内部连接方式

小型数码管(0.5 寸和 0.36 寸)每段发光二极管的正向压降，随显示光(通常为红、绿、黄、橙色)的颜色不同略有差别，通常为 2~2.5 V，每个发光二极管的点亮电流在 5~10 mA。半导体显示器的优点是工作电压较低、体积小、寿命长、亮度高、响应速度快、工作可靠性高。缺点是工作电流大。

LED 数码管要显示 BCD 码所表示的十进制数字就需要有一个专门的译码器，该译码器不但要完成译码功能，还要有一定的驱动能力。

（2）七段显示译码器

驱动七段数码管的是与之对应的 8421BCD 七段显示译码器。

输入一个 4 位 8421 码，经七段显示译码器输出数码管各段的驱动信号，控制显示相应的十进制数。若驱动共阳极 LED 管，则七段显示译码器的逻辑状态如表 4-15 所示。

表 4-15　七段显示译码器的逻辑状态表

D_3	D_2	D_1	D_0	$\overline{F}_a$	$\overline{F}_b$	$\overline{F}_c$	$\overline{F}_d$	$\overline{F}_e$	$\overline{F}_f$	$\overline{F}_g$	显示字符
0	0	0	0	0	0	0	0	0	0	1	0
0	0	0	1	1	0	0	1	1	1	1	1
0	0	1	0	0	0	1	0	0	1	0	2

续表

D_3	D_2	D_1	D_0	$\overline{F_a}$	$\overline{F_b}$	$\overline{F_c}$	$\overline{F_d}$	$\overline{F_e}$	$\overline{F_f}$	$\overline{F_g}$	显示字符
0	0	1	1	0	0	0	0	1	1	0	3
0	1	0	0	1	0	0	1	1	0	0	4
0	1	0	1	0	1	0	0	1	0	0	5
0	1	1	0	1	1	0	0	0	0	0	6
0	1	1	1	0	0	0	1	1	1	1	7
1	0	0	0	0	0	0	0	0	0	0	8
1	0	0	1	0	0	0	0	1	0	0	9

两种驱动显示器电路如图 4-31 所示。74LS47 输出低电平有效，接共阴极数码管；74LS48 输出高电平有效，接共阳极数码管。

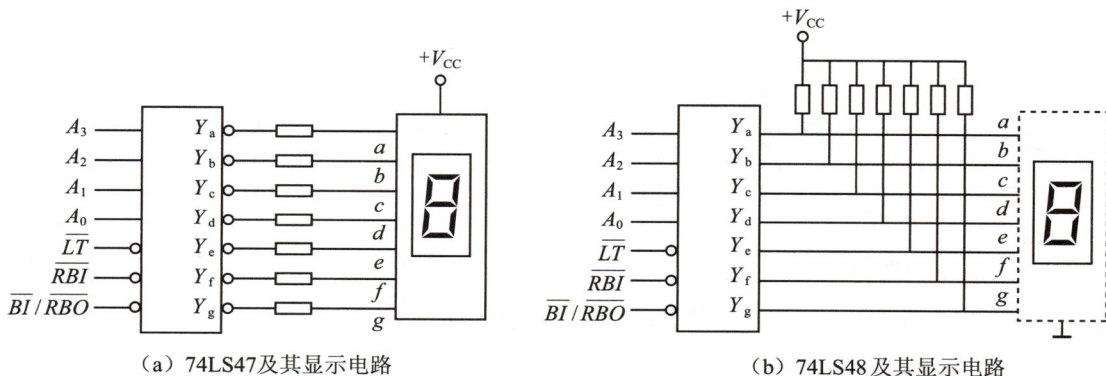

（a）74LS47及其显示电路　　　　　　　（b）74LS48及其显示电路

图 4-31　驱动显示器电路

Ｍission 3　触发器及时序逻辑电路认知及应用

任务目标

1. 了解触发器及时序逻辑电路的作用。
2. 掌握触发器及时序逻辑电路的组成。

必备知识

组合逻辑电路的输出状态仅取决于当时的输入状态，而时序逻辑电路则不同，它的输出状态不仅取决于当时的输入状态，还与电路的原来状态有关，也就是说，时序逻辑电路具有记忆功能。组合电路的基本单元是门电路，时序电路的基本单元是触发器。

一、触发器

1. 基本 RS 触发器

基本 RS 触发器电路结构及图形符号如图 4-32 所示。

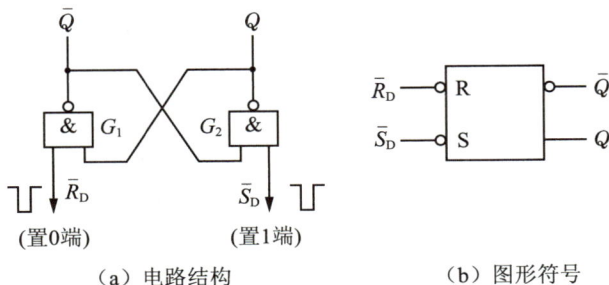

（a）电路结构　　　　　（b）图形符号

图 4-32　与非门组成的基本 RS 触发器

电路由两个与非门的输入输出端交叉耦合。它与组合电路的根本区别在于，电路中从输出信号到输入信号有反馈线。

它有二个输入端 $\bar{R}_D$、$\bar{S}_D$，有两个输出端 Q、$\bar{Q}$。一般情况下，Q、$\bar{Q}$ 是互补的。

定义：当 $Q=1$，$\bar{Q}=0$ 时，称为触发器的 1 状态；当 $Q=0$，$\bar{Q}=1$ 时，称为触发器的 0 状态。逻辑功能表见表 4-16。

表 4-16　基本 RS 触发器逻辑功能表

$\bar{R}_D$	$\bar{S}_D$	Q^{n+1}	功能说明
1	0	1	置 1（置位）
0	1	0	置 0（复位）
1	1	不变（$Q^{n+1}=Q^n$）	保持原状态
0	0	不定	不稳定状态

可见，触发器的新状态 Q^{n+1}（也称次态）不仅与输入状态有关，也与触发器原来的状态 Q^n（也称现态或初态）有关，它具有了记忆功能。

基本的触发器具有以下特点。

①有两个互补的输出端，有两个稳态。

②有复位（$Q=0$）、置位（$Q=1$）、保持原状态三种功能。

③$\bar{R}_D$ 为复位输入端，$\bar{S}_D$ 为置位输入端，该电路为低电平有效。

④由于反馈线的存在，无论是复位还是置位，有效信号只需作用很短的一段时间，即"一触即发"。

已知输入 $\bar{R}_D$ 端、$\bar{S}_D$ 端的波形图如图 4-33 所示，则可知输出 Q 的波形图。

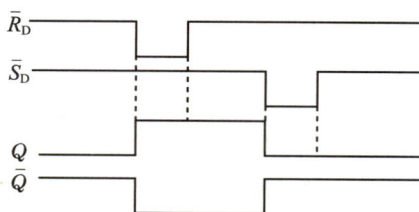

图 4-33　基本 RS 触发器波形图

2.　钟控 RS 触发器

在实际应用中，触发器的工作状态不仅要由 R、S 端的信号来决定，而且还希望触发器按一定的节拍翻转。为此，给触发器加一个时钟控制端 CP，只有在 CP 端上出现时钟脉冲时，触发器的状态才能变化。具有时钟脉冲控制的触发器状态的改变与时钟脉冲同步，所以称为钟控触发器。

钟控 RS 触发器的电路结构及逻辑符号如图 4-34 所示。

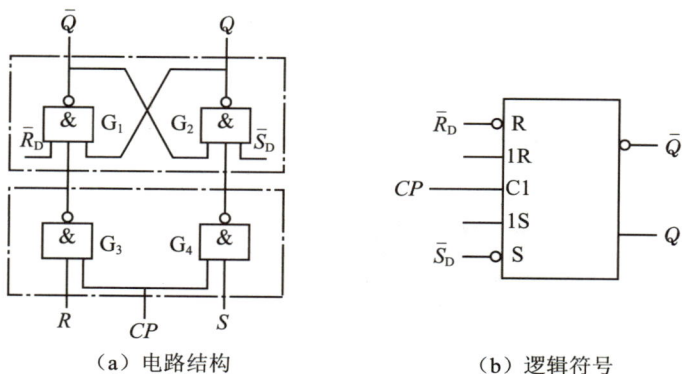

（a）电路结构　　　　　　　（b）逻辑符号

图 4-34　钟控 RS 触发器电路结构和逻辑符号

当 $CP=0$ 时，控制门 G_3、G_4 关闭，都输出 1。这时，不管 R 端和 S 端的信号如何变化，触发器的状态保持不变。

当 $CP=1$ 时，G_3、G_4 打开，R、S 端的输入信号才能通过这两个门，使基本 RS 触发器的状态翻转，其输出状态由 R、S 端的输入信号决定，见表 4-17。

表 4-17　钟控 RS 触发器逻辑功能表

CP	R	S	Q^{n+1}
0	×	×	保持不变（$Q^{n+1}=Q^n$）
1	1	0	0
1	0	1	1
1	1	1	保持不变（$Q^{n+1}=Q^n$）
1	0	0	不定（应尽量避免）

注：×表示取值可以是"1"或者"0"。

由此可以看出，钟控 RS 触发器的状态转换分别由 R、S 和 CP 控制，$CP=0$ 时触发器保持不变处于记忆状态，当 $CP=1$ 时，R、S 可以引起触发器状态的改变。

$\overline{R}_D$、$\overline{S}_D$ 端直接置 1、置 0。不经 CP 端控制，在时钟作用前使用，CP 工作时，$\overline{R}_D$、$\overline{S}_D$ 可以悬空或接高电平。

3. JK 触发器

钟控触发器存在的最大问题是空翻。在一个时钟周期的整个高电平期间或整个低电平期间都能接收输入信号并改变状态的触发方式称为电平触发。由此引起的在一个时钟脉冲周期中，触发器发生多次翻转的现象叫做空翻。空翻是一种有害的现象，它使得时序电路不能按时钟节拍工作，造成系统的误动作。造成空翻现象的原因是可控触发器结构的不完善。

在很多情况下，要求对应于一个时钟脉冲，触发器只能翻转一次。JK 触发器克服了空翻现象，而且没有约束条件，在 $J=K=1$ 时，每输入一个时钟脉冲后，触发器向相反的状态翻转一次。图 4-35 为 JK 触发器的逻辑符号，表 4-18 为 JK 触发器的功能表。

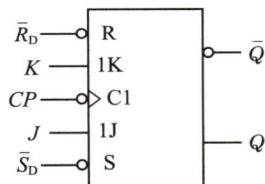

图 4-35　JK 触发器逻辑符号

表 4-18　JK 触发器功能表

J	K	Q^{n+1}	功能说明
1	0	1	置 1（置位）
0	1	0	置 0（复位）
0	0	不变（$Q^{n+1}=Q^n$）	保持原状态
1	1	计数（$Q^{n+1}=\overline{Q}^n$）	状态改变

设 JK 触发器的初始状态为 0，已知输入 J、K 的波形图如图 4-36 所示，则可知输出 Q 的波形图。

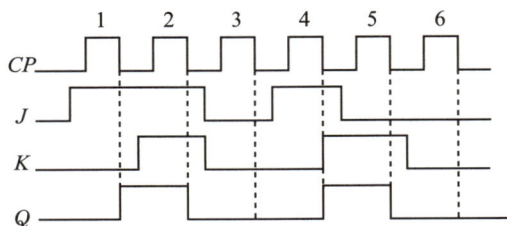

图 4-36　JK 触发器波形图

通过图 4-36 不难发现，JK 触发器波形不存在空翻现象。

在画 JK 触发器的波形图时，应注意以下两点。

一是触发器的触发翻转发生在时钟脉冲的触发沿（这里是下降沿）。

二是判断触发器次态的依据是时钟脉冲下降沿前一瞬间输入端的状态。

JK 触发器的种类很多，有下降沿触发的，也有上升沿触发的。常用的集成 JK 触发器有 74LS112、CC4027 等。图 4-37 是下降沿触发的双 JK 集成触发器 74LS112 的波形图和逻辑符号，$\overline{R}_D$，$\overline{S}_D$ 分别为置 0 端和置 1 端，均为低电平有效。不经 CP 端控制，在时钟作用前使用，CP 工作时，$\overline{R}_D$，$\overline{S}_D$ 可以悬空或接高电平。

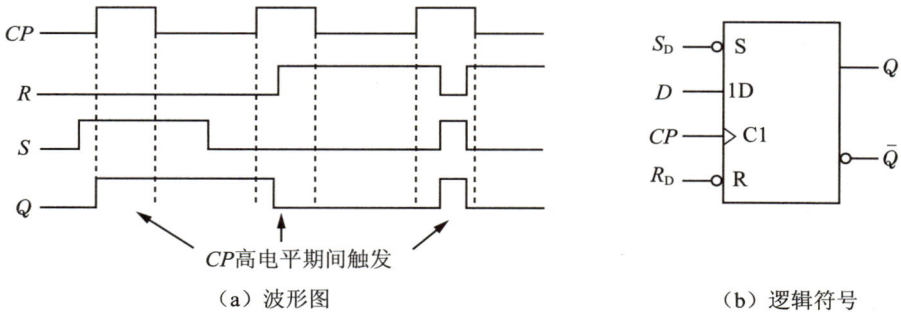

（a）波形图　　　　　　　　　　　　　（b）逻辑符号

图 4-37　下降沿触发的双 JK 集成触发器 74LS112

4. D 触发器

在数字装置中往往需要各种类型的触发器，而市场上出售的触发器多为 JK 触发器和 D 触发器。

D 触发是一种边沿触发器，不仅将触发器的触发翻转控制在 CP 触发沿到来的一瞬间，而且将接收输入信号的时间也控制在 CP 触发沿到来的前一瞬间，从而大大提高了触发器工作的可靠性和抗干扰能力。

D 触发器（见图 4-38）只有一个触发输入端 D，因此，逻辑关系非常简单，如表 4-19 所示。

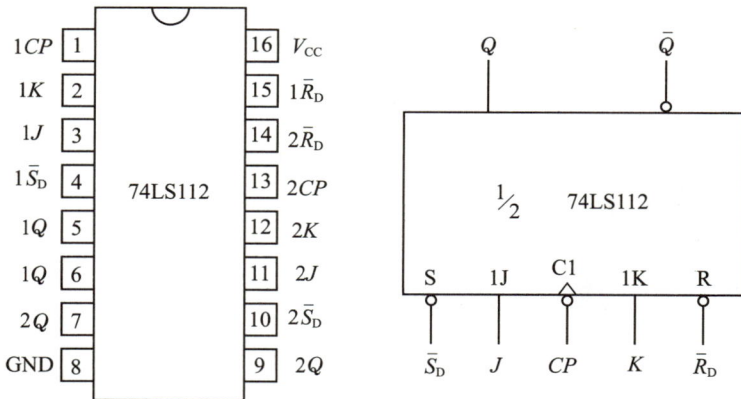

图 4-38　D 触发器

表 4-19　D 触发器的功能表

D	Q^{n+1}	功能说明
1	1	置 1（置位）
0	0	置 0（复位）

设 D 触发器的初始状态为 0，已知输入 D 的波形图，则输出 Q 的波形图如图 4-39 所示。

在画此类触发器的波形图时，应注意以下两点。

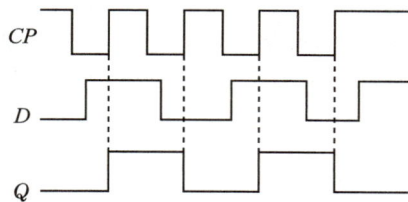

图 4-39　D 触发器波形图

一是触发器的触发翻转发生在时钟脉冲的触发沿（这里是上升沿）。

二是在 $CP=1$ 期间，如果输入信号的状态没有改变，判断触发器次态的依据是时钟脉冲上升沿前一瞬间输入端的状态。

D 触发器有 TTL 和 CMOS 两大类。常用的 TTL 型双 D 触发器 74LS74 外引脚图和逻辑符号如图 4-40(a)，CMOS 型双 D 触发器 CC4013 引脚功能如图 4-40(b)。

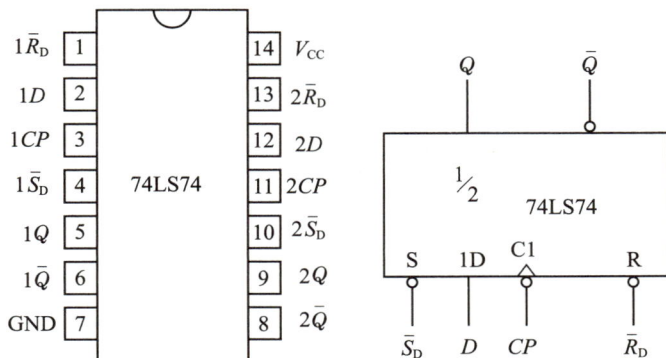

（a）双D触发器74LS74外引脚图和逻辑符号

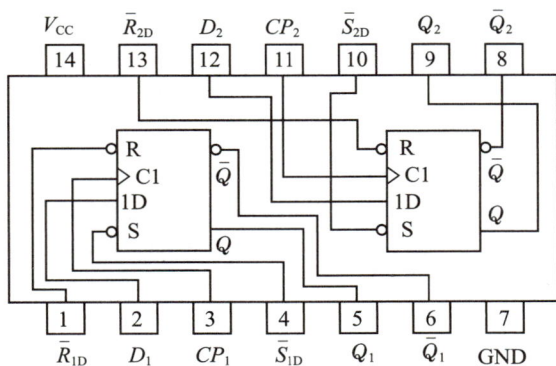

（b）CC4013引脚功能

图 4-40　74LS74 和 CC4013 引脚功能图

二、常见时序逻辑电路

触发器是构成时序逻辑电路的基本单元，常见时序逻辑电路有寄存器和计数器等。它们都具有记忆功能。

1. 寄存器

寄存器是一种重要的数字电路元件，常用来暂时存放数据、指令等。寄存器由若干触发器和门电路组成，一个触发器只能存放一位二进制数，n 位二进制代码要用 n 个触发器构成的 n 位寄存器储存。4 位数码寄存器如图 4-41 所示。

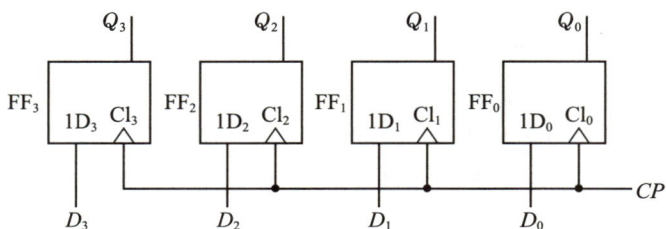

图 4-41 4 位数码寄存器

从图 4-41 中可以看出：4 个触发器的时钟输入端连在一起，受时钟脉冲的同步控制；D_3、D_2、D_1、D_0 是寄存器并行的数据输入端，输入 4 位二进制数；Q_3、Q_2、Q_1、Q_0 是寄存器并行的输出端，输出 4 位二进制数码。

①清除数码。从 $\overline{R}_D$ 端输入负脉冲即 $\overline{R}_D = 0$，则四个触发器全部清零，即 $Q_3 Q_2 Q_1 Q_0 = 0000$。在清零后接高电平，即 $\overline{R}_D = 1$。

②寄存数码。当在 CP 上升沿时寄存器接受数码。例如，要寄存一个 4 位二进制数，如 $D_3 D_2 D_1 D_0 = 1101$，将数码 1101 加到对应数码输入端，CP 上升沿时，各触发器 $Q^{n+1} = D$，则 $Q_3 Q_2 Q_1 Q_0 = D_3 D_2 D_1 D_0 = 1101$。

③保存数码。当 CP 处于低电平，即 $CP = 0$ 时，各触发器处于保持状态，$Q_3 Q_2 Q_1 Q_0$ 数值不变。

此寄存器采用的是并行输入（输入信号同时输入到寄存器输入端）和并行输出方式（输出信号同时出现在寄存器输出端）。

在实际应用中，经常要求寄存器中数码能逐位向左或向右移动。

移位寄存器不仅具有存放数码的功能，而且还有移位的功能。所谓移位就是每当一个时钟脉冲到来时触发器的状态向左或向右移一位。图 4-42 是由 D 触发器组成的 4 位单向右移移位寄存器。

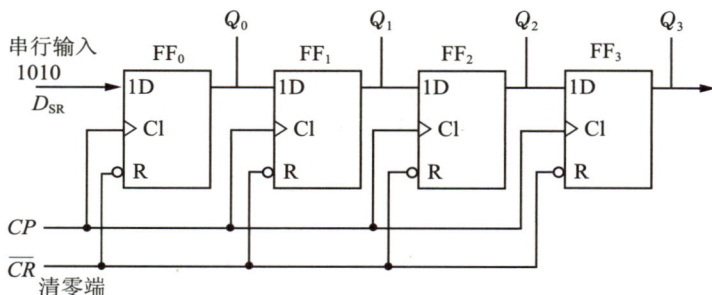

图 4-42 右移移位寄存器

从 D 端串行输入 4 位二进制数，$A_3 A_2 A_1 A_0$（如 1010）。在 CP 脉冲作用下，寄存器中数码的移动情况如表 4-20 所示。

表 4-20　右移寄存器中数码的移动情况

CP	输入 D_{SR}	输出				移位过程
		Q_0	Q_1	Q_2	Q_3	
0	0	0	0	0	0	清零
1	1	0	0	0	0	输入第 1 个数码
2	0	1	0	0	0	右移 1 位
3	1	0	1	0	0	右移 2 位
4	0	1	0	1	0	右移 3 位

图 4-43 为左移移位寄存器，它采用了串行输入（信号从一个输入端逐位输入到寄存器）和串行输出（输出信号逐位出现在寄存器输出端）的方法。

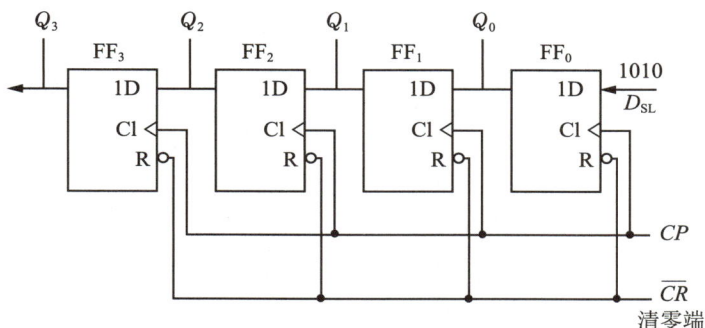

图 4-43　左移移位寄存器

在计算机运算系统中，常需要一种把数据能够向左移又能向右移位的双向功能寄存器。目前各种移位寄存器大都集成化，如常用的四位双向移位寄存器 74LS194 就是其中一种，它的功能比较多，可以实现双向移位 74LS194 管脚排列图见图 4-44。M_1、M_0 为工作方式控制端，取值不同，工作方式不同，见表 4-21。

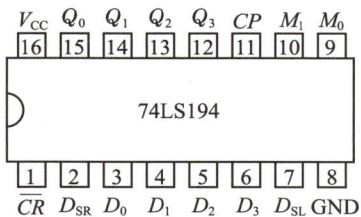

图 4-44　74LS194 管脚排列图

表 4-21　M_1，M_0 控制 74LS194 的工作方式

$\overline{CR}$	M_1	M_0	功　能
0	×	×	清零
1	0	0	保持
1	0	1	右移
1	1	0	左移
1	1	1	并行输入

寄存器的优点是存储时间短、速度快，可用来当高速缓冲存储器。其缺点是一旦停电，所存储的数码便全部丢失，因此数码寄存器通常用于暂存工作过程中的数据和信息，不能作为永久的存储器使用。

由许多的寄存器组合起来的大规模集成电路可作为数据存储器，每个寄存器是数据存储器中的一个存储单元，再用地址线来选择对应的存储单元，就成为随机存取存储器 RAM。

2. 计数器

在数字电路和计算机中，计数器是最基本的部件之一，它能累计输入脉冲的个数。当输入脉冲的频率一定时，又可作为定时器使用。计数器可以进行加法计数，也可以进行减法计数。

（1）异步二进制加法计数器

图 4-45 所示为由 4 个下降沿触发的 JK 触发器组成的四位异步二进制加法计数器的逻辑图。最低位触发器 FF_0 的时钟脉冲输入端接计数脉冲 CP，其他触发器的时钟脉冲输入端接相邻低位触发器的 Q 端，这种计数脉冲不是同时加到每个触发器的 C1 端的连接形式称为异步计数器。

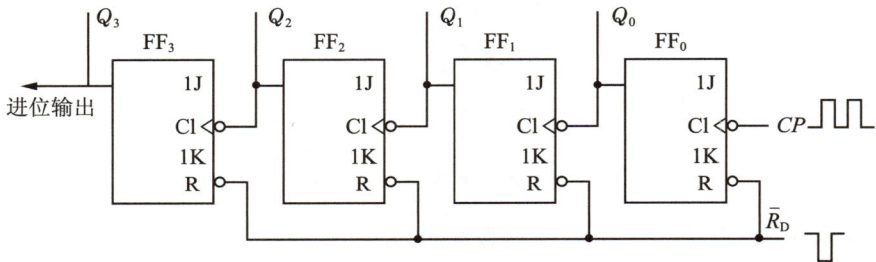

图 4-45　四位异步二进制加法计数器

由于 J、K 端悬空，相当于 $J=K=1$，$Q_{n+1}=\overline{Q}_n$，触发器处于计数状态，每个触发器的状态如表 4-22 所示。

表 4-22　四位异步二进制加法计数器状态表

输入脉冲序号	Q_3	Q_2	Q_1	Q_0
0	0	0	0	0
1	0	0	0	1
2	0	0	1	0
3	0	0	1	1
4	0	1	0	0
5	0	1	0	1

续表

输入脉冲序号	Q_3	Q_2	Q_1	Q_0
6	0	1	1	0
7	0	1	1	1
8	1	0	0	0
9	1	0	0	1
10	1	0	1	0
11	1	0	1	1
12	1	1	0	0
13	1	1	0	1
14	1	1	1	0
15	1	1	1	1
16	0	0	0	0

　　可见，从初态 0000（由清零脉冲所置）开始，每输入一个计数脉冲，计数器的状态按二进制加法规律加一，所以是二进制加法计数器。图 4-46 所示是四位异步二进制加法计数器的工作波形。

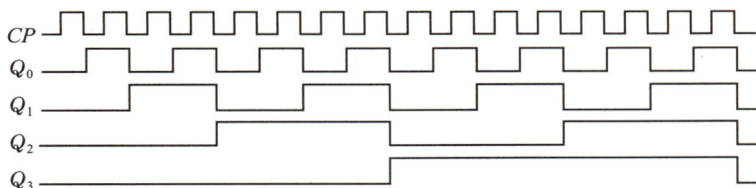

图 4-46　四位异步二进制加法计数器的工作波形

　　从图 4-46 可以看出，Q_0、Q_1、Q_2、Q_3 的周期分别是计数脉冲（CP）周期的 2 倍、4 倍、8 倍、16 倍，也就是说，Q_0、Q_1、Q_2、Q_3 分别对 CP 波形进行了 2 分频、4 分频、8 分频、16 分频，因而计数器也可作为分频器。

　　异步二进制计数器结构简单，改变级联触发器的个数，可以很方便地改变二进制计数器的位数，n 个触发器构成 n 位二进制计数器或 2^n 分频器。

　　（2）同步二进制加法计数器

　　若计数器的输出端在计数脉冲到来之后同时完成状态的变换则称同步计数器。显然，同步计数器的工作速度高于异步计数器。图 4-47 是四位同步二进制加法计数器，它的每个触发器的状态转换均与输入脉冲同步，因此计数速度较快。

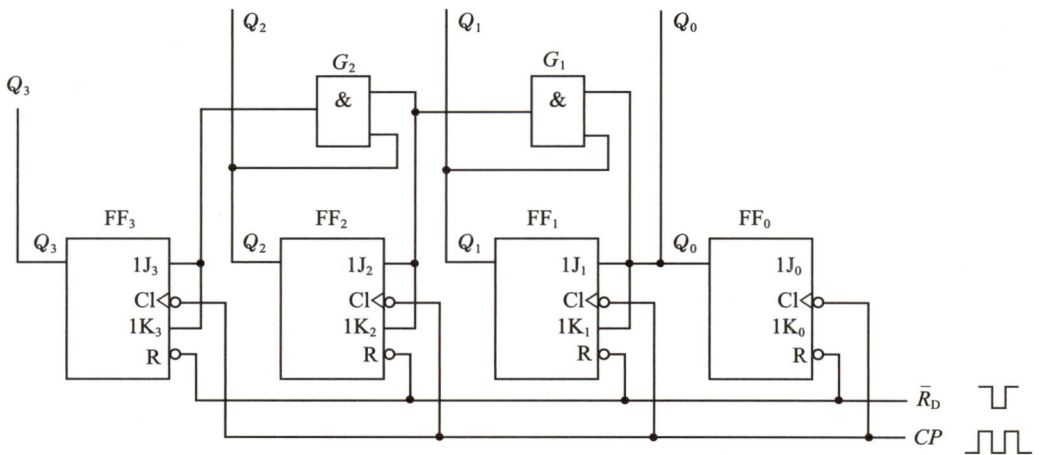

图 4-47　四位同步二进制加法计数器

实用的同步二进制计数器广泛采用中规模集成计数器。例如，SN74193 同步四位二进制可逆集成计数器，管脚功能如图 4-48 所示。

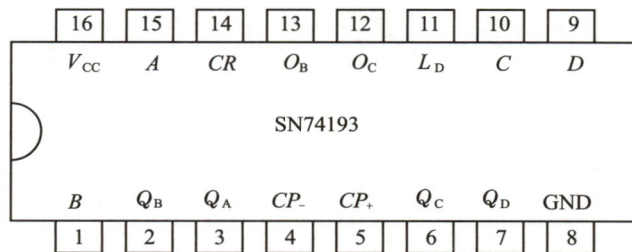

图 4-48　SN74193 的管脚功能图

图 4-48 中 A、B、C、D 为数据输入端；Q_A、Q_B、Q_C、Q_D 是数码输出端。CP_+ 和 CP_- 分别为加法与减法计数脉冲输入端；CR 为置 0 端，L_D 为置数控制端。

SN74193 同步四位二进制可逆集成计数器的功能参见表 4-23。当 $CR=1$ 时，计数器置零；当 $CR=0$ 时，计数器输出状态与 L_D、CP_+ 与 CP_- 有关。

表 4-23　SN74193 功能表

输　入								输　出			
CR	L_D	CP_+	CP_-	A	B	C	D	Q_A	Q_B	Q_C	Q_D
1	×	×	×	×	×	×	×	0	0	0	0
0	0	×	×	A	B	C	D	A	B	C	D
0	1	1	↑	×	×	×	×	加法计数			
0	1	↑	1	×	×	×	×	减法计数			

注：表中×表示信号可取任意值；↑表示由低电平向高电平变化时（上升沿）触发有效。

（3）十进制计数器

为符合人们的日常习惯，常常在某些场合采用十进制计数器。若用 8421BCD 码表示十进制数，计数时，在计数器为 1001(9) 之后再来一个脉冲应变为 0000，即每 10 个脉冲循环一次，如表 4-24 所示。

表 4-24　十进制计数器计数循环方式

CP	Q_3	Q_2	Q_1	Q_0
0	0	0	0	0
1	0	0	0	1
2	0	0	1	0
3	0	0	1	1
4	0	1	0	0
5	0	1	0	1
6	0	1	1	0
7	0	1	1	1
8	1	0	0	0
9	1	0	0	1
10	0	0	0	0

目前二一十进制的集成计数器应用较多，SN7490A 兼有二进制、五进制和十进制三种计数功能。其引脚排列如图 4-49 所示，状态表如图 4-25 所示。

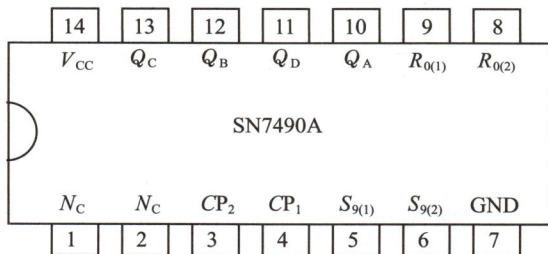

图 4-49　SN7490A 引脚排列图

表 4-25　SN7490A 功能表

输　入				输　出			
$R_{0(1)}$	$R_{0(2)}$	$R_{9(1)}$	$R_{9(2)}$	Q_A	Q_B	Q_C	Q_D
1	1	0	×	0	0	0	0
1	1	×	0	0	0	0	0
×	×	1	1	1	0	0	1

输　入				输　出			
$R_{0(1)}$	$R_{0(2)}$	$R_{9(1)}$	$R_{9(2)}$	Q_A	Q_B	Q_C	Q_D
×	0	×	0	计　数			
0	×	0	×				
0	×	×	0				
×	0	0	×				
外部接线	①将 Q_A 和 CP_2 连接执行 8421BCD 码 ②将 Q_D 和 CP_1 连接执行 5421BCD 码						

SN7490A 的使用说明如下。

①若 $R_{0(1)}=R_{0(2)}=1$ 且 $S_{9(1)}$ 或 $S_{9(2)}$ 中任一端为 0，则计数器清零。

②若 $S_{9(1)}=S_{9(2)}=1$，8421 码连接时 $Q_DQ_CQ_BQ_A=1001$，计数器置 9。

③若按功能表最下面四行中任意一行取值时，则进入计数工作状态。

④若计数脉冲从 CP_2 处输入，在 Q_D、Q_C、Q_B 端输出，则是五进制计数器。

⑤若按上表中最后一栏方法连接，则构成十进制计数器。

三、时序逻辑电路在汽车上的应用

1. 数字钟

数字钟的原理框图如图 4-50 所示。

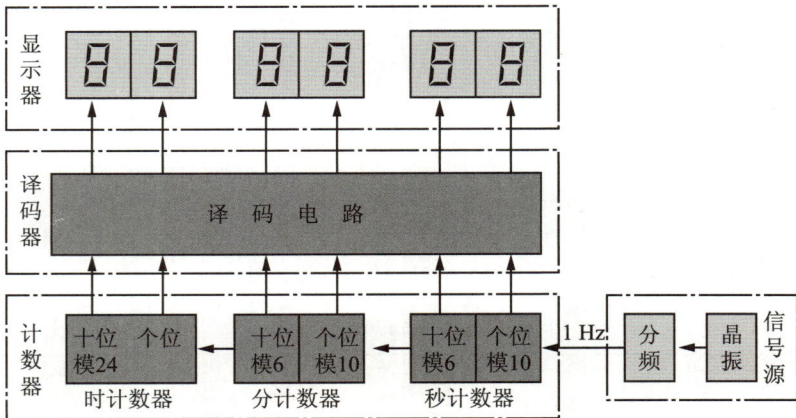

图 4-50　数字钟的原理框图

晶振（石英晶体振荡器）产生频率稳定的信号，经整形转变为脉冲信号，分频器（即计数器）将其转变为 1 Hz 的秒脉冲信号，秒计数器计数到 60 时，恢复为零并向分计数器输出一个进位脉冲。分计数器计数到 60 时，恢复为零并向时计数器输出一个进位脉冲。时计数器计数到 24 时，恢复为零，重新循环计数。

2. 数字转速表

数字转速表示意图如图 4-51 所示。

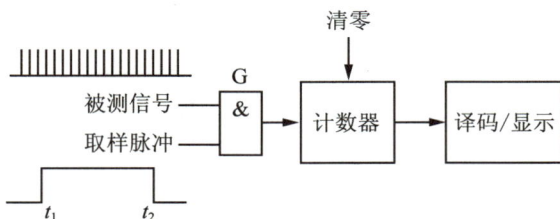

图 4-51　数字转速表示意图

在电机的外侧贴一个反光纸，当数字转速表的发光二极管照射反光纸以后，反射光使光敏二极管导通，在电阻上产生一个脉冲信号，电动机每旋转一圈，光电转换装置就产生一个脉冲信号。

这些脉冲信号被整形以后形成被测信号，取样脉冲 t_1 到 t_2 间隔为 1 s，送入与门 G 以后，这样就能测量出在每秒内送到计数器的脉冲数，可以算出每分钟的脉冲数，然后经译码显示电路显示出转速。

任务 4　数字集成电路在汽车上的应用

任务目标

1. 了解 555 集成电路结构、原理以及特点和基本应用。
2. 了解汽车前照灯电子变光器电路基本工作原理。
3. 了解发动机超温报警电路基本工作原理。

必备知识

一、555 时基电路

555 时基电路是一种能够产生定时信号（或称时钟信号），能够完成各种定时或延时功能的中规模集成电路。它将模拟功能和数字逻辑功能巧妙地结合在一起。电路功能灵活，适用范围广，只要在外部配上几个阻容元件，就可以构成性能稳定而准确的方波发生器、单稳态触发器和施密特触发器等。它的应用相当广泛，可用作定时控制；用于调光、调温、调压、调速等多种控制；组成脉冲振荡、单稳、双稳和脉冲调制电路等。在汽车电子电路中随处可见。

由于其内部标准电压使用了三个 5 kΩ 电阻，故取名 555 电路。有 CMOS 型和 TTL 型两大类，两者的结构与工作原理类似。几乎所有双极型的产品型号最后三位数码都是

555 或 556；所有的 COMS 型的产品型号最后三位数码都是 7555 或 7556；逻辑功能和引脚排列完全相同，易于互换。

555 集成电路为 8 脚双列直插型封装。555 集成电路引脚排列如图 4-52 所示。

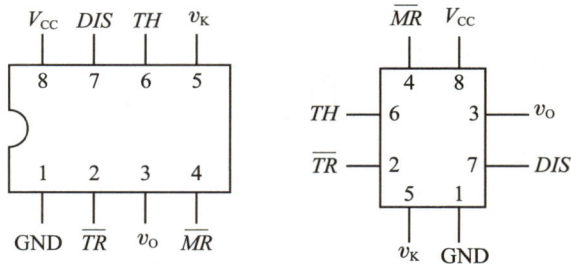

图 4-52　555 集成电路引脚排列

通常，555 集成电路采用单电源，在 5～15 V 电压范围内均能工作，最大输出电流达 200 mA，可与 TTL、MOS 逻辑电路或模拟电路相配合使用。

1. 555 的基本结构和工作原理

内部电路、功能结构都可简化为图 4-53 所示形式。

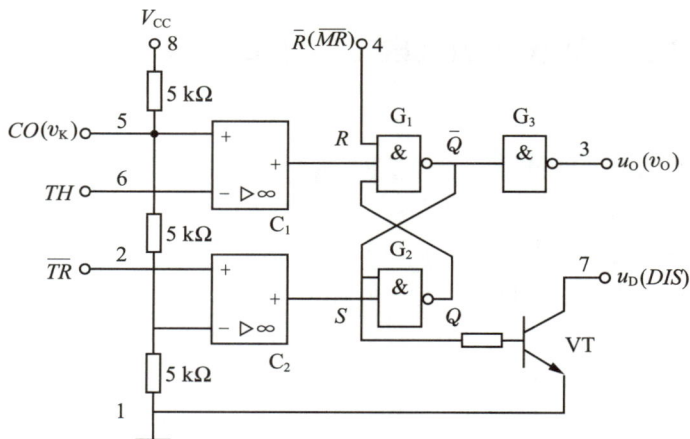

图 4-53　555 内部结构示意图

从图 4-53 中可以看出，它含有两个电压比较器，一个基本的 RS 触发器，一个放电开关管。

电压比较器的参考电压由三只 5 kΩ 的电阻器分压，电压比较器 C_1 同相端电位为 $\frac{2}{3}V_{CC}$，电压比较器 C_2 反相端电位为 $\frac{1}{3}V_{CC}$。C_1、C_2 的输出控制 RS 触发器的状态，同时决定放电管 T 的开关状态。

分析该电路可知：当输入信号大于 $\frac{2}{3}V_{CC}$（即高电平触发输入）从 6 脚输入时，根据电压比较器的特性可知 C_1 输出为"0"，$\overline{Q}=1$，G_3 输出为"0"，3 脚输出为"0"，此时放电开关管导通。

当输入信号小于 $\frac{1}{3}V_{CC}$（即低电平触发输入）从 2 脚输入时，C_2 输出为"0"，$Q=1$，$\overline{Q}=0$，G_3 输出为"1"，3 脚输出为"1"，此时放电开关管截止。

555 时基电路功能表见表 4-26。

表 4-26　555 时基电路功能表

2 脚	6 脚	4 脚 （外部复位端）	7 脚 （放电端）	3 脚 （输出端）
$\times$	$\times$	0	接地	0
$<\frac{1}{3}V_{CC}$	$<\frac{2}{3}V_{CC}$	1	断路	1
$>\frac{1}{3}V_{CC}$	$<\frac{2}{3}V_{CC}$	1	不变	保持不变
$>\frac{1}{3}V_{CC}$	$>\frac{2}{3}V_{CC}$	1	接地	0

注：$\times$ 表示取值可以是低电平或高电平。

2. 555 定时器的典型应用

（1）构成单稳态触发器

单稳态触发器有一个稳定状态和一个暂稳状态，在外来触发脉冲的作用下，能够由稳定状态翻转到暂稳状态，暂稳状态维持一段时间后，将自动返回到稳定状态，而暂稳状态时间的长短与触发脉冲无关，仅决定于电路本身的参数。

单稳态触发器一般用于定时、整形以及延时电路。

图 4-54 所示电路由 555 时基电路外接定时元件 R、C 构成的单稳态触发器。当有外部负脉冲触发信号加入 2 脚，并瞬间使 2 脚电位低于 $\frac{1}{3}V_{CC}$，从表 4-26 可知，3 脚输出电压为高电平，此时触发器进入暂稳态；由于电容的充电作用，u_C 从 0 开始按指数规律增大，当 u_C 大于 $\frac{2}{3}V_{CC}$ 时，3 脚输出电压由高电平翻转为低电平，此时单稳态触发器进入稳定状态。单稳态触发器工作波形图如图 4-55 所示。

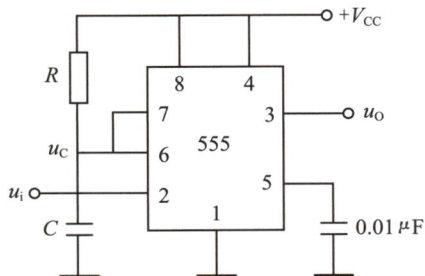

图 4-54　555 时基电路构成的
单稳态触发器原理图

输出信号变为暂稳态（即高电平）持续的时间由外接电阻 R 和电容 C 的大小决定，改变 R、C 的大小，可以改变延时时间。

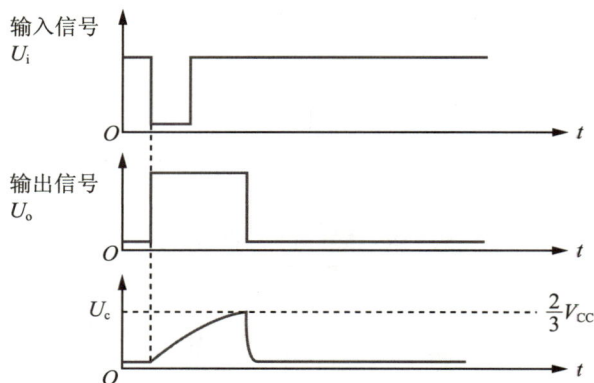

图 4-55　单稳态触发器工作波形

图 4-56 电路所示为 555 时基电路和继电器构成的近光灯关闭延时电路，当接通 K_1，再按下 K_2 后，汽车的近光灯亮 50 s 后自动熄灭。

该电路的主要功能是当汽车停进车库后（或需要提供照明的场所），为驾驶员离开车库提供一段时间的照明。这里的 555 时基电路接成单稳态触发器形式。

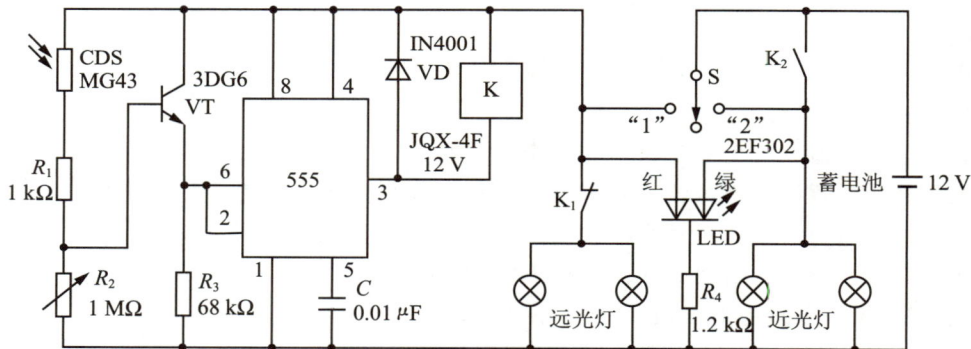

图 4-56　近光灯关闭延时电路

图 4-57 是由 555 构成的发动机转速表，此转速表实际是一个单稳态触发器，其中 L_{IG} 是点火线圈初级绕组，P_0 是断电器触点，A 即为指示发动机转速的电流表。

指示表通过的电流平均值与断电器触点 P_0 所产生的脉冲频率成正比，这就可以由指示表 A 来指示发动机的转速。

（2）构成多谐振荡器

由 555 时基电路和外接的 R_1、R_2、C 组成的多谐振荡器，电路没有稳定状态，仅存在两个暂稳态，电路不需要触发信号，利用电源通过 R_1、R_2 向 C 充电，以及通过 C 向 R_1、R_2 放电，使电路产生持续不断的振荡波形。输出信号的频率和占空比取决于 R_1、R_2 和 C 的值。555 定时器构成的多谐振荡器及波形如图 4-58 所示。

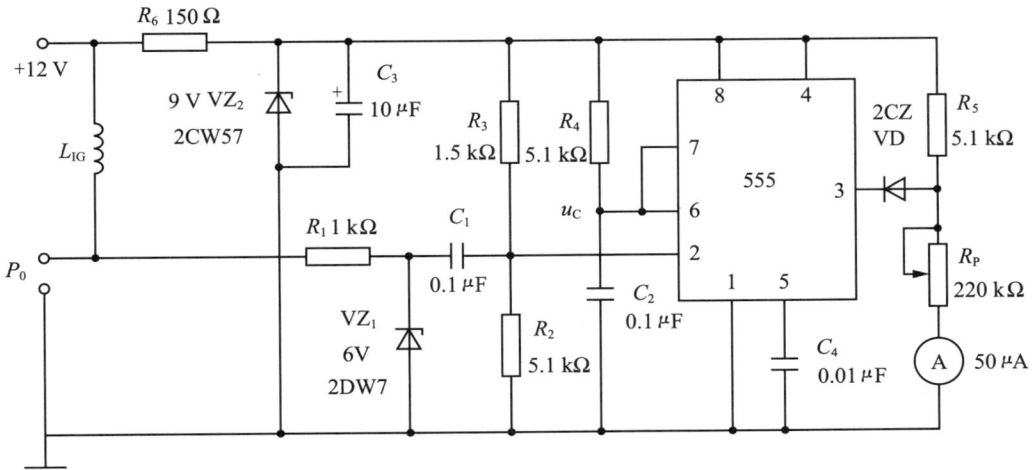

图 4-57 555 时基电路构成的发动机转速表

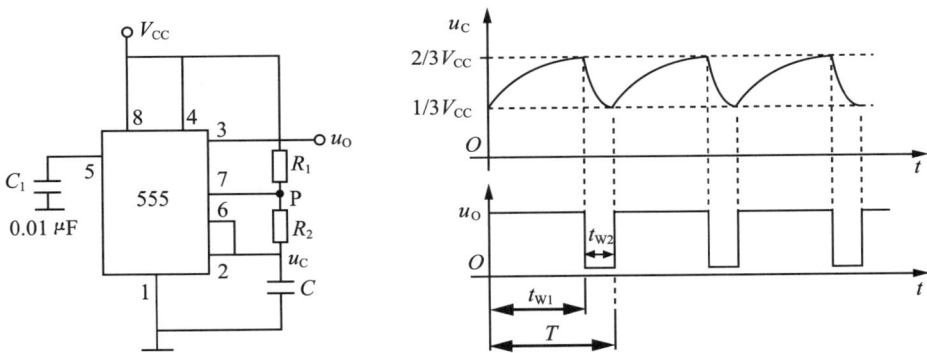

图 4-58 555 构成的多谐振荡器和波形图

如图 4-59 所示,利用 555 定时器的输出端 3 接继电器 K 的线圈,使继电器按多谐振荡器频率进行工作,继电器的触点接到转向灯的电源回路中,控制电源的通断,使转向灯按一定频率闪烁。通过适当选择 R_A、R_B、C_1 的值,即可取得一定的闪烁频率。

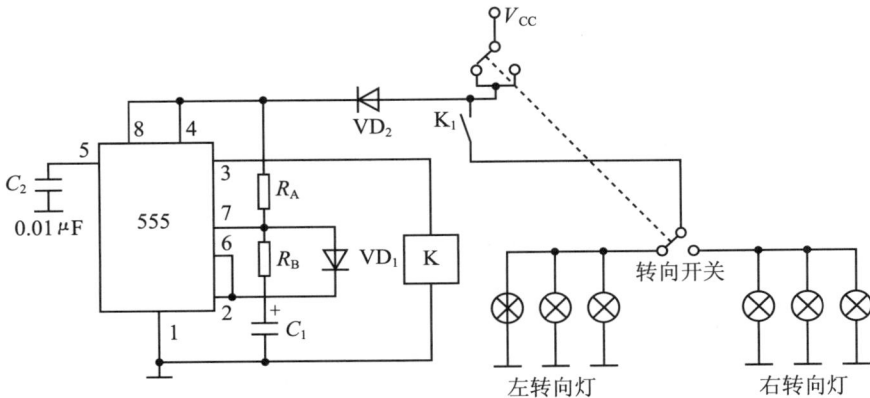

图 4-59 555 组成的汽车转向灯闪光器电路

汽车雨刮间隙控制器，如图 4-60 所示，由于雨刮电动机起动电流较大，因此在线路上增加电容 C_3 与 K_1 并联，以保护触点。图中 P 为雨刮电机的辅助滑动触点。

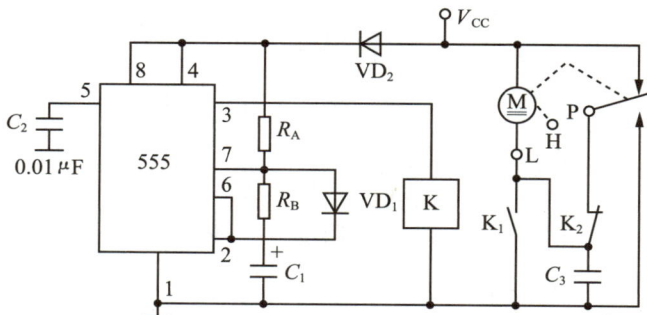

图 4-60　555 组成的汽车雨刮间隙控制器电路

（3）构成施密特触发器

施密特触发器一个最重要的特点，就是能够把变化非常缓慢的输入脉冲波形，整形成为适合于数字电路需要的矩形脉冲。如图 4-61 所示为 555 构成的施密特触发器和波形图，在图中，输入的三角波形被整形变换成矩形脉冲波形。

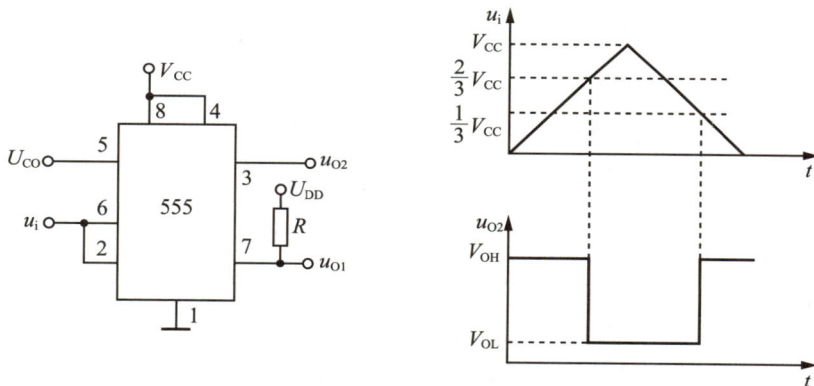

图 4-61　555 构成的施密特触发器及工作波形

施密特触发器应用广泛，常用于对脉冲信号进行波形变换、整形处理、幅度鉴别等。如图 4-62 所示，施密特触发器可将缓慢变化的信号变换为矩形波，实现波形变换；如图 4-63 所示，当脉冲信号在传输过程中受到干扰使波形变坏时，可应用施密特触发器来整形，去除干扰信号，实现波形整形；如图 4-64 所示，施密特触发器常用于对脉冲信号的幅度鉴别，超过 U_{TH} 幅度的脉冲就使电路动作，有脉冲输出，而对于幅度小于 U_{TH} 的脉冲，电路则无脉冲输出，从而达到幅度鉴别的目的。

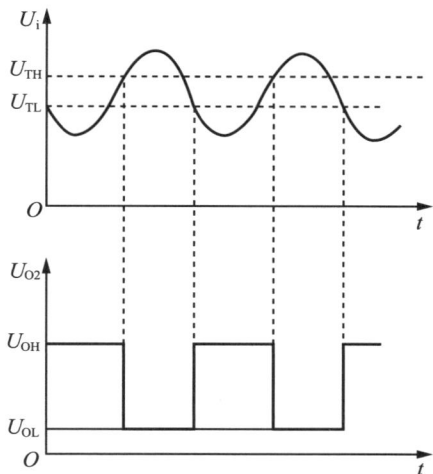

图 4-62　施密特触发器对脉冲信号进行波形变换

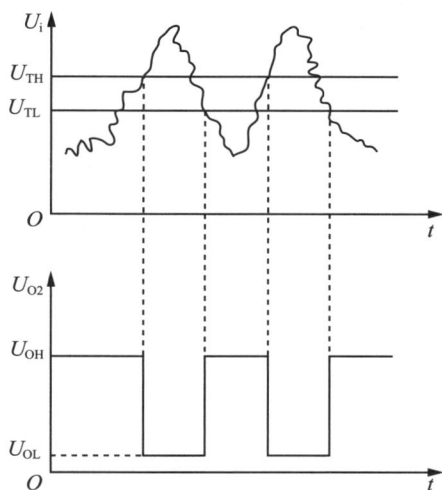

图 4-63　施密特触发器对脉冲信号进行整形处理

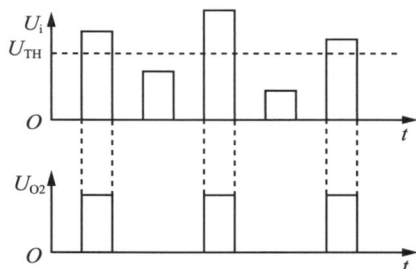

图 4-64　施密特触发器对脉冲信号进行幅度鉴别

从汽车传感器得到的脉冲信号经传输后往往发生波形畸变，信号也可能出现附加的噪声。无论出现上述的哪一种情况，都可以通过施密特触发器整形而得到比较理想的矩形脉冲波形。遥控接收线路，接收到的信号也会用施密特触发器进行整形。

很多传感器输出的模拟信号可以用施密特触发器进行波形变换，得到脉冲波形。例如，开关式霍尔传感器，把线性霍尔元件的输出信号经放大器放大，再经施密特电路整形成矩形波（开关信号）输出。

图 4-65 是前照灯 555 自动变光器，此变光器主要由光电检测电路、施密特触发电路及开关电路等组成。

采用光敏电阻作为光电检测元件，将光敏电阻安装在汽车头部。555 构成的施密特触发器使光照达到一定强度时，继电器才吸合，避免自身前照灯的忽亮忽暗。此电路能使汽车在夜间会车时于相距 100～150 m，把远光灯自动转换成近光灯，会车后又自动恢复到远光灯照明，从而避免或减少夜间会车时造成的交通事故，提高汽车行驶的安全性。

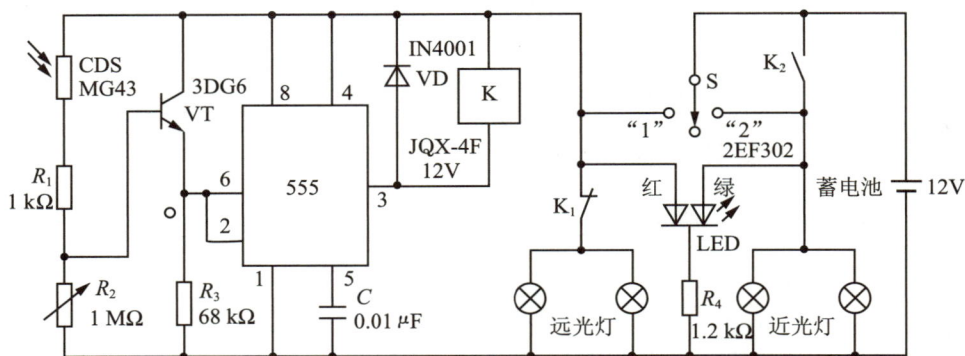

图 4-65　前照灯 555 自动变光器

二、汽车前照灯电子变光器电路

与图 4-65 所示电路不同，图 4-66 所示的电路是靠手工按动开关 S，实现近光灯和远光灯之间的变化。

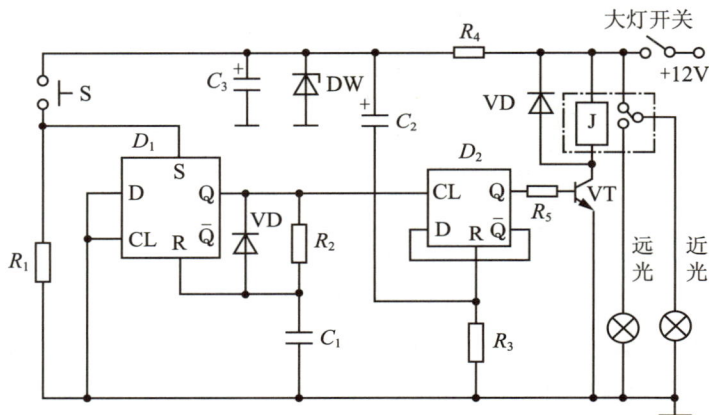

图 4-66　汽车前照灯电子变光器电路

电路由一块 CMOS 双 D 触发器 CD4013 构成的汽车大灯变光电子开关。触发器 D_1 构成单稳态触发器，用来消除开关抖动，保证开关动作时，输出一个等宽的高电平。输出脉冲的宽度由时间常数 R_2C_1 的数值决定。

开关 S 为不带锁的按键开关。当按动开关 S 时，触发器 D_1 的 S 为高电平，使 D_1 的 Q 输出高电位"1"，经 R_2 对 C_1 充电，触发器 D_1 的 R 端电位慢慢升高，当 R 端电位升高达到阈值电平时，触发器 D_1 复位，即触发器 D_1 的 Q 由高电平"1"变为低电位"0"。这样就实现了开关按动一次，D_1 输出一个等宽的脉冲，可以去触发 D_2。

触发器 D_2 接成计数形式，实现每输入一个时钟脉冲，触发器 D_2 状态变化一次。C_2 和 R_3 组成的电路接在触发器的 R 端，使开机时触发器 D 输出端 Q 为低电平"0"，三极管 VT 截止，继电器 J 不吸合，此时汽车使用近光灯。

当再次按动开关 S 时，D_1 输出的等宽的脉冲使触发器 D_2 状态从"0"变成"1"，继电器 J 吸合，此时汽车使用远光灯。

如果接着按动开关 S，D_1 输出的等宽的脉冲使触发器 D_2 状态从"1"变成"0"，继电器 J 不吸合，此时汽车改用近光灯。可见，该电路实现了每按动一次开关 S，电路在近光灯、远光灯之间进行切换。图中 R_4、DW、C_3 组成稳压电路，为 CD4013 提供一个稳定的电压。

三、发动机超温报警电路

图 4-67 所示的电路采用一块 CMOS 集成门电路 CC4011（内含 4 个与非门），用普通的热敏电阻做测温元件，当发动机温度超过警戒值时，具有声光报警功能。

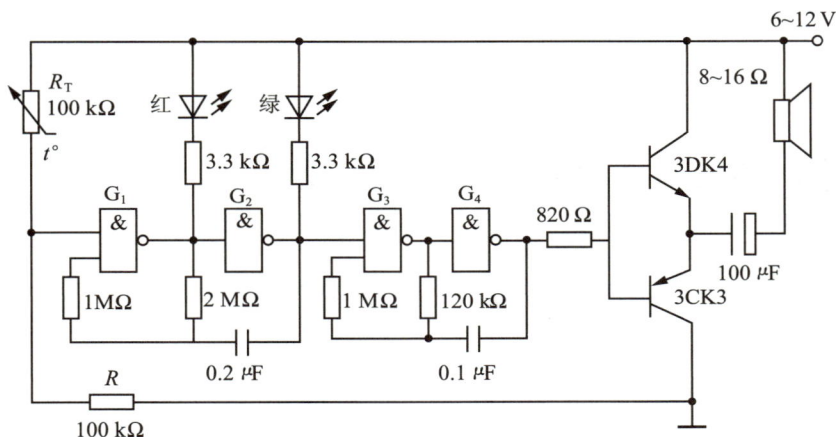

图 4-67　发动机超温报警电路

图中 G_1 和 G_2 两个门组成频率可微调的 2 Hz 左右的振荡器；G_3 和 G_4 组成组成 400 Hz 左右的可控振荡器。

当发动机温度正常时，热敏电阻 R_T 与电阻 R 的分压电路提供的电压低于与非门的阈值电平，因此两组振荡器都不工作。此时绿色的发光二极管发光，扬声器无声。

当发动机温度超过一定值时，因热敏电阻 R_T 阻值变小，与电阻 R 的分压电路提供的电压高于与非门的阈值电平，两组振荡器都工作。此时红、绿色两个发光二极管交替发光（频率约 2 Hz），扬声器发出声响（频率在 400 Hz 左右）。

拓展知识：数字集成电路的使用常识。

①在规定的电源电压范围内工作。TTL 类：5 V，上下波动不超过 5%～10%；CMOS 类：3～18 V。

②注意数字集成电路的工作温度。数字集成电路瞬时耐高温范围一般是 100℃～160℃，因此焊接过程中，在保证质量的同时焊接时间尽量短，以免造成损坏。

③工作频率选取适当，数字集成电路最高工作频率应是实际电路最大频率的两倍才能保证可靠工作。

④输入信号的电压最大值不能超过数字集成电路的工作电压范围。

⑤输入信号的上升沿或者下降沿延迟时间不可太长。如有必要，输入信号可以经过波形变化电路进行整形。

⑥用高速数字集成电路时，电路间的连线不宜太长，元件排列要合理，不允许有交叉的长引线和并行线，以免产生干扰而破坏电路正常的逻辑功能。

⑦数字集成电路驱动负载的能力应大于总负载。在高频等要求较高场合使用，还应考虑数字集成电路的抗干扰能力，即噪声容限。

⑧同序号的 TTL 电路，品种不同，速度和功耗有差别，但逻辑功能相同。

⑨一个 TTL 系统，完全可以用相应的 HCMOS 电路来替代；但若只是其中部分电路，需考虑电平配合的问题。

⑩CMOS 数字集成电路的输入端具有很高的阻抗和极小的电容，非常容易因静电感应而造成栅极击穿。在接触前，一定要做好防静电保护。焊接时不能带电焊接。空闲的输入端不能悬空，需要接相应的电平（以不改变电路的逻辑功能和稳定可靠性为原则）。

Mission 任务 5　汽车电控系统计算机认知

任务目标

1. 了解汽车 ECU 以及组成。
2. 了解汽车常用的传感器。

必备知识

在汽车电路信号处理和控制过程中，电子控制单元（ECU），又称车用计算机，起到越来越多的作用，图 4-68 是一个发动机管理系统实例。

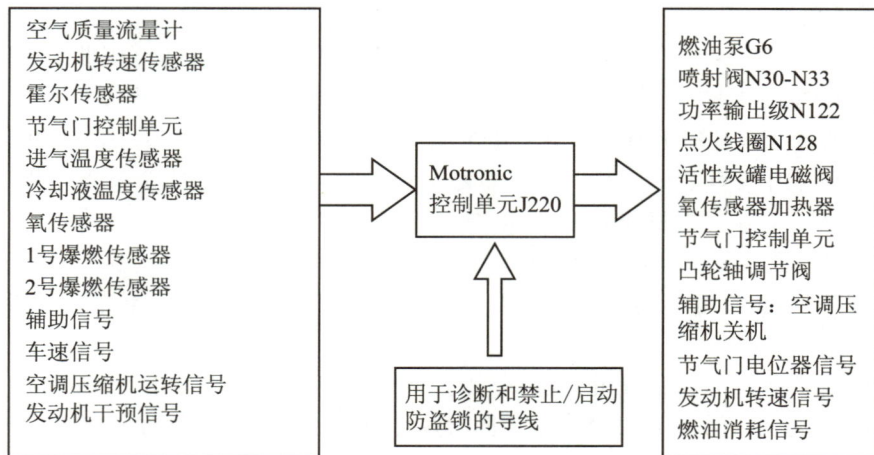

图 4-68　发动机管理系统实例

图 4-68 所示的发动机管理系统可以简化为图 4-69 所示的传感器、电子控制单元和执行器。

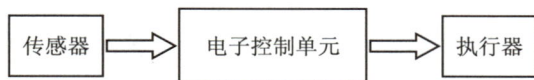

图 4-69　简化后的发动机管理系统

一、汽车传感器

汽车传感器是一种信号转换装置，能将非电信息转换为电信号，向汽车计算机提供汽车行业中的各种工况信息。传感器布置在汽车的不同位置。传感器输入 ECU 的信号大体上可以分两大类：一类信号是连续变化的信号，如热敏电阻式水温传感器，输出的信号是随着冷却水温度变化而连续变化的信号，这类信号被称为模拟信号；另一类信号是电压"高""低"间隔变化的脉冲式信号，如光电式曲轴位置传感器，输出的信号是遮光盘不断通过光电耦合器而产生的"有"或"无"（透光或遮光）的规律变化的脉冲信号，这类信号被称为数字信号。

表 4-27 是按输出信号类型划分传感器的。

表 4-27　按输出信号类型划分传感器

输出模拟信号的传感器	输出数字信号的传感器
各种可变电阻式传感器如：	卡门涡旋式空气流量传感器
叶片式空气流量传感器	曲轴位置传感器
热丝式空气流量传感器	各种光电式传感器
水温传感器	各种霍尔式传感器
压力传感器	各种笛簧开关式传感器
节气门位置传感器	各种报警电路的传感器
浮子可变电阻式液位传感器	

二、汽车 ECU 基本功能

ECU 是一种电子综合控制装置，在现代汽车中由于使用了 ECU，信号处理的速度和存储信息的容量都大大提高，因此可以实现多功能的高精度集中控制。例如，在汽车电路中，利用 ECU 对发动机点火系统、巡航系统、制动防抱死系统（ABS）、防滑控制系统（ASR）、动力转向系统、安全气囊、导航、音响、门锁、防盗报警系统、空调、座椅、门窗、雨刮器、后视镜、天窗等进行控制。

汽车的 ECU 可以接受传感器以及其他装置的输入信号，给传感器提供参考电压（如 2 V、5 V、9 V、12 V）；处理、存储、计算、分析汽车电路系统的信息数据以及故障信息，根据输入的有关信息数据求出输出信息，即指令信号，并把指令信号变为控制信号。同时把它与标准值进行对比，进行故障判断，输出故障信息，实现自诊断功能。

控制系统由传感器、ECU 和执行机构组成，如图 4-70 所示。

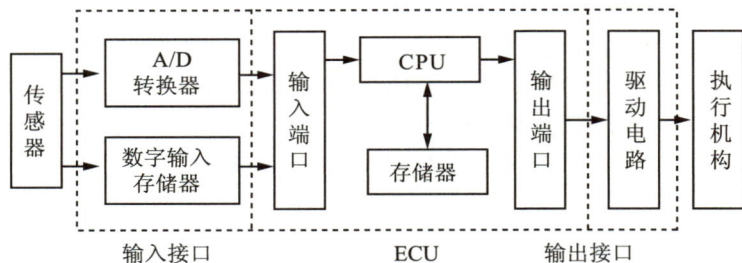

图 4-70　汽车电子控制系统的基本组成框图

三、ECU 的各部分组成电路

1. A/D 和 D/A 转换器

随着计算机应用的普及，信息技术的发展与应用，需要使用计算机来处理的模拟信号越来越多，如声音、温度、压力等，它们都是随时间连续变化的模拟信号，而只有将模拟信号转换为相应的数字信号，才能输入到计算机中进行处理，有时还需要将数字信号再转换成相应的模拟信号作为最后的输出。

将模拟信号转换成数字信号的过程称为模/数转换，简称 A/D 转换；将数字信号转换成模拟信号的过程称为数/模转换，简称 D/A 转换。如图 4-71 所示为典型的数字控制系统。

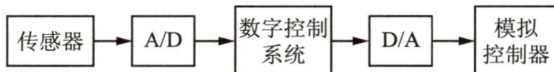

图 4-71　典型数字控制系统

在汽车电路中，有些汽车传感器采集数据对象是连续变化的物理量（如温度、压力、声波等），但是 ECU 处理的是离散的数字量，因此需要将连续变化的物理量（模拟量）转换为数字量交给 ECU 处理、保存等。ECU 输出的数字量有时需要转换为模拟量去控制某些执行元件。

空气流量传感器、水温传感器、进气温度传感器、线性输出式节气门位置传感器等模拟信号传感器送入的模拟信号必须要经过 A/D 转换为数字信号。

数字信号传感器信号则不必经过 A/D 转换。

2. 输入、输出（I/O）接口电路和输入、输出电路

为了把输入与输出设备同计算机连接起来，通常每一个设备需要设一个专门的硬件电路，即 I/O 接口电路。

I/O 接口是 CPU 与输入装置（传感器）、输出装置（执行器）间进行信息交换的控制电路。根据 CPU 的命令，输入信号以所需要的频率通过 I/O 接口接收，输出信号则按发出

控制信号的形成和要求通过 I/O 接口接收，以最佳的速度送出（或送入）中间存储器。输入和输出装置一般都要通过 I/O 接口才能与计算机进行连接。

一般 I/O 接口电路按计算机送出的地址找到指定的外部设备。

由于计算机和外部设备处理数据的速度并不相同，为了使计算机与外部设备之间的数据交换取得同步，就需要进行数据缓冲，如先把数据送入缓冲寄存器存储起来，然后外部设备再从缓冲器中取出数据，使得外部设备与 CPU 在数据传输速度上得到匹配。

输入电路对传感器、开关来的信号进行预处理，进行放大、滤波（除去杂波）、整形（把正弦波变为矩形波）、A/D 转换（转换成符合计算机要求幅值的数字信号），因为计算机程序软件只能处理数字信号。

输出电路将计算机发出的指令信号转变为控制信号，以驱动执行器工作。由于计算机输出的指令信号是低电压、小电流的数字信号，不能直接驱动执行器工作，所以需要输出电路将该信号转换成可以驱动执行器工作的控制信号（如点火控制信号、喷油控制信号等）。在输出电路中一般采用大功率三极管控制执行器电路的搭铁回路，计算机输出信号控制该三极管导通或截止。

3. 中央处理器（CPU）

CPU 将各种传感器、开关送来的信号进行计算处理，并将结果发至输出电路。不同的 CPU 具有不同的指令系统、处理速度、控制能力以及内部的寄存器、运算逻辑部件。

4. 存储器（ROM 和 RAM）

ECU 对输入信息进行运算、判断等处理时，需要一些特定的存储器。

随机存取存储器（RAM），它可读可写，ECU 根据汽车的不同运行条件对这些信息进行读、写或删除。RAM 在车用计算机中暂时存储各种传感器输入信号以及运算中的数据和故障诊断结果。

RAM 存储器分为可挥发和不可挥发两种类型。可挥发的 RAM 只要它与电源连接，所存信息一直保留，当与电源断开时所存的信息就会丢失，它在汽车中用途很多，例如，改变电子控制换挡规律、空燃比自适应调整、怠速空气量的控制等。不可挥发的 RAM 在电源断开时所存储的信息不会丢失，常常用来存储里程表等信息。

只读存储器（ROM），它只能读取信号，不能写入。ECU 根据 ROM 中存储的信息决定如何处理输入的数据。例如，ROM 中存储了发动机不同工况下各种元器件和系统的标准信息，ECU 将这些信息和传感器输入的信号相比较，然后完成发动机的各种控制功能。

有些 ECU 包含一种可擦除的可编程只读存储器（PROM、EEPROM 或 Flash-ROM），这种类型的存储器用从生产商那里获得的专用测试设备能再次编程。

5. 时钟脉冲发生器

因为计算机的工作过程是执行程序的过程，CPU 在执行程序指令时，各种操作都在时钟的控制下，按顺序而且还要精确的定时进行。CPU 一切操作所需的定时信号都是由时钟脉冲发生器提供的。时钟脉冲发生器有一个频率稳定的晶体振荡器，可以产生具有一定频率和宽度的脉冲信号，对计算机各操作过程进行时间控制。

6. 总线

总线（bus）是计算机各种功能部件之间传送信息的公共通信干线，它是由导线组成的传输线束，按照计算机所传输的信息种类，计算机的总线可以划分为数据总线、地址总线和控制总线，分别用来传输数据、数据地址和控制信号。总线是一种内部结构，它是CPU、内存、输入、输出设备传递信息的公用通道，主机的各个部件通过总线相连接，外部设备通过相应的接口电路再与总线相连接，从而形成了计算机硬件系统。在计算机系统中，各个部件之间传送信息的公共通路叫总线，微型计算机是以总线结构来连接各个功能部件的。

汽车总线（automotive bus）随着汽车各系统的控制逐步向自动化和智能化转变，汽车电气系统变得日益复杂。为了满足各电子系统的实时性要求，须对汽车公共数据（如发动机转速、车轮转速、节气门踏板位置等信息）实行共享，而每个控制单元对实时性的要求又各不相同。因此，传统的电气网络已无法适应现代汽车电子系统的发展，于是新型汽车总线技术便应运而生。

四、汽车 ECU 故障自诊断过程

汽车在运行过程中，各种传感器的信号不断地输入计算机中的存储器（RAM）中，计算机根据内部设置的传感器信号，由监视软件判别输入的信号是否异常。每一种被检测的传感器都设定了正常信号范围，如果某一传感器电压超出正常范围或者丢失，则计算机判别该传感器有故障或有关线路有问题，驱动故障指示灯点亮，并将该故障代码储存到计算机内的 RAM 中。

当某一传感器发生故障后，其信号不能作为汽车的控制参数，为了维持汽车工作，计算机便从存储器（ROM 或 PROM）中调出某一固定数值（由厂家事先写入），作为应急参数，保证汽车可以继续工作。

如果计算机自己出现故障，便自行启动备用控制回路对汽车进行简单控制，使汽车可以开回家或者修理厂进行维修。

这样的功能就是故障运行，又称"缓慢回家"功能。

若执行器发生故障，为了安全起见，计算机会采取一些安全措施，又称"故障保险"。

五、实例

1. 汽车发动机集中电子控制系统

发动机集中电子控制系统除对汽油喷射、点火、怠速等控制外，还包括对自动变速器、巡航、空调等系统控制，同时具有故障诊断、失效保护和后备功能，因而称为发动机集中控制系统。图 4-72 为发动机集中电子控制系统。

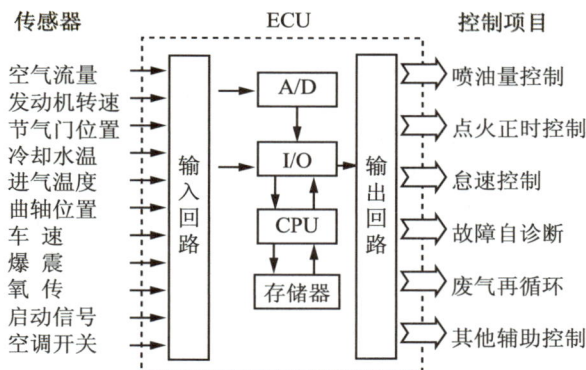

图 4-72　发动机集中电子控制系统

由于使用了 ECU，信号处理的速度和存储信息容量大大增加，可以实现多功能的高精度控制。

ECU 的输入回路接收了空气流量传感器、发动机转速传感器、节气门位置传感器、冷却液水温传感器、进气温度传感器、曲轴位置传感器、车速传感器、爆震传感器、氧传感器以及其他装置的输入信号，如果是模拟信号还需转换成数字信号，经过输入输出接口，汽车运行的各种参数经 CPU 运算处理之后，发出控制指令，再经输出端口放大、D/A 转换等处理转换成可以驱动各执行器工作的电信号，发往各执行机构，达到快速、准确、自动控制汽车工作的目的。存储器负责各种数据的存储和计算运行程序的存储。

2. 指示仪表系统

如图 4-73 所示车速和燃油液位指示仪表系统，有两个模拟传感器，其输出信号经 A/D 转换器变为数字信号后输送给微处理器，经处理后，经 D/A 转换成模拟信号驱动相应的显示装置。

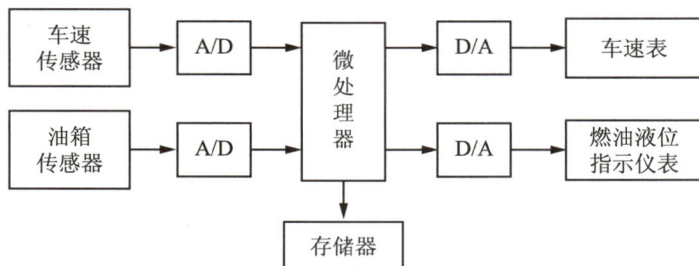

图 4-73　电子控制的车速表及燃油液位指示仪表系统

项目小结

模拟信号和数字信号

时间连续、数值连续的信号就是模拟信号。在时间或数值上不连续（离散）的信号称为数字信号。

处理模拟信号的电路称为模拟电路，处理数字信号的电路称为数字电路。

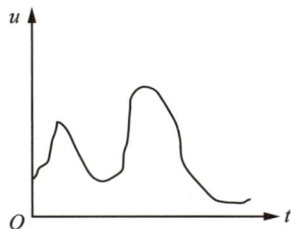

（a）模拟信号

（b）数字信号

数字信号的参数

两个相邻的脉冲之间的时间间隔，叫做脉冲宽度（T），单位秒（s）。从一个上升沿到下一个上升沿叫作一个循环，在特定的时间内（通常是 1 s），循环的次数叫做电信号的频率 f，单位赫兹（Hz）。T 和 f 成倒数，即 $f=1/T$。导通时间与总时间的比值叫做占空比。

一些计算机控制的输出会在保持频率不变的情况下改变脉冲宽度，这叫作脉冲宽度调制（PWM）技术。

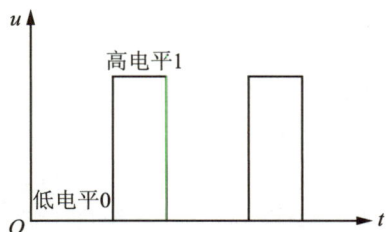

占空比=$t:T$

二进制数

数字电路中广泛采用二进制数。二进制用 0、1 共 2 个数字来表示数量的大小，规则是"逢二进一"。8421BCD 码用四位二进制码代表一位十进制码。

十进制数	二进制数
0	0000
1	0001
2	0010
3	0011
4	0100
5	0101
6	0110
7	0111
8	1000
9	1001

续表

与门、或门、非门 　　数字电路中的基本逻辑关系有三种："与""或""非"。相应地，基本门电路有"与门""或门""非门"。 　　"与"逻辑的运算规则：$0 \cdot 0 = 0$；$0 \cdot 1 = 0$；$1 \cdot 0 = 0$；$1 \cdot 1 = 1$。 　　"或"逻辑的运算规则：$0 + 0 = 0$；$0 + 1 = 1$；$1 + 0 = 1$；$1 + 1 = 1$。 　　"非"逻辑的运算规则：$\overline{1} = 0$；$0 = \overline{1}$。	
复合逻辑门 　　可以把基本逻辑门组合成为组合逻辑电路，以丰富逻辑功能。常见的有与非门、或非门、异或门等。 　　与非门逻辑功能：全 1 出 0，有 0 出 1。 　　或非门逻辑功能：全 0 出 1，有 1 出 0。 　　与门、或门、非门、与非门、或非门等可以组合应用，它们能生成所需的逻辑电路。	
集成电路 　　随着集成电路技术的发展，各种门电路已普遍采用集成电路，其中应用较多的是双极型的 TTL 门电路和单极型的 CMOS 门电路。不同的集成门电路引脚排列顺序可能不同，在使用集成门电路时，应在手册中了解每个引脚的作用和每个引脚的物理位置，以保证正确地使用和连线。	
三态门 　　三态门在 $EN = 1$ 时为普通与非门，有高、低电平两种状态，在 $EN = 0$ 时为高阻态，共有三种状态，因此称为三态门。三态门主要用于总线结构，实现用一根导线轮流传送多路数据。	
组合逻辑电路 　　编码是把若干位二进制数码 0 和 1，按一定规律进行编排，组成不同的代码，并且赋予每组代码特定含义的过程。 　　译码器的功能是将每一组输入二进制代码"翻译"成为一个特定的输出信号。译码是编码的逆过程。 　　用来驱动各种显示器件，从而将用二进制代码表示的数字、文字、符号翻译成人们习惯的形式直观地显示出来的电路，称为显示译码器。	

续表

时序逻辑电路

时序逻辑电路的输出状态不仅取决于当时的输入状态，还与电路的原来状态有关，时序逻辑电路具有记忆功能。

触发器是构成时序逻辑电路的基本单元。

寄存器是一种重要的数字电路元件，常用来暂时存放数据、指令等。

计数器能累计输入脉冲的个数。

555 时基电路

555 是一种能够完成各种定时或延时功能的中规模集成电路。电路功能灵活，适用范围广，只要在外部配上几个阻容元件，就可以构成性能稳定而准确的方波发生器、单稳态触发器和施密特触发器等。在汽车电子电路中随处可见。

电子控制单元（ECU）

在现代汽车中由于使用了 ECU，信号处理的速度和存储信息的容量都大大提高，可以实现多功能的高精度集中控制。

项目评估

一、填空题

1. 用以实现基本和常用逻辑运算的电子电路称为_____。

2. 异或是一种二变量的逻辑运算，当两个变量取值不同时，逻辑函数值为_____；当两个变量取值相同时，逻辑函数值为_____。

3. 在数字电路中，输入信号是"条件"，输出信号是"结果"，因此在输入和输出之间存在着一定因果关系，称其为_____。

4. _____由与运算和非运算组合而成。

5. 在正逻辑的约定下，"1"表示_____电平，"0"表示_____电平。

6. 最基本的逻辑关系可以归结为_____、_____和_____三种。

7. 在决定某事件的条件中，只要任何一条件具备，事件就会发生，这种因果关系叫作_____逻辑。

8. 实现非逻辑关系的电路称为_____。

9. 与非门的逻辑功能可以概括为：输入有 0，输出为_____。

10. 或非门的逻辑功能可以概括为：输入有 0，输出为_____。

11. 逻辑函数可用_____、_____和_____等表示形式来描述。

12. 完成表 1。

表 1

逻辑运算	与非运算	或非运算	异或运算
逻辑符号			
真值表	A B Y 0 0 0 1 1 0 1 1	A B Y 0 0 0 1 1 0 1 1	A B Y 0 0 0 1 1 0 1 1
逻辑功能			

13. 三位二进制优先编码器 74LS148 的输入 2，4，13 引脚上加入有效输入信号，则输出代码为_____。

14. 二进制编码器有 8 个输入端，应该有_____个输出端。

15. 二—十进制编码器有_____个输出端。

16. 32 位输入的二进制编码器，其输出端有_____位。

17. 组合逻辑电路是指任何时刻电路的输出仅由当时的_____决定。

18. _____的特点是在任一时刻只有一个输入有效。（译码器、编码器）

19. _____的特点是在任一时刻只有一个输出有效。（译码器、编码器）

20. 二进制译码器有 n 个输入端，_____个输出端。且对应于输入代码的每一种状态，输出中有_____个为 1（或为 0），其余全为 0（或为 1）。

21. 74LS138 要进行正常译码，必须满足_____。

22. 74LS138 有_____个输出端，_____输出电平有效。

23. 74LS42 有个_____输出端，_____输出电平有效。

24. 74LS47 可驱动共_____极数码管，74LS48 可驱动共_____极数码管。

25. 含有触发器的数字电路属于_____（组合逻辑电路、时序逻辑电路）。

26. 组合逻辑电路、时序逻辑电路的最大区别是_____。

27. JK 触发器、3 线—8 线译码器能够把串行数据变成并行数据的电路应该是_____。

28. 一个 JK 触发器有_____个稳态，它可存储_____位二进制数，4 个 JK 触发器，可以存储_____位二进制数。

29. 时序逻辑电路的输出不仅和_____有关，而且还与_____有关，主要由_____电路组成。

30. 欲构成能记最大十进制数为 999 的计数器，至少需要_____片十进制加法计数器。

31. D 触发器有_____个稳态，存储 8 位二进制信息要_____个 D 触发器。

32. J＝K＝1 时，JK 触发器的时钟输入频率为 120 Hz。Q 输出频率为_____ Hz 波形。

33. 为了将一个字节(8 个二进制数)数据串行移位到移位寄存器中，必须要_____个时钟脉冲。

34. 转换器的作用是将模拟信号转变为数字信号，简称_____。

35. 将数字量转换成模拟量的电路称为_____。

36. 传感器传送过来的信号要经过_____转换为数字信号才能被数字系统识别，数字系统发出的信号要经过_____转换为模拟信号才能被执行机构识别。

37. 常见的 D/A 转换器有_____转换器。

38. 常见的 A/D 转换器有_____转换器。

39. 如分辨率用 D/A 转换器的最小输出电压与最大输出电压的比值来表示，则 8 位 D/A 转换器的分辨率为_____。

40. A/D 转换器误差的大小与量化的方法和_____有关。

41. _____是只能读出数据的专用存储器，在微型计算机中暂时存放各种传感器输入信号以及运算数据和故障诊断结果。

42. _____是一种电子综合控制装置。

43. 555 时基电路有_____个引脚，常用的引脚功能为：_____是电源正极，_____是电源负极，_____是输入是输出。

44. 555 时基电路内部有两个_____和一个_____。

45. 单稳态触发器有_____个稳定状态，多谐振荡器有_____个稳定状态。多谐振荡器_____(需要，不需要)外加触发脉冲，单稳态触发器_____(需要，不需要)外加触发脉冲。

46. 555 时基电路可以构成_____、_____和触发器。

47. 单稳态触发器的暂稳态持续时间取决于_____，而与外触发信号的宽度无关。利用施密特触发器可以把正弦波三角波等波形变换成_____波形。

48. TTL、CMOS 电路中，工作电压为 5 V 的是_____；要特别注意防静电的是_____。

二、判断题

1. 数字信号的数值相对于时间变化过程是跳变的、间断性的。 (   )

2. 数字电路处理在数值和时间上连续变化的数字信号。 (   )

3. 汽车电子控制模块可以直接接收模拟信号。　　　　　　　　　　（　　　）

4. 非门可以有多个输入端。　　　　　　　　　　　　　　　　　　（　　　）

5. 汽车传感器输出信号在检测时可以采用相同的检测方法。　　　　（　　　）

6. 属于组合逻辑电路的部件有编码器、寄存器、触发器和计数器。　（　　　）

7. 与非门构成的基本 RS 触发器的输入 $S=1$，$R=1$，当输入 S 变为 0 时，触发器输出将会保持原来的状态。　　　　　　　　　　　　　　　　　　　　　（　　　）

8. 触发器引入时钟脉冲的目的是改变输出状态。　　　　　　　　　（　　　）

9. "空翻"是指在脉冲信号 $CP=1$ 时，输出的状态随输入信号多次翻转。（　　　）

三、名词解释

1. 占空比。

2. PWM。

四、问答题

1. 最基本的逻辑门电路有哪些？画出它们的逻辑符号。

2. 在汽车电子电路中热敏电阻式水温传感器，输出的信号是随着冷却水温度变化而连续变化的信号，这类信号被称为什么信号？光电式曲轴位置传感器，输出的信号是遮光盘不断通过光电耦合器而产生的"有"或"无"（透光或遮光）的规律变化的脉冲信号，这类信号被称为什么信号？

3. 区分以下传感器输出的信号是模拟信号还是数字信号？

汽车防抱死制动系统（ABS）的传感器产生的信号如图 1(a)所示，当车轮角速度增大或者减小时波形的幅度和频率也会不同。在发动机运转时，测得数字式空气流量传感器波形如图 1(b)所示。

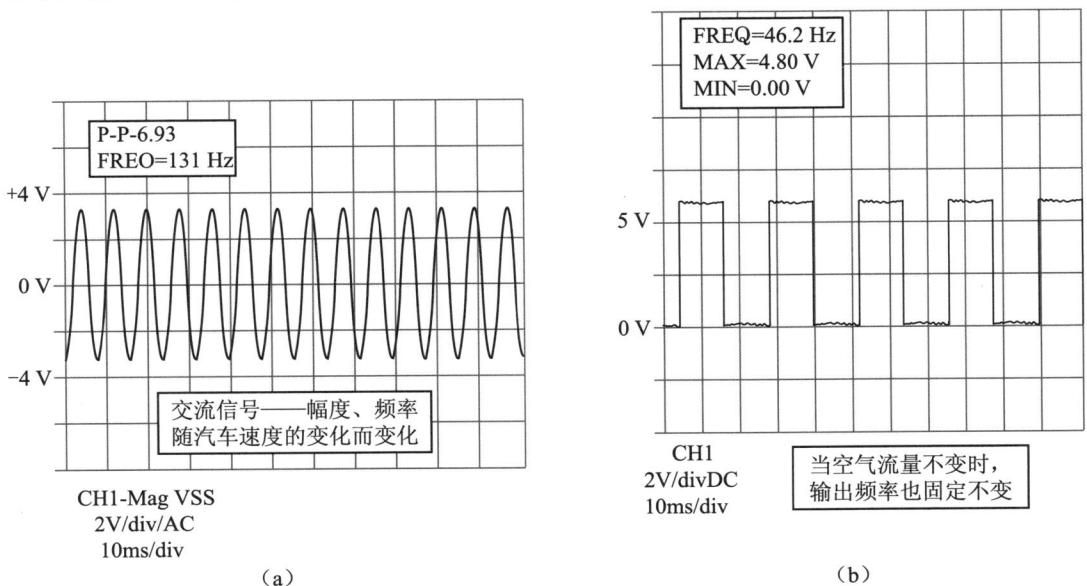

(a)

(b)

图 1

4. 将十进制数 $(126)_{10}$、$(83)_{10}$ 表示成 8421BCD 码。

5. 集成数字门电路一般有哪两种类型？各有什么特点？

6. 8 线－3 线优先编码器 74LS148 在下列输入情况下，确定芯片输出端的状态。

(1) $I_6=0$，$I_3=0$，其余 $I_0\sim I_7$ 为 1。

(2) $EI=0$，$I_6=0$，其余 $I_0\sim I_7$ 为 1。

(3) $EI=0$，$I_6=0$，$I_7=0$，其余为 1。

(4) $EI=0$，$I_0\sim I_7$ 全为 0。

(5) $EI=0$，$I_0\sim I_7$ 全为 1。

7. 已知 8421BCD 可用 7 段译码器，驱动"日"字 LED 管，显示出十进制数字。指出下列变换真值表（表 2）中哪一行是正确的。（注：逻辑"1"表示灯亮）

表 2

	D	C	B	A	a	b	c	d	e	f	g^*
0	0	0	0	0	0	0	0	0	0	0	0
4	0	1	0	0	0	1	1	0	0	1	1
7	0	1	1	1	0	0	0	1	1	1	1
9	1	0	0	1	0	0	0	0	1	0	0

8. 画出基本 RS 触发器、钟控 RS 触发器、JK 触发器、D 触发器的逻辑符号，并说明它们的逻辑功能。

9. 下降沿触发的 JK 触发器输入波形如图 2 所示，画出 Q 的波形。

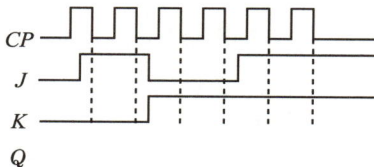

图 2

10. 上升沿触发的 D 触发器输入波形如图 3 所示，画出 Q 的波形。

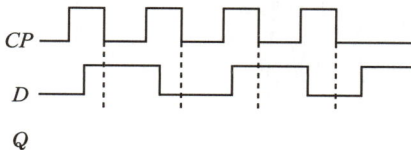

图 3

11. 74LS193 的两种工作模式是什么？如何进行清零操作？74LS193 使用上边沿还是下边沿触发？

12. 图 4 是由触发器构成的时序逻辑电路，此电路的功能是什么？是同步时序电路还是异步时序电路？当清零端 $\overline{R}_D = 0$ 时，四个触发器的状态是多少？

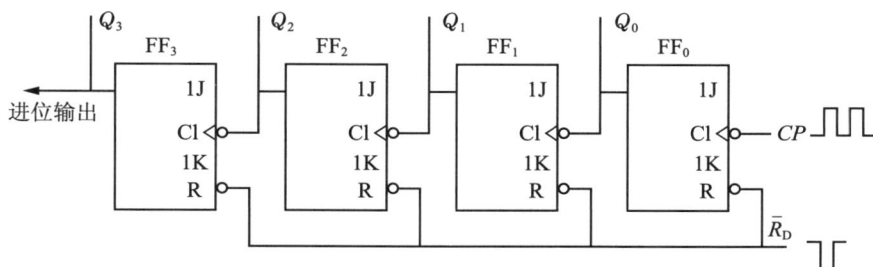

图 4

13. 汽车的 ECU 作用是什么？简单说明它的工作原理。

14. 汽车中计算机故障自诊断原理与故障运行指什么？

15. 图 5 所示为一个防盗报警电路，a、b 两端被一细铜丝接通，此铜丝置于小偷必经之处。当小偷闯入室内将铜丝碰断后，扬声器即发出报警声（扬声器电压为 1.2 V，通过电流为 40 mA）。

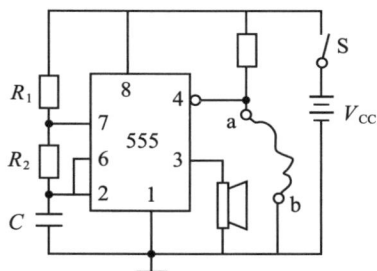

图 5

(1) 试问 555 定时器接成何种电路？

(2) 简要说明该报警电路的工作原理。

(3) 如何改变报警声的音调？

16. 555 集成电路在汽车哪些电路上可以使用？

17. 说出前照灯关闭延时控制装置的控制过程。

18. RAM 和 ROM 有什么区别？

参考文献

［1］顾柏良．BOSCH 汽车工程手册。北京：北京理工大学出版社，2004

［2］秦曾煌．电工学·电工技术．北京：高等教育出版社，2009

［3］路勇．汽车电工电子基础及电路分析．北京：中央广播电视大学出版社，2010

［4］徐鸿译．低压电工作业．南京：东南大学出版社，2014